예수님의 말씀과 행위가 그러했듯, 기독교 신앙은 본질적으로 공적이다. 그러므로 성경 말씀과 기독교적 각성은 우리의 개인적 삶뿐 아니라 사회적, 공적, 정치적 삶에서도 기준이 된다. 이 책은 우리가 실질적 문제에 당면하여 올바르게 공적 삶을 살아가려 할 때 확실한 지침과 원리를 제공한다. 『광장에 선 기독교』와 더불어, 이 책은 신앙인을 위한 『정의란 무엇인가』로 자리매김할 것이다.
김선욱 숭실대학교 철학과 교수

볼프의 전작 『광장에 선 기독교』가 공적 신앙에 대한 이론적 논의를 농축해서 보여 주었다면, 이 책은 그 실천과 적용을 위한 안내와 자료의 집대성이다. 공적 영역과 사적 영역 사이의 긴장과 균형을 제대로 지켜내지 못하면 최고 권력도 붕괴되는 시대를 마침 경험한 터다. 이 책이야말로 우리가 되새길 '기독교 세계관: 실천편'이 아니면 무엇이겠는가?
양희송 청어람 ARMC 대표

기독 지성은 오랫동안 총론에만 강하고 각론에는 약하거나 심지어 무기력하다는 비판에 시달려 왔다. 이 책은 그와 같은 비판에 대한 성실한 응답이다. 저자들은 현대 공적 담론의 핵심 주제들에 관하여 기독교의 성취와 한계를 솔직하게 보여 준다. 특히 3부가 다루는 성품의 문제는, 앞으로 공적 논의의 장에서 대화와 행동을 시도할 때 그리스도인이 견지해야 할 태도여야 한다. 공적 담론에 적극적으로 참여하려는 그리스도인들에게 든든한 기반이 될 책이다.
이국운 한동대학교 법학부 교수

그리스도인의 정치 참여에 관한 간결하고, 읽기 쉽고, 이론적으로 탄탄한 책이다. 관련된 성경의 원리와 현대의 데이터를 능숙하게 통합하여 중요한 핵심 이슈들을 요약하는 동시에, 더 읽을 만한 중요한 자료까지 짚어 준다. 그리스도인들이 신실하게 정치에 참여할 방법에 관한 논의가 급속도로 증가하고 있는 상황에서 탁월한 기여를 한다.
로널드 사이더 『가난한 시대를 사는 부유한 그리스도인』 저자 문제는 공적 신앙을 실천하느냐가 아니라 그것을 '어떻게' 실천하느냐다. 이 지혜롭고 신중하고 속 시원할 정도로 구체적인 논의에서, 저자들은 그리스도인들에게 사회라는 '함께하는 삶'에 적극적이고 사려 깊은 기여자가 되라고 권한다. 그리스도인들이 분별 있는 결론에 이르도록 여지를 마련해 주는 책이다. 양극화에 대한 해결책이 될 것이다.
제임스 스미스 캘빈 칼리지 교수, 「하나님 나라를 욕망하라」 저자

이 책은 목표를 달성했다. 다원주의 사회에서 공적으로 논의할 만한 일련의 심각한 질문들을 펼쳐 놓는 동시에, 그리스도인들에게 신앙의 렌즈를 통해 책임감을 가지고 그 답을 탐구해 보라고 권한다.
스테파니 서머스 Center for Public Justice 대표

지금 세상은 어쩌면 그 어느 때보다도 적극적인 기독교 신앙을 필요로 한다. 『행동하는 기독교』는 어떻게 하면 그리스도인으로서 우리가 하나님께 영광을 돌리면서도, 공동체와 사람들이 번영하도록 믿음을 실천할지에 관해 아주 사려 깊은 모델을 제시한다. 이 책의 적용들에 다 동의하지는 않더라도, 고통당하고 있는 세상을 신실하게 잘 섬기려면 확신, 신념, 성품이 필요하다는 외침을 통해 배우고, 도전받고, 영감을 얻을 수 있다.
캐런 스왈로우 프라이어 Booked: Literature in the Soul of Me 저자

이 책은 신앙과 정치를 조화시키는 까다로운 일을 간결하게 해결했다. 이주, 빚, 동성 간 결혼, 낙태 등의 정치적 이슈를 성경적 관점에서 고려하고, 그리스도인이 사회에서 그리스도를 대표하는 사람들이 되어야 할 것을 천명한다. 제대로 투표하려는 이들, 특히 옳은 것을 실천하기 위해 고민하는 이들이라면 반드시 읽어야 할 책이다.
「**퍼블리셔스위클리**」(Publishers Weekly)

행동하는 기독교

IVP(InterVarsity Press)는
캠퍼스와 세상 속의 하나님 나라 운동을 지향하는
IVF(InterVarsity Christian Fellowship)의 출판부로
생각하는 그리스도인을 위한 문서 운동을 실천합니다.

Copyright ⓒ 2016 by Miroslav Volf and Ryan McAnnally-Linz
Originally published in English under the title
Public Faith in Action by Brazos Press
A division of Baker Publishing Group
P.O. Box 6287, Grand Rapids, MI 49516, U. S. A.
All rights reserved.

Used and translated by the permission of Baker Publishing Group
through rMaeng2, Seoul, Republic of Korea.

This Korean edition copyright ⓒ 2017 by Korea InterVarsity Press
156-10 Donggyo-Ro, Mapo-Gu, Seoul 04031, Republic of Korea

이 한국어판의 저작권은 알맹2 에이전시를 통하여
Baker Publishing Group과 독점 계약한 IVP에 있습니다.
신 저작권법에 의하여 한국 내에서 보호받는 저작물이므로
무단 전재와 무단 복제를 금합니다.

행동하는 기독교
어떻게 공적 신앙을 실천할 것인가

미로슬라브 볼프·라이언 매커널리린츠
김명희 옮김

IVP

위르겐 몰트만에게,
아흔 번째 생신을 축하드리며

차례

머리말 11

1부 확신

1. 중심이요 기준이신 그리스도 21
2. 그리스도, 성령, 번영 33
3. 맥락에 맞추어 읽기 45

2부 신념

4. 부 59
5. 환경 71
6. 교육 83
7. 일과 안식 95
8. 가난 107
9. 대출과 대부 121
10. 결혼과 가정 131
11. 새 생명 141
12. 건강과 질병 153
13. 노후의 삶 163
14. 생의 종말 173

15. 이주	185
16. 치안	195
17. 형벌	205
18. 전쟁	217
19. 고문	231
20. 종교와 무종교의 자유	241

3부 성품

21. 용기	253
22. 겸손	265
23. 정의	275
24. 존중	287
25. 긍휼	299

맺는말	311
감사의 글	313
주	317
찾아보기	343
해설	351

* 일러두기
각 장에 수록한 '그 밖의 참고 자료'는 국내에서 출간된 도서 중 해당 주제와 연관된 목록을 출판사에서 가려 뽑은 것이다.

머리말

이 책은 2012년 페이스북에 올린 일련의 글에서 비롯되었다. 그해 대통령 선거 기간에 논의된 복잡다단한 이슈들에 대해 미국의 그리스도인들을 돕고자 쓴 글들이었는데, 전 세계적으로 공감대를 얻었다(이탈리아어로 따로 출판되기도 했다). 이 책이 그렇듯, 그 글들도 미국 상황을 다루기는 하지만 거기에만 얽매이지 않는 측면들이 있었기 때문이다. 오히려 세계 여러 지역에서 관심을 갖는 주제들에 대해 기독교적 시각을 제시했다. 미로슬라브 볼프의 페이스북에 실린 글들이었지만, 라이언 매커널리린츠가 초안 작업에 깊이 관여했다. 그래서 브래저스 출판사가 그 글들을 개정 증보하여 출판하는 데 관심을 보였을 때 우리는 공동 집필을 결정했다.

이 책은 『광장에 선 기독교』(*Public Faith: How Followers of Christ Should Serve the Common Good*, IVP)의 자매편이다. 『광장에 선 기독교』는 미로슬라브의 수년간의 연구 결과를 일반인들도 이해하기 쉽게 요약한 것으로, 그 과정에서 라이언이 연구 조교 역할을 해 주었다. 그 책의 목표는 오늘날과 같은 다원적 사회에서 그리스도를 따르는 이들의 역할과 자리를 탐구하는 것이었다. 그 책은 공적 영역에서 종교를 배제하는 것과, 하나의 종교가 공적 영역을 장악하는 것 모두에 반대했다. 또 공적 영역에 참여할 때 기독교 신앙이 가져야 할 비전은 하나의 정치 전략으로 다원주의를 주장하는 것임을 보여 주며, 기독교 신앙의 확고한 신념들이 공적 참여에 대한 그러한 접근법을 지지한다고 주장했다.[1] 이 책은 그 책이 끝나는 지점에 이어서, 그리스도를 따르는 이들의 공적 참여에 어떤 덕목과 신념들이 필요한지 탐구한다. 그래서 제목이 『행동하는 기독교』(Public Faith in Action)다. 책임감 있는 공적 행동을 하려면 두 책이 제시하는 내용이 다 필요하다. 곧, 오늘날과 같은 다원적 사회에서 그리스도인이 맡아야 할 자리와 역할에 대한 시각과, 그리스도인들을 이끌어 줄 적합한 덕목과 신념에 대한 표현이 모두 필요하다.

본격적으로 이 책을 읽기 전에, '공적'이라는 단어가 이 책에서 어떤 의미로 사용되는지 명확하게 하는 일이 중요하다. 알다시피, 공적(public)이라는 단어는 가정생활, 교회 생활, 동호회 활동과 같이 분류되는, 인간 삶의 어떤 한 부분을 가리키는 것이 아니다. 공적 영역이란, 빨래할 때 흰옷과 색깔 옷을 분류하듯 깔끔하게 구분할 수도 없고, 삶의 다른 영역과 별개로 다룰 수도 없다. 그렇다 해도 공적 영역이 삶의 그 다른 영역을 다 포괄하는 것은 아니다. 삶 전체를 가리키는 또 다른 단어도 아니다. 오히려 공적 영역은 인간 삶의 한 영역 혹은 측면이며, 공익, 공공선과 관련된 이슈와 제도를 포괄하는 영역이다. 또한 사회에서 **함께하는** 삶으로 여겨지는 삶이다. 따라서 공적 신앙은 우리의 공공 생활과 공공 세계를 책임감 있게 구축하는 것과 관련된다.[2]

삶의 모든 면에는 공적 측면이 있다. 모든 삶에는 공적 의미가 가득하다. 투표를 하거나 공직에 출마할 때처럼 공적 측면이 분명한 경우도 있다. 혹은 자녀를 공립학교보다 사립학교에 보내야 할지 결정할 때처럼, 파악하기가 더 힘든 경우도 있다. 그러나 거기에도 분명 공적 측면이 있다. 심지어 우리의 아주 사적인 욕구에도 공공 생활에 관련된 무언가가 담겨 있고, 그것이 공공 생활에 영향을 주기도 한다.

공적 삶은 정치인이나 유명인사에게만 해당되는 것이 아니다. 우리 모두 각자의 공적 삶을 산다. 모든 삶에 공적 영역이 있기 때문이다. 모든 삶은 희미하게라도 분명 정부, 경제, 교육 제도, 미디어 등의 공적 삶에 영향을 미친다. 그러므로 이는 누구든 공적 삶에 참여**할 수 있다**는 말이 아니라, 우리 모두가 불가피하게 그렇게 한다는 말이다. 극단적 예로 3세기에 헌신적인 그리스도인들이 이집트 사막에서 고독한 수사로 살고자 집과 가족과 소유를 버렸을 때, 그들은 자신들이 '세상'을 등졌다고 생각했다. 그러나 그조차 공적 행동이었다. 그들은 당시 사회가 복음이 요구하는 바와 상당히 멀리 있다고 여겼고, 그들의 행동은 그 생각을 전달했다. 오늘날에도 당신이 '정치'를 포기하기로 결심했다 해도, 즉 더 이상 투표도 하지 않고, 신문 헤드라인도 읽지 않고, 세금과 의료 제도에 관한 대화는 의도적으로 피하고, 한쪽에서 몸을 숨기고 할 수 있는 한 최선을 다해 자기 일만 한다 해도, 공적 삶에서 완전히 떠나지 못할 것이다. 오히려 당신은 제한적이고 아주 소극적이며 아마도 무책임하게 공적 삶을 살고 있는 것이다. 그러나 그럼에도 불구하고 공적 삶을 사는 것이다.

이 책은 일차적으로 **적극적인** 공적 삶을 다룬다. 공공의 관심사에 대해 아무 말도 하지 않고 아무런 행동도 하지 않는 소극적인 공적 삶에 관한 것이 아니다. 이 책은 예수 그리스도의 평범한 제자들의 공적 삶과, 그런 삶이 증진시켜야 하는 공익을 다룬다. 또 우리 판단의 토대가 되어야 하는 그리스도 중심의 신념들과, 우리 행동들 가운데서 빛을 발해야 하는 그리스도를 닮은 성품들을 다룬다. 또 투표 제도와 주민 협회에 충실할 것을 다룬다. 또 국내외의 중요한 이슈들, 곧 이주, 조세 정책, 전쟁과 평화 등을 다루며, 우리의 태도와 구매와 대화로 어떻게 공적 삶의 번영에 작게나마 기여할지를 다룬다.

이 책은 세 부분으로 나뉜다. 1부는 신실한 그리스도인의 공적 참여를 위한 큰 그림인 **확신**을 검토한다. 이 부분을 먼저 읽으면 이후 장들의 맥락을 이해할 수 있겠지만, 더 관심이 가는 질문이 있을 경우 관련된 장들을 골라 읽어도 무방하다.

2부에서는 공적으로 중요한 구체적 사안들에 참여할 때 토대가 되어야 할 **신념들**을 고찰한다. 이 장들 일부에는 공공 정책에 대한 상당히 확고한 권면이 담겨 있지만, 정강 정책을 펼치려는 것이 전체 목적은 아니다. 그 대신에 우리가 함께 살아가고 그 삶을 제도적으로 구현할 때, 온전하지는 못할지언정 다가올 하나님 나라를 나타내려면 그것이 어떤 모습일지 윤곽을 그려 보려는 것이다. 2부의 각 장 서두에는 관련 주제에 관한 신념들이 간단명료하게 정리되어 있다. 이는 어떤 정책을 지지하거나 공직 후보자들을 평가할 때 염두에 둘 수 있는 내용이다. 본문에서는 각각의 신념을 설명하고 그 타당성을 보여 주려 했다. 각 장의 말미에는 그 장의 내용을 다 이해하더라도 남아 있을 만한 질문들을 '더 토론할 내용'으로 담았다. 이 질문들은, 우리가 논의하는 신념들과 선거 유세 현장에서 들을 수 있는 제안들 사이에는 보통 약간의 거리가 있음을 보여 준다.

3부에서는 우리가 공적 삶에서 계발하고 살아 내야 하는 몇몇 덕목들, 곧 성품의 자질들을 숙고한다. 그리스도께 신실한 삶은 올바른 믿음을 가지고 올바른 행동을 하는 것 이상이다. 그것은 우리 삶 전체에서 그리스도가 드러나는 증인이 되도록 어떤 성품들을 갖추는 일이다.

이 책은 훨씬 길어질 수도 있었다. 사실 얼마 안 되는 페이지에 상당히 많은 분야를 다루고 있다. 우리는 의도적으로 내용을 줄였다. 그래서 각 장은 오늘날 세상이 직면한 가장 중요한 이슈들에 대해 짧은 지침을 제시하는 형태로 되어 있다. 물론 이 주제들 각각에 대해 할 수 있는 말이 (또 이미 많은 사람들이 한 말이) 훨씬 많다. 우리는 그저 독자들이 이 이슈들을 숙고하는 데 필요한 견고한 토대를 제시하는 일에 최선을 다했다. 그러나 이 책을 읽는다고 해당 이슈에 전문가가 되지는 못할 것이다. 논의한 주제들을 더 깊이 파헤치고자 하는 이들의 출발을 돕기 위해, 각 장 말미에 짧은 지침으로 해당 주제에 관한 몇몇 글과 책 목록을 해설과 함께 실었다(탁월한 연구원 라이언 다르와 토니 앨리미가 대부분 준비했다). 공적 신앙을 실천하는 것이 어떤 의미인지 계속해서 탐구하고자 한다면, 이 목록에 있는 자료들을 보기 바란다.

우리는 우리의 상황에서 이 책을 썼다. 예를 들어, 둘 다 미국 북동

부에 거주하고 있고, 비서구권 나라에서 살아 본 적이 있다. 또 둘 다 개신교 출신이며, 개신교 운동의 줄기에 속해 있다. 이러한 배경들은 불가피하게 우리가 쓰는 내용에 영향을 미쳤다. 그럴 수밖에 없다. 인간이 어떤 말을 할 때에는 특정 시간에 특정 장소에서 할 수밖에 없다. 또 『행동하는 기독교』와 같이 광범위한 주제를 다루는 책을 집필할 때에는 비전문가로서 글을 쓰게 마련이다. 이것 역시 그럴 수밖에 없다. 우리는 지극히 복잡한 세상에서 살고 있고, 복잡한 세상에 관한 지식은 아주 전문화되어 있기 때문이다. 그러나 현대 민주주의 국가의 시민으로서 공적 참여를 하려면, 기독교 신앙이 삶의 모든 측면과 어떻게 관련되는지 알아야 한다. 적어도 공적 삶의 어떤 측면에 대해서는 아마 우리 모두 아마추어일 것이다.

장소뿐 아니라 전문 지식의 한계도 지닌 채 책을 쓴다는 것은 위험할 뿐 아니라 논의의 여지를 남기는 모험이다. 또 당신에게 그 일을 함께 해 보자고 청하는 모험이기도 하다. 당신의 시각에서, 당신이 있는 곳에서, 이 글을 해석하고, 내용을 추가하고, 수정하고, 심지어 반박을 하라고 요청하는 것이다. 좀더 일반적으로 말해서, 어떤 글이나 강연을 이해한다는 것은 어휘들이 표현하는 고정되고 불변하는 요소를 보는 문제가 아니다. 오히려, 로완 윌리엄스(Rowan Williams)가 철학자 루트비히 비트겐슈타인(Ludwig Wittgenstein)을 따라 말했듯이, 그것은 "어떻게 '해 나가야 할지' 아는" 문제다. 이해했다면, 서로 교류하고 소통을 추진할 수 있다.[3] 이 책을 쓸 때 우리는 대화를 끝내는 것이 아니라 풍성하게 하는 것, 수동적 굴복을 얻어 내는 것이 아니라 비판적 논의를 일으키는 것을 목표로 했다.

우리의 성찰이 다른 여러 지역과 상황에서 그리스도를 섬기고자 하는 이들에게도 적절하고 도움이 되기를 바란다. 그러나 우리의 논지와 입장이 당신이 사는 지역사회에 어떻게 적용될지 분별하는 일은 물론, 배경과 전문 지식의 한계 그리고 우리의 죄성이 우리 눈을 어둡게 한 부분들을 분별하는 일은 **당신**이 해야 한다. 이 책을 함께 대화 나누자는 초대장으로 여기기를. 우리가 하는 어떤 말이 납득되지 않는다면, 우리(와 다른 사람들)를 납득시키려고 애써 보기를. 또 우리의 말을 받아들일 수 있다면, 그 말이 당신과 당신의 지역사회에서는 어떤 의미인지 우리(와 다른 사람들)에게 말해 주기를. 무엇보다도 이 책을 행동하라는 초대장으로 여기기를. 그리고 공적 참여로 그리스도를 따를 때 어떤 일이 일어나는지 보기를 바란다.

1부 **확신**

1
중심이요 기준이신 그리스도

이 책의 기저에는 한 가지 기본 확신이 있다. 즉, 기독교 신앙에는 누구도 빼앗을 수 없는 공적 영역이 있다는 것이다. 그리스도인들은 그저 개인적 삶과 그들 집단의 삶에서만 그리스도를 따르는 자들이 아니다. 그들은 공적이고 정치적인 삶에서도 그리스도를 따르는 이들이다. 그리스도인들이 공적 영역에 참여할 때, 그리스도가 중심과 기준이 되어야 한다. 그리스도와 그분의 영이 우리 마음과 가정과 교회만이 아니라 우리나라와 전 세계에서도 일하고 계시기 때문이다. 이 확신을 지지하는 말은 더 할 필요가 없을 것 같다. 오늘날 대부분의 그리스도인들이 이 확신을 받아들이기 때문이다. 그러나 이 확신이 의미하는 바가 무엇인지 분명히 하는 일은 중요하다. 기독교적 공적 참여의 진로를 정해 줄 뿐 아니라 한계를 그어 주기 때문이다.

언뜻 보기에, 정치적 삶의 틀을 잡기 위해 예수 그리스도를 선택하는 일은 아주 이상해 보인다. 그분은 온유하고 마음이 청결하며 박해

받는 자에게 '복이 있다'고 하셨다(마 5:5, 8, 10). 허리를 굽혀 제자들의 발을 씻어 주셨고(요 13:1-17), 사람들의 주목을 피하시곤 했고(예를 들어, 마 8:4; 막 1:43-45), 부당하게 체포되는 그분을 구하고자 검(정치권력에 대한 고전적 상징)을 쓰려 한 제자들을 꾸짖으셨다(마 26:52; 눅 22:51; 요 18:11). 그분이 말씀하시는 방식, 그분의 태도나 버릇 등은 속세를 초월한 듯 보이고, 왕이라기보다는 성자 같아 보인다. 또 그분이 전하신 말씀은 솔직히 정치에 적용하기에는 너무 급진적인 것 같다. 그분은 "왼편도 돌려 대며"(마 5:39), "비판하지 말"고(마 7:1), "너희 원수를 사랑하"라고(마 5:44) 말씀하셨으니 말이다. 우리가 공적 삶을 살고 참여해야 하는 세상은 난투가 난무하고, 주목받고 싶어 하고, 협상을 일삼는 곳인데, 이런 말이 적절할 수 있을까?

그러나 조금 더 자세히 살펴보면, 예수님의 삶과 말씀은 틀림없이 공적이며 심지어 정치적이기까지 하다. 정치라는 단어의 전형적 의미는 아니지만 말이다. 결국 예수님이 선포하신 말씀의 핵심은 "하나님의 나라가 가까이 왔으니"(마 4:17; 막 1:15)다. 다른 어떤 가능성이 있다 해도, **나라**는 확실히 정치적 용어다. 요한계시록은 그 나라의 정치적 성격을 그대로 드러내며, 하나님의 통치가 임할 마지막 재림을 "거룩한 성 새 예루살렘이 하나님께로부터 하늘에서 내려"와 땅에 세워진다고 묘사한다(계 21:2). 우리가 쓰는 **정치적**(political)이라는 단어는 이 구절의 '성'에 해당하는 헬라어(*polis*)에서 온 것이다.

그리스도, 성령, 나라

그 나라의 소식을 전하셨다는 사실만으로, **예수님**을 정치 참여의 기준으로 삼는 일이 타당하다고 할 수는 없을 것이다. 예수님은 그저 그 나라의 비전을 묘사한 그 나라의 예언자나, 그 나라의 제도를 설명하고 타당함을 증명한 그 나라의 철학자일 수도 있지 않은가? 그분이 우리가 따라야 할 본일 수 있을까? 사실 그분은 그 훨씬 이상이다. 그리스도가 선포하신 나라는, 이 땅에서 사명을 감당하시고 십자가 죽음을 당하신 그분, 부활 후 계속 살아 계신 그분과 떼어 놓을 수 없다. 예수님은 자신과 그 나라가 밀접하게 연결되어 있다고 주장하셨다. 예수님은 자신이 사탄의 능력으로 귀신을 쫓아냈다는 고발을 부인하며 이렇게 말씀하셨다. "내가 만일 하나님의 손을 힘입어 귀신을 쫓아낸다면 하나님의 나라가 이미 너희에게 임하였느니라"(눅 11:20). 예수님의 사역으로 그 나라가 왔다. 예수 그리스도를 얻지 않고는 그 나라를 얻을 수 없다. 또 그 나라를 얻지 않고는 예수 그리스도를 얻을 수 없다. 따라서 그분의 삶 전체가 정치적으로 중요하다.

위르겐 몰트만(Jürgen Moltmann)이 『십자가에 달리신 하나님』(*The Crucified God*, 한국신학연구소)에서 주장했듯이, 예수님이 '십자가로 가신 길'은 당대의 종교 지도자, 정치 지도자들과의 갈등의 길이었다. 그들은 예수님의 가르침과 사역은 물론이고 그분의 삶 자체를 위협으로 보았다.[1] 아기 그리스도를 죽이려는 헤롯의 필사적인 시도로부터, "이는 유대인의 왕 예수라"(마 27:37)라는 모욕적인 명패 아래 반란죄로 그분을 십자가에 매단 로마인들에 이르기까지, 권력자들은 그리스도를 처리해야 할 문제, 필요하다면 폭력도 불사할 문제로 여겼다. 미하엘 벨커(Michael Welker)는 몰트만의 논지를 확대하여, 그리스도는 더 광범위한 공공 기관과 공직자들의 주도 아래 십자가에 달리셨음을 보여 주었다. 종교와 정치 체제만이 아니라 법과 여론도 합세했다.[2] 십자가 처형을 통해, 인간이 살아가며 만든 이러한 조직이 얼마나 타락하기 쉬운지 드러났다. 그리스도는 그들과 갈등을 일으키심으로, 그 갈등을 사명의 일부로 삼으심으로, 비폭력을 특징으로 하는 그분의 방식대로 연루되심으로, 타락한 인간의 공공 조직을 하나님의 심판 아래 두셨다.

당대 공공 기관 및 공직자들과 갈등을 일으킨 모습을 볼 때, 그리스도가 정치 참여의 기준 역할을 할 여지는 거의 없어 보인다. 결국 그분은 패한 것처럼 보인다. 그러나 사실 그 갈등은 각자의 시대와 장소에서 그분을 따랐던 이들에게 본보기 역할을 했다. 그리스도의 십자가 죽음은, 인간 삶에 나타난 여러 타락들에 맞선 일련의 승리 가운데서도 **가장 중요한 승리**였기 때문이다. 사도행전에는 "하나님께서 그를…살리셨"다는 말씀과, 그분이 이제 "하나님의 오른쪽에" 앉으셔서 그분의 사명이 세상에서 계속될 수 있도록 성령을 부어 주신다는 말씀이 나온다(행 2:24, 33).

그렇다면 그리스도는 살아 계시며 성령을 통해 세상에서 일하고 계시다. 그분의 죽음은 그분이 왕인 척한 사기꾼이었음을 폭로하거나 그분의 통치를 끝낸 것이 아니었다. 그와 반대로, 예수님의 부활과 승천은 새로운 시각으로 그분의 통치를 확인하고 확립해 주었다. 그리스도는 온 세상의 주로 높아지셨다. 그분은 곧 "모든 통치와 권세와 능력과 주권…위에 뛰어나"신 주시다(엡 1:21). 고린도전서 15장의 이미지를 보면, 그분은 그 나라를 아버지께 넘겨주실 때인 종말이 올 때까지 그 나라를 통치하신다. 갈등의 심화를 표현한 그 구절["그가 모든 통치와 모든 권세와 능력을 멸하시고"(24절)]과 골로새서 2:15이 암시하듯, 그리스도의 사명은 여전히 죄에 항거하고, 세속 권력의 타락과 가식의 가면을 벗기는 것이다. 그러나 역사 속에서 그 나라를 살짝 맛보게 하시는 것도 그분의 사명이다. 그리스도는 공공 생활에 관여하는 기관과 공직자들에 맞서서 일하기도 하시지만, 그 안에서 일하기도 하신다. 죄가 그 기관과 사람들을 타락시키지만, 그리스도는 그들을 구속하신다.

예수님이 가져오신 나라는 평범한 정권과는 근본적으로 다르다. 그 나라는 주전 753년 로마가 세워진 다음 카르타고 및 다른 정권과 패권을 다투었던 식으로, 다른 나라들 옆에 또 하나의 나라로 세워지지 않았다. 한 정부가 다른 정부의 뒤를 잇는 식으로 다른 정권을 이어받지도 않았다. 오히려 그 나라는 모든 역사와 모든 창조 세계의 궁극적인 목표다. 만물이 이르러야 할 충만의 모습이다. 그 나라는 하나님이 만유의 주로서 만유 안에 계실, 형언할 수 없는 미래다(고전 15:28).[3] 이 나라는 최종적이고(절대 어설플 수 없다), 보편적일(이는 온 창조 세계로 확장된다) 뿐 아니라, 모든 것을 아우른다. 우리가 보통 '공적 영역'이라 분류하는 모든 것을 **포함**하지만 그것을 **능가**한다. 그 범위는 우리의 아주 은밀한 욕구로부터 온 우주의 운명까지 이른다.

그리스도와 공적 참여

그러나 이는, 교회에서 그리스도의 사역과 더 넓은 세상에서 그리스도의 사역 사이에 차이가 없다는 말이 아니다. 카를 바르트(Karl Barth)는 그리스도인과 교회와 정치사회의 관계에 그리스도의 보편적 사역이 어떤 의미가 있는지 이해하는 데 도움을 주는 이미지를 제시한다. 그에 따르면, 그리스도는 두 동심원의 중심과 비슷하다. 안쪽 작은 원은 기독교 공동체로, 그리스도가 중심임을 알고 그 앎에 비추어 사는 것을 목표로 하는 공동체다. 바깥쪽 큰 원은 시민 공동체로, 역시 그리스도가 중심에 계시지만 이 공동체는 그것을 알지 못한다. 바깥 원에서의 그리스도의 다스림은 안쪽 원에서의 다스림과 같지 않을 뿐 아니라 전혀 다르다. 그러나 유사하기는 하다.[4] 한 **공동체**로서 교회는 공적으로 아주 중요하다. 이는 최근 몇십 년 동안 많은 신학자들이 주장해 온 바다. 그러나 그리스도인들이 교회라는 테두리 내에서만 공적 참여를 하는 것은 아니다. 그리스도인들은 시민 공동체의 일원으로서, 그곳이 그리스도의 성품과 다스림에 더 어울리는 곳이 되게 하려 애쓴다.

그리스도인들은 '바깥 원'에서 활발하게 활동해야 한다. **그리스도는 우리 삶 전체에서 그분을 따르고, 그분이 일하시는 곳 어디에서든 성령의 능력으로 일하도록 우리를 부르시기 때문이다.** 예수님은 그분의 생애가 담긴 복음서 이야기 곳곳에서 사람들을 불러 자신을 따르라고 하시고, 그들의 삶을 그분에게 맞추라고 하신다. 그들의 삶에서 예수님이 손대지 않는 부분은 하나도 없어야 한다. 제자도는 가정생활에 영향을 미친다(마 10:37). 부, 재산과의 관계에도 영향을 미친다(마 6:24; 눅 16:13). 또 일에 영향을 미치고(막 1:16-17), 사회생활에도 영향을 미친다(마 5:42-48). 그 외에도 많이 있다. 요점은, 우리가 성령의 능력으로 예수님을 따르기로 헌신했다면, 그분이 우리 삶 전체의 성격을 결정하도록 해야 한다는 것이다. 예외는 없다. 우리는 그리스도의 제자로서, 공공선에 영향을 미치는 판단과 말과 행동을 한다. 우리가 삶의 다른 모든 영역에서 그분의 제자인 것처럼 말이다.

그리스도의 제자로서 공적 참여를 하려 할 때, 우리는 그리스도가 어떻게 일하시는지를 분별하는 시금석인 성경으로 향하게 된다. 세상 속에 계신 그리스도가 성경 속의 그리스도와 다를 수는 없다. **그리스도는 언제나 자신을 속이지 않으시기 때문이다.** "예수 그리스도는 어제나 오늘이나 영원토록 동일하시니라"(히 13:8). 우리가 성경에서 보는 그분의 성품은 언제 어디서든 한결같은 그분의 성품이다. 그러므로 그리스도가 우리를 놀래킬 것이라 예상해야 한다. 우리가 그분을 절대 온전히 이해할 수 없기 때문만이 아니라, 그분이 일하시는 상황들이 변하고 있기 때문이다. 같은 강연을 다른 두 청중에게 한다는 것은 다른 두 번의 강연을 하는 것이다. 다른 두 상황에서 같은 방식으로 행동하는 것은, 사실상 두 가지 다른 방식으로 행동하는 것이다. 그럼에도 불구하고 우리는 그리스도가 결코 급회전을 하지 않으실 것이며, 우리가 성경에서 보는 그리스도와 현저하게 대조되는 누군가가 되지 않으시리라는 것을 확신할 수 있다. 예를 들어, 그분은 시장경제 체제에서라 할지라도 관대함 대신 욕심을 가지라고 명하시지 않을 것이다. 사회 복지 제도가 관료화되어 있더라도 긍휼이 쓸모없다고 말씀하시지 않을 것이다. 또 테러범의 협박 아래 있는 시민들에게도, 그 원수들을 사랑하는 대신 미워하는 것이 괜찮다고 말씀하시지 않을 것이다.

이 모든 관찰을 종합하면 다음과 같은 논리가 나온다. (1) 그리스도는 사람들이 하나님 나라를 고대하도록 어디에서든 일하고 계시므로, (2) 우리는 그리스도가 일하시는 곳 어디에서든 그분을 따라야 한다. (3) 또 성경이 증언하는 그리스도의 성품은 항상 어디에서든 동일하게 나타나는 그분의 성품이다. 그러므로 결론적으로 (4) **우리가 성경에서 만나는 예수님, 오늘날 성령을 통해 일하시는 그 예수님이 우리의 공적 참여의 기준이 되어야 한다.**

예수님이 자신의 삶과 죽음과 부활로 하나님 나라를 가져오셨지만, 그 나라는 역사가 끝날 때에야 온전히 실현될 것이다. 그러므로 우리는 긴장 가운데 산다. 그 나라는 어떤 의미에서 '지금' 실재하지만, 다른 의미에서는 여전히 '아직 오지 않았다.' 알다시피, 하나님 나라가 온전히 실현되는 과정은 역사 안에서 점차 진보하는 형태가 아니다. 오히려 그 변화는 너무 뚜렷해서, 성경은 그것을 하나님이 "옛" 세계에서 "새로운 피조물"을 만들어 내신다고 말한다(고후 5:17; 사 65:17). 그러므로 우리는 교회든 시민사회든 어떤 인간 공동체에 대해서도, 어떤 정복하는 세력이 그렇게 하듯 땅에서 점진적으로 '확장되고 있는' 하나님 나라라 생각해서는 안 된다. 그리스도인들은 대부분 올바르게도 역사에 대한 진보주의적 견해와 관련된 꿈, 우리가 계속 열심히 노력하기만 하면 결국 단번에 새 예루살렘을 세울 수 있을 것이라는 그 헛된 꿈을 버렸다. 요한계시록에 따르면, 거룩한 성은 **하나님께로부터**

내려와야 한다(계 21:2).

그러므로 그 나라를 바라보는 우리의 기본자세는 소망이어야 한다. 곧, 그리스도의 성육신으로 시작되어 성령을 통해 지속되고 있는 그 나라의 사역을 하나님이 완성하시리라는 열렬한 기대여야 한다. 물론 소망은 그저 꿈꾸는 것이 아니다. 소망은 우리가 소망하는 그 나라의 실재 속에서 사는 것이다. 그 나라는 인간이 존재하는 근본 목적이요, 인간 마음의 가장 깊은 갈망이다. 성령의 능력으로 그리스도를 따르는 이들은 그 소망이 그들 삶의 성격과 계획을 결정하게 해야 한다. 우리가 그 나라를 도래하게 할 수는 없을지라도, 정치와 전 세계의 상황을 포함한 우리 삶과 우리의 세상이 그 나라의 성격을 일부 드러낼 수는 있다. 다음 장에서 그 나라의 성격과 우리가 어떻게 그것을 드러낼 수 있을지 간략하게 탐구할 것이다.

더 깊은 논의를 위한 자료

입문

Evans, Rachel Held. "Are the Teachings of Jesus Too Radical for Public Policy?" *Rachel Held Evans* (blog), April 22, 2009. http://rachelheldevans.com/blog/jesusandtorture?rq=public. 에반스는 가난과 고문에 관해 친구들과 대화를 나누다 자극을 받아, 그리스도인들이 공적 이슈들을 놓고 논쟁을 벌일 때 예수님의 가르침이 아닌 다른 성경 구절들로 예수님의 가르침을 눌러 버리는 경향을 비판한다. 그러나 또한 예수님의 가르침들이 실제로 이 땅에서의 공적 삶에는 지나치게 급진적인 것은 아닐까 의아해한다.

Stringfellow, William. *A Private and Public Faith*. Eugene, OR: Wipf & Stock, 1999. 스트링펠로는 그리스도인의 삶의 과제가 공공 생활 안에서 하나님(그리스도)의 말씀을 분별하고 따르는 것이라고 강력하게 논증한다.

Volf, Miroslav. *A Public Faith: How Followers of Christ Should Serve the Common Good*. Grand Rapids: Brazos, 2011. 『광장에 선 기독교』(IVP). 그리스도를 따르는 이들이 공적 삶에 대해 지녀야 할 태도에 관한 미로슬라브의 성찰을 모아 통합한 책이다. 특히 나태와 강압을 반대하고, 사려 깊은 참여를 옹호한다.

심화

Barth, Karl. "The Christian Community and the Civil Community." In *Community, Church, and State: Three Essays*, pp. 149-189. Eugene, OR: Wipf & Stock, 2004. 『공동체 국가와 교회』(엠마오). 20세기 가장 영향력 있는 신학자 중 한 사람이 교회와 시민사회의 관계를 설명하고, 책임감 있고 신앙에 충실한 기독교적 공적 참여의 비전을 제시한다.

Mathewes, Charles. *A Theology of Public Life*. Cambridge: Cambridge University Press, 2007. 메슈스는 특히 성 아우구스티누스의 사상에 기초하여, 공적 참여가 기독교 신앙의 질을 높여 준다고 주장한다.

Moltmann, Jürgen. *Theology of Hope*. Minneapolis: Fortress, 1993. 『희망의 신학』(대한기독교서회). 몰트만의 이 획기적인 책은 다가올 하나님 나라를 기대하는 것에 관한 신학적 성찰에 새로운 방향을 제시했다. 이 책은 그리스도인의 소망에 담긴 공적 의미에 대한 성찰로 마무리된다.

Tanner, Kathryn. "Politics." In *Christ the Key*, pp. 207-246. Cambridge:

Cambridge University Press, 2010. 태너는 자신의 책 제목을 따라, 그리스도가 다른 인간들은 물론 성부, 성령과 관계를 맺은 방식이, 그리스도인이 어떻게 정치에 참여해야 하는지 이해하는 열쇠라 주장한다.

* 그 밖의 참고 자료

로버트 우스노우, 『기독교와 시민사회』(CLC). 급격한 변동 상황에 처한 시민 사회 속에서 그리스도인의 존재와 그 역할에 대해 압축적으로 논의한다.

리처드 니버, 『그리스도와 문화』(IVP). 신학과 역사의 관점에서 기독교와 사회, 문화의 관계를 다섯 가지 유형으로 나누고, 둘의 관계를 바르게 이해함으로써 현대 문화 속에서 기독교 진리를 온전히 전하도록 이끄는 고전이다.

자끄 엘륄, 『세상 속의 그리스도인』(대장간). 세상 안에 있으되 세상에 속하지 않은 그리스도인의 실존에 대해 논의하며, 그 가운데 엘륄 자신의 신학을 개괄한다. 그의 신학은 그리스도인의 역설적 삶에 대한 깊은 통찰을 제공한다.

존 스토트, 『현대 사회 문제와 그리스도인의 책임』(IVP). 세상 속 그리스도인이 직면하는 현대 사회의 주요 이슈들(환경, 평화, 경제, 다문화, 동성애, 낙태 등)에 대한 복음주의적 답변을 담은 사회적 제자도를 위한 필독서다.

2
그리스도, 성령, 번영

기독교 신앙은 공적 신앙이다. 이유는 단순하다. 그리스도의 사역에는 누구도 빼앗을 수 없는 공적 영역이 있기 때문이다. 2,000년 전, 그리스도가 팔레스타인 거리를 걷고 예루살렘 성 밖에서 십자가에 달리셨을 때도 그랬고, 모든 권세 위 하늘 보좌에 앉아 계신 지금도 그렇다. 기독교가 '정치적 종교'라는 말이 아니다. 기독교가 한 사회에서 도덕 질서와 정치 규율의 일치를 기뻐하는 종교, 정치 규율과 사법 질서에 신학적 정당성을 부여하는 종교라는 말이 아니다. 이 세상을 위한 나라이지만 이 세상에서 나오지 않은 나라의 우주적 왕이신 그리스도는 그러한 정치적 종교를 무너뜨리셨다. 그 동일한 그리스도가 또한 공적으로 참여하는 신앙의 시작이시다.¹

성령 안에서 그리스도를 따르기

온 우주의 왕이신 그리스도와, 공적 영역에 참여하는 그분의 제자들은 어떤 관계에 있는가? 1장에서 그리스도가 우리의 기준이라고 주장했다. 기준이신 그리스도는 1세기 팔레스타인이라는 '우리 이전에', 혹은 성부의 오른편인 '우리 위에' 계신 분으로 보일 수 있다. 우리에게 순종을 명하시고 우리가 따라 살아야 할 이상을 제시하시는 분으로 말이다. 그러나 그리스도와 우리의 관계에 대한 이 두 가지 생각, 곧 그리스도가 명령자이며 본보기라는 생각은 맞지만 충분하지는 않다. 그리스도와 그분을 따르는 이들의 관계는 친밀한 차원을 훨씬 넘어선다. 마르틴 루터(Martin Luther)는 짧지만 아주 영향력 있는 글 『그리스도인의 자유』(*The Freedom of a Christian*, 동서문화사)에서, 그리스도인들은 이웃에게 '그리스도들'이 되어야 한다고 대담하게 주장했다.[2] 우리는 그저 우리 밖에 계신 그리스도께 순종하고 그분을 본받는 것이 아니라, 우리 **안에** 거하시는 그리스도를 구체적으로 드러내야 한다.

그리스도를 구체적으로 드러내는 것의 한 가지 의미로, 우리는 그리스도의 가시적 몸인 교회를 그리스도의 성육신이 계속되는 곳으로 볼 수 있다. 그러나 그것은 그리스도와 그리스도인들을 지나치게 가깝게 결부시키는 것이다. 사실 너무 그렇게 여겨서, 교회는 그리스도를 쫓아내고 대체하려는 조짐을 보이기도 한다. 그리스도를 구체적으로 드러내는 것에 대해 생각하는 더 건전한 방식은, 교회와 각각의 그리스도인들을 **그리스도가 계속 성령을 부어 주시는 이들로 보는 것**이다.[3] 부활하신 그리스도는 자신에게 내려오신 그 성령(마 3:16-17;

요 1:32-33), 가난한 이들에게 좋은 소식을 전하도록 그분에게 부어진 그 성령(눅 4:18)을 그리스도를 따르는 이들에게 머물도록 보내셨다(요 20:22; 행 1:5; 2:1-4). 그리스도를 따르는 이들이라 칭함받는 우리는 그리스도처럼 그리스도의 영의 능력으로 보냄을 받는다. 그리스도는 성령을 통해 우리와 함께하시고 우리 안에 거하시며, 우리는 그리스도 안에 있다(마 28:20; 요 15:4; 롬 8:1, 10-11; 고후 1:21-22).[4]

1장에서 그리스도의 통치가 교회와 그리스도를 따르는 이들의 공동체에만 국한되지 않는다고 주장했다. 성령의 사역도 마찬가지다. 오순절 날 성령의 부어짐은 '모든 육체'에 성령이 임하는 하나님의 최종적 선물이 오기 시작했음을 알렸고, 그 선물을 고대하게 했다(행 2:17; 욜 2:28). 아직 모든 곳에 성령의 열매가 나타나지는 않았지만 말이다. 또 그리스도인의 삶에서 성령의 사역은 삶의 모든 부분과 영역을 포괄하는 그리스도의 통치처럼 포괄적이다. 성령은 온 세상에서 일하시며, 모든 영역을 포괄하는 그리스도인의 온 삶이 성령 안에서의 삶이다.[5]

성령은 무엇을 위해 그리스도인들에게 힘을 주시고 그들을 인도하시고, 또 개인의 이익은 물론 공공선을 염두에 두시며 그리스도인들을 자기 이웃에게 '그리스도들'이 되게 하시는가? 성령은 무엇을 위해 그리스도께 내려오셨는가? 그리스도가 성령의 기름부음을 받아 그 나라를 세우시는 목적은 인간과 온 창조 세계의 **번영**이었다. 우리 모두가 지음받은 목적은 영원한 하나님 나라에서 사는 것이다. 그 나라는 그리스도가 가져오려 하셨던 '풍성한 삶'의 완벽한 모습이다(요 10:10).

번영의 세 가지 측면

우리는 그리스도의 통치와 성령의 임재의 목적이 '번영'이라 보므로, 그것을 이 책의 가장 중요한 개념으로 삼았다. 우리는 그 용어를 '좋은 삶'이나 '살 만한 가치가 있는 삶'과 거의 비슷한 뜻으로, 다소 느슨하게 사용한다. 중요한 것은, 우리가 '번영'을 어떤 의미로 사용하며, 그것이 그리스도의 삶과 가르침에 어떻게 뿌리내리고 어떻게 나타나 있는지 이야기하는 것이다. 이후에 훨씬 자세하게 이야기하겠지만, 여기 서두에서는 번영의 틀이 될 만한 세 가지 측면을 명시하고 설명하는 것이 중요할 것 같다. 그 세 가지는 (1) 삶을 잘 이끄는 것, (2) 잘 풀리는 삶, (3) 기분 좋은 삶이다.[6] 특히 앞의 두 가지는 개인적으로나 다른 사람과의 관계에서나, 이 책의 나머지 부분에서 아주 중요한 역할을 할 것이다. 이 세 가지는 좋은 삶에 관한 서구의 전통적 사고의 중요한 세 가닥에 대충 들어맞는다. 각 가닥은 그 한 측면을 강조하지만 나머지 두 측면도 절대 무시하지 않는다. 이마누엘 칸트(Immanuel Kant)의 의무 윤리는 삶을 잘 이끄는 것을 강조하고, 카를 마르크스(Karl Marx)의 혁명적 시각은 잘 풀리는 삶을 강조한다. 또 대부분의 현대 대중문화는 기분 좋은 삶인 행복을 강조한다.

삶을 잘 이끄는 것(leading life well)은, 당신이 세상 속에서 어떻게 행동하느냐에 관심을 가진다. 삶을 잘 이끄는 것이란, 어떤 상황에서도 하나님의 선물들을 잘 받아들이고, 올바른 태도를 갖고, 제대로 판단하고, 올바로 행동하는 것이다. 그리스도는 잘 이끄는 삶을 **사랑**이라는 주제 아래 요약하신다. "예수께서 이르시되 '네 마음을 다하고 목숨을 다하고 뜻을 다하여 주 너의 하나님을 사랑하라' 하셨으니 이것이 크고 첫째 되는 계명이요 둘째도 그와 같으니 '네 이웃을 네 자신같이 사랑하라' 하셨으니 이 두 계명이 온 율법과 선지자의 강령이니라"(마 22:37-40; 참고. 롬 12:9-10; 갈 5:14; 약 2:8; 요일 4:21). 그리스도는 사랑을 전하셨을 뿐 아니라 그 삶을 완벽하게 살아 내셨다. 아버지를 사랑하셨고(요 14:31), 가장 큰 사랑으로 인간을 사랑하셨다(요 15:12; 참고. 갈 2:20).

잘 풀리는 삶(life going well)이란, 대략적으로 말해 한 사람의 삶의 상황이 정말 좋은 상태를 의미한다. 삶을 잘 이끄는 것은 개인 능력의 문제인 반면,[7] 잘 풀리는 삶은 상당 부분 우리의 통제력을 넘어서는 환경에 달려 있다. 이를테면, 어떤 이웃들 사이에서 자라느냐, 유전적으로 심각한 병에 걸릴 체질이냐, 조국이 평화로우냐 전쟁으로 분열되어 있느냐, 신뢰 수준이 높은 문화에서 사느냐 낮은 문화에서 사느냐 등이다. 예수님은 말씀과 행동으로 잘 풀리는 삶이 중요함을 보여 주셨다. 그분은 병자를 고쳐 주시고 영적으로 억압당하는 자들을 구해 주셨다(막 1:29-34). 배고픈 이들을 먹이시며(마 14:13-21) 과부 어머니에게 아들을, 자매에게 오빠를 되살려 주기도 하셨다(눅 7:11-15; 요 11:1-44). 예수님은 사람들을, 덕목을 갖추기만 하면 환경에 상관없이 충분히 번영할 수 있는 일차원적 피조물로 여기지 않으셨다. 그분은 "먼저 그의 나라와 그의 의를 구하라"라고 말씀하셨지만, 그런 다음 "너희 하늘 아버지께서 이 모든 것이 너희에게 있어야 할 줄을 아시"기 때문에 "이 모든 것", 즉 음식, 옷, 거처, 안전 등과 같은 것을 "너희에게 더하시리라"(마 6:32-33)라고 하셨다. 잘 풀리는 삶이 의미하는 바는 히

브리어 '샬롬'(Shalom)의 의미로 이해되는 **평안**이라는 개념으로 요약할 수 있다. '샬롬'이란, "건강, 행복감, 복, 공동체의 화합, 친척들과의 관계와 그들의 상황, 그리고 삶의 모든 영역의 질서에 필요한 모든 것"을 포괄하는 개념이다.[8] 분명 예수님은 중요한 면에서 삶이 잘 풀리지 않았다. 그분은 "머리 둘 곳이"(마 8:20) 없었고, 핍박을 받으셨고, 결국 잔인하게 죽임을 당하셨다[아마 정확한 단어는 **살해당하다**일 것이다. 빌라도는 예수님에게 판결을 내리지 않고 그저 "십자가에 못 박히게 넘겨주"었기(마 27:26) 때문이다].[9] 그러나 이야기는 여기서 끝나지 않는다. 다시 살아나신 그리스도가, 세상이 시작될 때부터 하나님과 함께 누리셨던 영광을 회복하셨기 때문이다.

기분 좋은 삶(life feeling good)이란, 인간이 누리는 번영의 정서적 영역을 가리킨다. 인간이 진정으로 번영을 누리려면, 잘 풀리는 삶을 잘 사는 것으로 충분하지 않다. 어떤 사람이 완벽한 배우자와 결혼하기 위해 단 앞에 서 있다고 상상해 보자. 신부와 신랑 둘 다 아주 건강하고, 그들을 지지해 주는 견고한 친구와 가족 공동체도 있다. 둘 다 상대방을 존경하고 사랑으로 대한다. 그런데 신부는 행복을 느끼지 못한다. 무언가가 빠져 있다. 어쨌든 그녀가 번영을 누리고 있다고 말하기는 어려워 보인다. 우리 자신과 우리가 사는 세상과 하나님을 향해 정서적으로 적절하게 반응하는 것은 번영을 누리는 데 필수적이다. 번영을 누리는 삶의 기본 정서는 **기쁨**이다. 정말 기쁘다면 우리는 세상을(혹은 세상의 일부를) 축복으로 받아들이고 그에 맞게 반응한다. 그러한 기쁨이 그리스도의 삶과 사명 전체의 특징이었다. 그리스도의 탄생은 "온 백성에게 미칠 큰 기쁨의 좋은 소식"이었으며(눅 2:10), 그분의 부활은 제자들에게 기쁨을 불러일으켰다(마 28:8). 기쁨은 제자들이 그리스도와 함께 있을 때 마지막으로 경험한 정서이자, 갓 태어난 교회가 맨 처음 보인 정서였다. 제자들은 하늘로 올려지신 예수님께 경배하고 "큰 기쁨으로 예루살렘에 돌아"갔다(눅 24:52). 기쁨은 그 나라에서의 삶이 어떤 느낌일지 요약해 주는 셈이다.

중요한 것은, 진정한 기쁨이 번영의 세 측면과 모두 연결된다는 것이다. 또 예수님의 달란트 비유에서 주인이 착하고 충성된 종들에게 "네 주인의 즐거움에 참여할지어다"(마 25:21-23)라고 말했을 때처럼, 그 나라 자체를 나타내기도 한다. 물론 참 평안(사 11:1-11)과 진정한 사랑(고전 13:13)도 각각 번영의 세 측면과 모두 연결된다. 이 세 측면은 각각 별개이긴 하지만 서로 밀접하게 관련된다. 각 측면은 선순환이나 악순환을 일으키는 방식으로 서로에게 영향을 미친다. 모든 일이 잘 풀리는데도 서로에 대한 사랑이 내리막으로 가는 것처럼 느껴질 수 있다. 또 우리가 삶을 잘 이끈다 해도 삶이 어그러질 수 있음을 모두가 안다. 사실, 예수님의 십자가 죽음이 실례로 보여 주듯, 우리가 삶을 잘 이끌고 있기 **때문에** 삶이 심히 어그러질 수 있다. 그러나 죄악된 세상의 무질서에도 불구하고, 우리가 옳은 일을 함으로 결국 상황이 더 나아지는 경우도 많이 있다. 역으로, 당신이 회사 공금을 훔쳐 달아나서 그 돈으로 새 스포츠카를 산 다음 시속 190킬로미터로 고속도로를 질주한다면, 당신의 인생은 더 이상 잘 풀리지 않을 것이다. 만족감이 전혀 없을 가능성도 높다. 그 영향이 다른 방향에도 미칠 수 있다. 고통스럽게도 우리 삶의 상황이 우리의 영적 힘을 다 갉아먹어 버리고, 잘 살 수 있는 능력을 약화시키며, 삶에서 기쁨을 앗아 가는 경우는 흔하다.

그러한 순환에서 가장 중요한 요소는 삶을 잘 이끄는 것이다. 이는 다른 두 측면과 전혀 별개는 아니지만, 그 순환에서 가장 결정적인 지점이다. 상황이 아주 절망적일 때에도, 또 아주 암울한 감정일 때에도 그렇다. 그러나 물론 우리 모두는 의지의 포로 상태에서 해방되어야 하는데, 신약성경에서 가장 뚜렷하게 나타나는 귀신 들린 상태처럼 우리가 완전히 무력해지는 경우들도 있다. 우리는 그리스도의 삶에서 친구의 배신, 임박한 체포, 다가오는 처형의 고뇌가 그분을 압도할 만큼 위협적이었음을 본다. 그럼에도 겟세마네에서 그리스도의 기도는 잘 풀리는 삶의 유익만을 재확인해 주신 것이 아니었다("할 만하시거든 이 잔을 내게서 지나가게 하옵소서"). 그것은 또한 고난과 수치에도 불구하고 기쁨이 오리라는 소망과(히 12:2), 어떤 어려움이 있어도 신실한 사랑으로 잘 살겠다는 다짐이었다["그러나 나의 원대로 마시옵고 아버지의 원대로 하옵소서"(마 26:39)].

그리스도는 삶을 잘 이끄심으로 다른 사람들의 본이 되실 뿐 아니라, 실제로 사람들을 그분의 풍성한 삶으로 이끌어 들이시고 그들이 번영하도록 힘을 주신다. 그리고 이는 우리를 이 장 서두에서 언급했던 성령의 사역으로 돌아가게 한다. 그리스도가 보내시는 성령 — 그리스도에게 임하여 그분이 그 나라를 선포하고 실현하고 구체적으로 드러내도록 능력을 주신 그 성령 — 은 인간이 번영을 누려야 할 모든 측면에서 열매를 맺으신다. "성령의 열매는 사랑과 희락과 화평과…" (갈 5:22). 바울은 하나님 나라가 "성령 안에 있는 의와 평강과 희락"(롬 14:17)이라고 말한다. 이것이 우리가 부름받은 삶이다. 이것이 우리가 자신과 이웃을 위해 공적 삶의 모든 측면에 참여할 때 목표로 삼아야 할 삶이다.

책임감 있는 공적 참여에 필요한 신념과 덕목을 다루기 전에, 먼저 다음 장에서 예수님의 시대와 우리의 시대를 갈라놓는 주요한 차이, 깊은 수렁이라고도 하는 그 차이를 다루는 법을 탐구하려 한다. 예수님이 우리의 기준이시긴 하지만, 우리는 기계적으로 예수님을 본받아 예수님이 하신 그대로 똑같이 할 수는 없다. 여기서도 성령이 열쇠다. 성령은 그리스도를 따르는 이들로 하여금 다른 이들에게 '그리스도들'이 되게 하신다. 따라서 성령은, 우리가 급속한 기술 진보로 인해 1세기 팔레스타인과는 전혀 달라진 세상에서 '그리스도들'이 되는 법을 분별하려 할 때 우리를 인도하실 수 있다.

더 깊은 논의를 위한 자료

입문

Crouch, Andy. "What's So Great about 'The Common Good'?" *Christianity Today*, October 12, 2012. http://www.christianitytoday.com/ct/2012/november/whats-so-great-about-common-good.html. 크라우치는 공공선이라는 개념의 역사와, 공공선과 인류 번영의 관계를 탐구한다. 그는 그것이 오늘날 기독교의 공적 참여에 아주 중요한 범주라 주장한다.

Volf, Miroslav. "The Crown of the Good Life: Joy, Happiness, and the Good Life, A Hypothesis." *Big Questions Online*, October 21, 2014. https://www.bigquestionsonline.com/content/what-difference-between-joy-and-happiness. 미로슬라브는 기쁨이라는 개념을 분석하고, 그것이 '풍요로운 삶의 맨 위'에 있다고 주장한다. 진정한 기쁨이 삶을 잘 이끄는 것과 잘 풀리는 삶과 기분 좋은 삶을 통합해 주기 때문이다.

Wright, N. T., and Miroslav Volf. "The Political Significance of Joy." Yale Center for Faith and Culture video, 19:48. September 29, 2014. http://faith.yale.edu/news/political-significance-joy-nt-wright-theology-joy에 실려 있다. 라이트는 그리스도인이 예수 그리스도의 부활을 통해 기쁨이 무엇인지 알아 간다고 밝히며, 이 기쁨은 사람들이 일반적으로 알고 있는 권력과 정치와 대비되는 것이라 주장한다.

심화

Volf, Miroslav, and Justin E. Crisp, eds. *Joy and Human Flourishing: Essays on Theology, Culture, and the Good Life*. Minneapolis: Fortress, 2015. 위르겐 몰트만과 N. T. 라이트와 같은 사상가들의 글이 담긴 이 모음집은 번영을 누리는 인간의 삶에서 기쁨의 위상을 검토한다. 이 글들은 기쁨에 관한 성경적, 신학적, 윤리적, 사회적, 경제적, 목회적 시각을 제시하며, 기독교 신앙에서 기쁨이 중심이 됨을 보여 준다.

Volf, Miroslav, and Maurice Lee. "The Spirit and the Church." In *Advents of the Spirit: An Introduction to the Current Study of Pneumatology*, edited by Bradford E. Hinze and D. Lyle Dabney, pp. 380-407. Milwaukee: Marquette University Press, 2001. 이 글은 교회가 그리스도의 성육신이 아니라 성령의 기름부음 받으심을 이어 나가는 곳이라는 개념을 더 자세히 탐구한다.

Yale Center for Faith and Culture. "Christ and Human Flourishing (2014)." http://faith.yale.edu/god-human-flourishing/christ-and-human-flourishing-2014. 신학자들과 성서학자들이 인류 번영과 그리스도의 인격과 사역의 관계를 탐구하는 논문 모음집이다.

* 그 밖의 참고 자료

니콜라스 월터스토프, 『정의와 평화가 입맞출 때까지』(IVP). 월터스토프의 카이퍼 강연을 담은 책으로, 샬롬의 정치, 사회, 경제적 지평을 섬세하고도 포괄적으로 열어 보여 준다.

달라스 윌라드, 『하나님의 모략』(복있는사람). 하나님 나라의 우주적 스케일 속에서 전개되는 그의 구원론은 공적 신앙에 대한 탁월한 기독론적 조망을 제공한다.

3
맥락에 맞추어 읽기

예수 그리스도는 그리스도인의 공적 참여를 위한 기준이다. 그러나 부의 불평등이나 낙태의 적법성, 종교적 자유의 성격 등 어떤 특정 사안에 맞닥뜨릴 때, 그것은 구체적으로 어떤 의미인가? 그리스도를 따르는 사람으로 공적 영역에 어떻게 참여해야 하는지 분별하는 과정은, 어떤 글을 읽거나 해석하는 과정과 아주 비슷하다. 일반적으로, 잘 읽으려면 문맥에 주의를 기울여야 한다. 즉, 작품 전체에서 그 단어나 문장의 위치와 그 작품이 놓인 더 큰 배경에 주의를 기울여야 한다. 그리스도와 공공선을 위한 그리스도인의 참여에 관해서는 두 가지 맥락을 염두에 두어야 한다. 첫째는 성경 안에 있는 복음서 이야기라는 맥락이다. 이를 '정경적 맥락'이라 부를 것이다. 성경을 이루는 책들의 모음을 가리키는 전통적 명칭이 '정경'이기 때문이다. 둘째는 우리 삶이라는 맥락, 곧 특정한 현재 상황이다. 이를 '현대적 맥락'이라 부를 것이다.

정경적 맥락

정경적 맥락에 주의를 기울인다는 것은, 예수 그리스도에 관한 신약성경의 증언에 비추어 성경의 모든 부분을 읽는 일과, 성경 전체에 비추어 예수 그리스도에 관한 신약의 증언을 읽는 일 사이를 왔다 갔다 한다는 의미다. 먼저 예수 그리스도에 비추어 성경 전체를 읽는 일을 살펴보자. 예수 그리스도의 탄생과 죽음과 부활은 하나님의 확고한 계시이며 세상을 향한 하나님의 구속 사역에서 결정적인 사건이므로, 그 내용을 증언하는 신약성경 본문은 정경의 핵심이다. 신약성경은 그리스도인들이 성경의 다른 부분을 읽을 때 일종의 중력과 같은 역할을 해야 한다. 예수님은 산상수훈에서 "옛 사람에게 말한 바⋯너희가 들었으나⋯나는 너희에게 이르노니"(마 5:21-22)라고 말씀하신다. 권위가 담긴 "나는 너희에게 이르노니"라는 이 말씀은 예수님이 새로운 모세라는 의미이며, 그분의 말씀이 구약성경의 권위 위에 있다는 의미다. 성경의 어떤 부분과 예수 그리스도에 관한 신약성경의 증언 사이에 분명하게 갈등이 생길 때에는 후자가 우위에 있다. 예를 들어, 미국 정착민들은 이스라엘 백성이 약속의 땅에 들어갔을 때 가나안 자손들을 '진멸해야 한다'는 명령을, 자신들이 정복한 땅에 대한 하나님의 계획이라는 식으로 해석했다(신 7:2을 보라). 그곳 사람들을 몰살시키기(혹은 적어도 그렇게 하도록 허락을 받기) 위해서였다. 그러나 예수님의 삶을 다룬 신약성경의 증언을 우위에 두면 그런 해석은 배제하게 된다. 원수를 사랑하는 것과 그들을 몰살시키는 것은 함께 **갈 수 없다**. 그리스도인들에게는 우리의 개인적·공동체적 '약속의 땅'과 우리 사이에

서 있는 이들을 학살할 성경적 근거가 없다.[1]

그와 동시에 우리는 그 과정을 뒤바꾸어, 예수 그리스도에 관한 신약성경의 증언을 성경 전체의 맥락에 두어야 한다. 어쨌든 예수님은 자신이 율법과 하나님의 약속을 폐하러 온 것이 아니라 완전하게 하러 오셨다고 직접 말씀하셨다. 그렇다면 완전한 모습과 무엇이 완전하게 되고 있는지를 연결시키지 않으면, 완전한 모습이 무엇인지 이해할 수 없다. 그래서 구약성경은 계속 초대교회의 성경이었고, 시대를 통틀어 교회에 대해 권위를 지니는 정경의 일부가 되었다. 이 사실을 잊으면 예수 그리스도가 공공선에 관련한 판단과 참여의 기준이시라는 것이 어떤 의미인지 오해하게 될 것이다.

예를 들어, 예수님이 소위 '경제적' 문제에 관해 말씀하실 때, 그분의 관심은 주로 가난한 이들의 곤경에 맞추어져 있다. 누가복음의 지복 선언에는 "너희 가난한 자는 복이 있나니 하나님의 나라가 너희 것임이요"(눅 6:20)라는 말씀과, 이와 대칭되는 "화 있을진저 너희 부요한 자여 너희는 너희의 위로를 이미 받았도다"(눅 6:24)라는 말씀이 함께 있다. 이 구절과 다른 비슷한 구절들을 함께 읽으면, 재화의 **분배**가 가장 중요한 것이라 생각하기 쉽다. 그러나 세심하게 읽어 보면 복음서들은 인간의 노동을 통한 재화의 **생산**을 전제한다. 구약성경은 정당한 분배를 강조하는 동시에 경제의 생산 측면을 더 많이, 더 명백하게 다룬다. 성경의 맨 처음 "여호와 하나님이 그 사람을 이끌어 에덴동산에 두어 그것을 경작하며 지키게"(창 2:15) 하셨던 처음부터 그랬다. 구약성경의 관심사를 염두에 두고 복음서와, 더 광범위하게 신약성경으로 돌아가 보면, 생산의 배경에 훨씬 뚜렷한 초점이 있다. 예수

3. 맥락에 맞추어 읽기

님이 5,000명을 먹이신 이야기에서도 하나님의 초자연적 공급하심에 상당한 강조점이 있긴 하지만, 그것은 인간이 땅에서 경작하여 얻은 빵과 인간의 수고로 잡은 물고기의 양이 늘어난 것이었다(마 14:13-21).

현대적 맥락

성경의 마지막 책은 1세기 말 즈음에 기록되었다. 그동안 세상은 급격하게 변했다. 오늘날 그리스도가 공적 영역에 어떤 의미가 있는지 분별하기 위해서는, 우리의 상황이 복음서가 나온 세상과 복음서가 처음 전해진 사회와 다르다는 사실을 인정하고, 그러한 차이가 우리의 판단과 행동에 어떤 영향을 미치는지 분별해야 한다. 성경의 세상과 우리의 세상 사이를 오가는 쉽고 단순한 규약은 없다. 그것은 실제적인 지혜의 문제다. 불확실성과 위험이 가득한 일이며, 성령을 깊이 신뢰하고 그분에게 주의를 기울이는 일이 필요하다. 성령은 그리스도가 땅에서 살며 사역하시는 내내 그분에게 임했던 분이고, 교회와 각 그리스도인은 그 성령을 통해 세상에서 그리스도의 사역에 참여한다. 또 그분은 신비한 방법으로 세상에서 진실하고 선하고 아름다운 것들을 가르쳐 주시고, 그것들을 풍성하게 하신다.

이 책에서 다양한 역사적 상황을 마주하겠지만, 여기서는 여러 현대적 맥락의 세 가지 일반적 특징을 강조하려 한다. 곧, 민주주의적 이상의 인기, 복잡한 사회 체제의 출현, 놀라운 기술의 발전이다. 이 세 특징으로 인해, 예수님이 사셨고 성경이 기록된 상황과 우리의 현재 상황이 현저한 차이를 보이게 되었다.

1. **민주주의적 이상.** 17세기 이래, '주권' 곧 정치권력의 합법적 출처는 군주나 귀족 계급이 아니라 '국민'이라는 사상이 점차 전 세계를 장악했다. 국민 주권이 어떻게 작용하는지에 대해서는 여러 다른 이론들이 있지만, 그 일반적 개념은 널리 받아들여져서, 형식적인 민주적 절차만 갖춘 정치 체제조차도 그들의 적법성을 확고히 하려면 국민 주권에 호소하지 않을 수 없다고 생각한다. 아마도 가장 믿기 힘든 예는, 지구상에서 가장 심한 독재 체제인 북한의 공식 명칭이 조선민**주주의인민공화국**이라는 것이다.

국민 주권주의가 널리 받아들여짐으로써, 두 가지 중요한 정치적 질문에 대해 널리 공유되던 대답이 달라졌다. 그 질문은 (1) '누구에게 순종해야 하는가?' (2) '정치적·사회적 변화의 적절한 주체는 누구인가?'이다. 과거에는 황제나 여왕이 개인들에게 충성과 순종을 명령했다. 그러나 이제는 각각의 시민이 헌법에 대해 함께 의무를 지는, 주권을 가진 시민 구성원이다. 따라서 그리스도인들이 정치권력에 순종하는 일은 하나님을 향한 더 근본적인 순종의 규제를 받기도 하지만, 정치사회의 방향을 변화시키려는 노력과 양립할 수도 있다. 정치적 변화는 더 이상 그저 상명하복의 문제가 아니라 지역사회 성인 구성원 모두의 책임이다.

2. **복잡한 사회 체제.** 현대 사회는 상당 부분 사회학자 막스 베버(Max Weber)를 따라, 소위 관료제라는 복잡하고 상대적으로 비인격적인 구조들을 통해 작동된다. 이 체제들은 서로 구별되어 있다(완벽하게 별개는 아니지만). 각 체제들은 그 자체의 규율을 따르고, 자체의 역학과 목표가 있다. 시장은 이윤의 리듬에 따라 움직이고, 선출 가능성이

정치의 박자를 정하는 식이다. 이 체제들은 '외부의' 가치관으로 그 체제들을 조종하려는 시도에 저항한다. 그 체제 안에서 일하는 개인들에게도 변화를 가져오는 책임과 역량에 한계가 있다. 곧잘 화제에 오르는 세계화 현상은 복잡함을 한층 더 강화시킨다. 오늘날 세계의 다양한 정치사회들은 경제적, 정치적, 생태적 상호 의존 체계에 함께 매여 있다. 어떤 한 사회가 변화를 일으키는 데는 제한이 있을 수밖에 없다. 서로 연결된 전 세계적 네트워크 안에 있는 각 사회의 자리가 이 변화의 범위를 제한한다. 만일 한 나라에서 교육과 의료 재정을 확보하기 위해 사업 소득세를 더 부과하면, 사업체들은 세금이 더 낮은 다른 나라로 이주하여 사람들이 실업 상태에 처할 수 있다. 또 어떤 나라에서 부의 불균형을 제한하면, 부유한 개인들이 다른 나라로 이주할 수 있다. 이외에도 많은 사례가 있다.

관료화와 세계화는 우리가 변화할 수 있다는 기대에 유의미한 비난을 가한다. 이러한 체제들에는 거대한 관성이 있다. 우리가 원하는 대로 그 체제들을 지휘하는 것은 말할 것도 없고, 그 체제들이 어떻게 작동하는지 이해하는 능력조차 제한된다. 현대적 맥락의 이러한 특징들을 감안하고 신앙에 충실한 공적 참여를 하려면, 그것들이 가하는 제한에 대해 지혜로워야 한다. 또 그들에게 가장 기대하지 않을 그런 분야에서 그 나라를 맛보게 하시려고 놀랍게 일하시는 하나님의 능력에 계속 확고한 소망을 두어야 한다.

3. **기술의 발전.** 우리는 물리적 실재를 다루는 지식과 인간의 능력이 정말 놀랍게 확장된 시대에 살고 있다. 이는 과거에는 제기되지 않은 수많은 도덕적 문제를 제기하며, 우리는 그 문제의 대부분에 대해

공적 판단과 참여를 해야 한다. 이 문제들은 인간 삶의 처음과 끝, 건강과 우생학, 인간성에 대한 정의, 기술 진보와 관련된 위험, 기술의 응용 등에 영향을 미친다. 오늘날 우리는 새롭고 신속하게 변화하는 상황 속에서 그리스도의 사명에 신실하게 참여하는 법을 분별해야 한다.

실례: 사랑하는 공동체

맥락에 맞추어 읽기라는 도전은 겁나기도 하지만 또한 아주 신나는 일이기도 하다. 이런 성경 읽기와 현대적 맥락을 염두에 두고 공적 참여 방법을 분별하는 일은 구체적으로 어떤 모습일까? 앞에서 묘사한 현대적 상황의 일부 특징만 두드러지는 경우이긴 하지만, 아마도 실례가 도움이 될 것이다.

시민 인권 운동을 주도했던 마틴 루터 킹을 생각해 보자. 킹의 세상에 대한 비전의 핵심은 예수 그리스도 안에 계시된 하나님의 사랑이었다. 그는 이렇게 썼다. "우리 우주의 중심에는 더 높은 실재, 곧 우리가 따라야 할 하나님과 그분의 사랑의 나라가 있다."[2] 예수 그리스도의 삶과 죽음은 그 사랑이 실제로 어떤 모습인지 보여 준다. 이 사랑은 본질적으로, 한결같이 용서한다. 이 사랑은 비폭력적이다. 또 원수조차도 포용한다. 그러한 사랑이 우주의 중심에 있고, 그것이 킹이 지닌 믿음의 중심이었다.

킹은 예수님의 명령과 사랑의 본을 아주 중시했으므로, 예상컨대 그는 그리스도인들에게 불의에 도전하기보다는 인내하며 악행을 견디라고 했을 것 같다. 킹은 분명 끈기 있는 인내를 옹호했다. 그러나 인

내가 행동하지 않음을 뜻하는 것은 아니라고 했다. 사실 그는 불의한 사회 상황을 변화시키려 하지 않고는 예수님을 따를 수 없다고 믿었다. 그는 '사랑이라는 기독교 교리'는, 불의를 맹렬히 비난한 구약의 예언자적 전통의 맥락에서 읽어야 함을 알았다. 예수님은 "너희 원수를 사랑하며 너희를 박해하는 자를 위하여 기도하라"(마 5:44)라고 말씀하셨다. 아모스는 "오직 정의를 물같이, 공의를 마르지 않는 강같이 흐르게 할지어다"(암 5:24)라고 말했다. 킹은 이 구절들을 각각 다른 한 구절에 비추어 읽었다. 두 구절을 종합하자 그 아름다움과 힘은 기가 막혔다. 그것은 사랑으로 압제자를 회심시키려는 끊임없는 추구이기도 한 정의의 추구였다. 킹은 '가장 지독한 적들'을 향한 자신의 메시지를 요약하며 이렇게 썼다. "언젠가 우리는 자유를 얻을 것입니다. 그러나 그것은 우리만을 위한 것이 아닙니다. 우리는 당신들의 마음과 양심에 호소하고 있기에 그 과정에서 **당신들**을 이길 것이고, 우리의 승리는 이중적 승리일 겁니다."[3]

킹은 성경의 위대한 독자만이 아니었다. 20세기 중반 당시 미국 상황을 해석한 거장이기도 했다. 킹은 미국이 국민 주권에 열심을 내고 있었기에, 어떤 그룹이든 구조적으로 배제하거나 억압을 정당화하는 일이 약해졌음을 알고 시위의 합법성을 제시했다. 킹은 또한 미국의 인종차별은 법의 문제만도 아니고, 경제적 차별이나 문화적 관습만의 문제도 아님을 감지했다. 그보다는 이 모든 것이 결합되어 있었다. 따라서 시민 인권 활동가들은 단지 새로운 법 제정만을 위해 캠페인을 벌이지 않았다. 그들은 차별적 사업체들에 대해서도 거부 운동을 일으켰고, 흑인들을 문화, 경제, 정치 기관에 온전히 참여하지 못하게 하는 체계적 인종차별 관행에 주의를 집중시키려고 가두 시위를 했다.

남부 기독교 리더십 연맹은 1963년 앨라배마 주 버밍엄에서 차별 반대 행진을 준비하며, 행진 참가자들을 위한 비폭력 훈련을 마련했다. 행진을 허락받으려면 자원자들은 다른 무엇보다 날마다 기도하고, '날마다 예수님의 가르침과 삶을 묵상하고', '사랑의 방식으로 걷고 말하겠다'고 약속하는 '서약서'에 서명해야 했다.⁴ 시위자들은 예수 그리스도를 중심이자 기준으로 삼는 공적 참여는, 그리스도를 따르는 데 헌신하는 것뿐 아니라 **어떤 성품 형성**을 요구함을 알게 되었다. 3부에서, 공적인 삶에서 신앙에 충실한 제자가 되려면 계발해야 할 덕목들 즉 다섯 가지 성품을 이야기할 것이다.

그러나 신앙에 충실한 공적 참여는 일련의 덕목, 그리스도를 닮은 성품 그 이상을 요구한다. 우리는 공적으로 행동할 때마다 **어떤 것**, 곧 어떤 질문, 이슈, 위기, 문화적 동향에 참여하는 것이다. 그리스도를 따르는 이들은 이러한 특정 이슈들에 대해 그들의 믿음에 수반된 것이 무엇인지 성찰해야 한다. 요구되는 입장이 명확한 경우는 드물다. 오히려 그 이슈들에 대해 진실한 그리스도인들 사이에서 일어나는 열렬하고 장기적인 논의가 보여 주듯, 오늘날 우리가 흔히 직면하는 대부분의 이슈는 모호하다. 2부에서는 우리 시대의 긴급한 공적 이슈들에 적실한 기독교적 신념을 밝히고, 이 신념들이 공적 영역에서 신앙에 충실한 제자도에 의미하는 바를 성찰할 것이다.

더 깊은 논의를 위한 자료

입문

Fowl, Stephen E. *Theological Interpretation of Scripture*. Eugene, OR: Cascade Books, 2009. 파울은 그리스도를 중심에 두고 복음서 내러티브의 정경적 맥락에 주의를 기울이며 신학적으로 성경을 읽는, 신학자들 사이에서의 최근 동향에 대한 이해하기 쉬운 입문서를 제공한다. 그 주제에 관한 자세한 참고 도서 목록도 담겨 있다.

King, Martin Luther, Jr. *A Call to Conscience*. Edited by Clayborne Carson and Kris Shepard. New York: Warner Books, 2001. 『마틴 루터 킹의 양심을 깨우는 소리』(위드북스). 킹의 가장 중요한 몇몇 공개 강연 모음집으로, 그가 현대 미국 상황을 예리하게 읽고 있음을 보여 준다.

Smith, James K. A. *How (Not) to Be Secular: Reading Charles Taylor*. Grand Rapids: Eerdmans, 2014. 스미스는 현대 서구 사회와 문화적 배경을 가장 통찰력 있게 읽은 캐나다 철학자 찰스 테일러(Charles Taylor)의 사상을 알기 쉽게 요약해 준다.

심화

Childs, Brevard. *Biblical Theology of the Old and New Testaments: Theological Reflection on the Christian Bible*. Minneapolis: Fortress, 1993. 『신구약 성서신학』(은성). 차일즈의 이 기념비적인 작품은 성경 정경을 이루는 각 본문에 주의를 기울이는 성서학의 전형적 예다. 공적 참여에 관한 질문들을 특별히 다루는 책은 아니다.

Gutiérrez, Gustavo. *A Theology of Liberation*. Rev. ed. Maryknoll, NY:

Orbis, 1988. 『해방 신학』(분도출판사). 남미 해방 신학에 관한 이 중요한 글은 현대적 맥락에 관한 신학적 사고의 전형적인 예다. 구티에레즈는 마르크스주의 사회과학의 범주들을 사용하며, 신학적 성찰이 다른 사고 분야 및 체계와 어떤 관련이 있는지에 대한 중요한 질문을 특히 중시한다.

Taylor, Charles. *A Secular Age*. Cambridge, MA: Belknap Press of Harvard University Press, 2007. 테일러는 '불신앙'이 어떻게 오늘날 세상의 몇몇 가장 중요한 문화적 동향과 현대 사회의 여러 구성원들에게 현대적 대안이 되었는지에 대한 포괄적이고 도전적인 이해를 제시한다.

Volf, Miroslav. *Flourishing: Why We Need Religion in a Globalized World*. New Haven: Yale University Press, 2016. 『인간의 번영』(IVP). 미로슬라브는 현대의 전 세계적 맥락의 몇몇 중요한 요소들을 분석하고, 기독교와 다른 세계 종교들이 진정한 인류 번영에 기여하는 세계화 과정에 필수적인 자원을 가지고 있다고 주장한다.

* 그 밖의 참고 자료

박원일, 『마가복음 정치적으로 읽기』(한국기독교연구소). 체드 마이어스(Ched Myers)의 분석에 기초하여, 마가복음을 일관되게 정치적으로 독해한다. 제국 신학과 성전 신학에 맞서 체제 변혁적 복음을 선포하시는 예수님의 모습이 잘 드러난다.

리처드 헤이스, 『신약의 윤리적 비전』(IVP). 신약이 우리 시대 가장 해결하기 어려운 윤리적 문제들(폭력, 이혼, 동성애, 낙태 등)에 대한 지침을 어떻게 제공하는지에 관해 당대 최고의 성서학자답게 학문적 성실함으로 답한다.

브라이언 왈쉬, 실비아 키즈마트, 『제국과 천국』(IVP). 배제와 폭력의 문화, 천박한 자본의 윤리로 가득 찬 로마제국이라는 현실을 살던 1세기 골로새 교회가 받은 복음이 반문화적, 반제국적 삶의 체제였음을 명징하게 보여 준다.

스캇 맥나이트 외, 『가이사의 나라 예수의 나라』(IVP). 복음적 교회의 탈역사적·탈문화적 성경 읽기를 진지하게 성찰하며, 신약성경의 반제국적 해석에 대한 탁월한 안내와 적절한 평가를 제공한다.

헨리 나우웬 외, 『긍휼』(IVP). 긍휼이라는 개념을 통해, 하나님의 사랑과 그리스도인의 영성이 포괄하는 정치, 사회적 맥락을 드러내어 보여 준다.

2부 **신념**

4

부

부는 인류 번영에 일조하는 중요한 사회적 가치다. 우리는 부를 경제적 용어로만 좁게 정의해서는 안 되며, 어떤 희생을 치르든 관계없이 경제적 부를 추구해서도 안 된다. 경제적으로 번창한 사회는, 어떻게 더 많은 부를 창출할까보다는 어떻게 올바른 **종류**의 부를 창출하고 사용할까를 고민해야 한다.

인류 번영의 핵심 요소는 창조된 풍성함을 누리는 것이다. 곧, 우리를 둘러싸고 있고 우리가 속해 있는 자연 세계와 우리가 생산해 낸 놀랍도록 다양한 좋은 것들을 누리는 것이다. 이러한 풍성함이 '부'의 진짜 의미이며, 오늘날 일반적으로 개인이나 국가의 부로 통하는 것보다 훨씬 넓고 풍성한 의미다.

기독교는 세상과 물질적 풍요를 경멸한다는 평을 듣고 있다. 유명한 사막 교부이자 극도의 금욕주의자인 성 안토니우스(St. Anthony)가 "세상과 그 안에 있는 것은 다 미워하라"라고 했다고 하니, 인정하건대 그런 인상을 갖기는 어렵지 않다.[1] 이 말은 성경에 나오는 명령, 곧

"이 세상이나 세상에 있는 것들을 사랑하지 말라"(요일 2:15)라는 명령을 좀더 강하게 반복한 것 같다. 그러나 안토니우스의 표현 방식이 그 구절의 요지를 바꿔 놓았다. 그가 '세상'의 의미를 바꾸어 버렸기 때문이다. 요한서신에서 세상은 창조 세계를 타락시킨 악한 원리를 가리키지만, 안토니우스의 말에서는 물질적인 창조 세계 자체를 가리킨다.

기독교 신앙은 창조 세계의 선함을 열렬히 지지한다. 각각의 모습과 모든 피조물이 다 선하며(창 1:31), 창조 세계의 선함을 즐거워하는 것도 좋은 일이라고 주장한다(시 104편; 사 65:18). 이와 상응하게 구약성경은 이스라엘 백성의 번영을 경축한다. 이는 곡식과 포도주와 기름을 풍족하게 얻은 모습으로 예시되어 있다(신 11:13-15). 예언자들은 창조된 좋은 것들을 즐기는 것을, 하나님이 이스라엘과 온 세상에 주실 종말론적 복의 가장 중요한 특징으로 보기까지 한다. 미가는 세계 곳곳에서 사람들이 "자기 포도나무 아래와 자기 무화과나무 아래에 앉을 것이라"(미 4:4)라고 선포한다. 하나님이 창조하실 새 하늘과 새 땅에 대한 이사야의 묘사에서는, 백성들이 "가옥을 건축하고 그 안에 살겠고 포도나무를 심고 열매를 먹을 것이며"(사 65:21)라고 되어 있다.

신약성경은 보통 구약성경보다 더 금욕주의적이라 여겨지곤 한다. 그러나 전체적으로 보면 그렇지 않다. 예수님은 음식과 음료와 쾌활함을 경멸하며 엄숙하게 다니지 않으셨다. 사실 그분은 파티를 즐기는 분이었다. 혼인 잔치에 가서 최상급 포도주를 풍성하게 제공하시기도 했다(요 2:1-11). 또 세리들, 심지어 바리새인들과도 함께 식사를 하셨다(막 2:14-15; 눅 7:36). 술꾼이라는 비난까지 받으실 정도였다(눅 7:34). 요컨대, 그분은 친구들이 보는 데서 빵과 술 같은 세속적이고 물질적인 것들이 선함을 보증하셨다. 그뿐 아니라, 예수님은 하나님 나라를 묘사하실 때 잔치를 베푼 이야기나 풍성한 수확의 이미지를 사용하셨다(예를 들어, 마 22:1-14; 막 4:3-9). 그리스도의 삶에서 드러난 것처럼, 창조 세계의 부를 즐기는 일은 번영하는 인간 삶에 대해 하나님이 가지고 계신 비전의 일부다.

하나님은 웅장한 산의 경치처럼 우리가 세상에서 마주하는 것들이나, 하늘에서 내려온 만나처럼 하나님으로부터 직접 기적적으로 오는 것들뿐 아니라, 인간의 창조성의 열매도 인간들이 즐기게 하려 하셨다. 그래서 인간을 그저 수취인과 소비자만이 아니라 생산자와 수여자가 되도록 만드셨다. 창세기에 나오는 두 번째 창조 이야기를 보면, 하나님은 동산을 만드신 다음 최초의 인간을 그 안에 두시고 "그것을 경작하며 지키게" 하셨다(창 2:15). 아담의 역할 중에는 일종의 창의적 활동(동산을 경작하는 것)이 있었다. 이는 하나님이 먼저 행하신 근본적인 창조적 활동(동산을 세우신 것)에서 파생될 뿐 아니라 그 활동에 의존하고 있다. 사실 인간의 창조성은 하나님의 창조성을 금상첨화로 만든다. 하나님은 그저 아담의 후원자가 아니시다. 하나님과 아담은 창조적 협력자다.[2] 예수님의 달란트 비유도, 세상에서 하나님이 주신 풍요로움을 발견한 인간이 취해야 할 적극적 입장을 암시한다. 그 이야기에서 종들은 주인에게서 달란트를 위탁받고, 주인은 종들이 받은 부로 더 많은 부를 창출하기를 기대한다(마 25:14-30).

하나님은 사람들이 창조 세계의 재화들을 즐기도록(부분적으로는!), 또 그러한 재화들의 창조에 참여하도록 창조하셨다. 한마디로, 부를 창조하고 즐기도록 창조하셨다. 그러나 부는 무엇인가? 부란 금이나 도구, 집이나 자동차 같은 어떤 물건들도 아니고, 그런 물건들을 얻는 수단인 돈은 더더욱 아니다. 분명 단순한 소유물도 아니다. 더 큰 '곳간'에 넣고 우리만의 것이라 주장할 수 있는 그런 것이 아니다(눅 12:18). 오히려 부는, 개인적으로 소유했든 공동으로 소유했든, 창조 세계의 유·무형의 모든 재화다. 과학에서 DNA의 나선 구조나 힉스 입자의 존재를 발견한 것, 그것이 부다. 모든 도시와 나라에 안전한 식수를 제공하는 정수 시스템이 곧 부다. 바흐의 "요한 수난곡"(St. John Passion), 셰익스피어의 『리어 왕』(King Lear), U2의 "조슈아 트리"(The Joshua Tree)가 곧 부다. 사람들이 부의 더 넓은 개념을 받아들이고 부의 창조에 즐겁게 참여하는 문화와 경제 체제와 정치사회가 곧 부다.

부를 소중하게 여긴다는 것은 단지 부를 축하하고 즐기는 것만이 아니라, 곳곳에 퍼져 있는 왜곡들로부터 그것을 지키고 우리 자신을 지키는 것이다. 여기 그러한 왜곡들의 일부가 있다.

- **부의 좁은 개념.** 국내총생산(GDP, Gross Domestic Product)에 집착하여, 재화와 서비스의 특성과 질은 무시하고 금전적으로 표현되는 양만 강조한다. 혹은 편리와 단기간의 수익을 부라 생각하여, 하나님의 선한 창조 세계를 우리의 가장 소중한 부로 여기는 대신 그저 '원재료'로 대하고 그 창조 세계에 돌이킬 수 없는 손상을 가한다.
- **부를 잘못 사용함.** 좋은 예는 소위 위치재(positional goods), 즉 다른 사람들과 우리를 구별시켜 주며 우리의 우위를 보여 주는 재화들이다. 우리는 그러한 재화 자체보다는 그것들이 주는 상대적 위상을 즐긴다.

- **부를 우상처럼 의존함.** 피조물로서 우리의 연약함을 강렬히 인식하면, 위험에 대비하여 안전을 확보하기 위해 돈과 재산을 모은다. 마치 구원이 하나님이 아니라 돈으로부터 오는 듯 행동한다.
- **부를 부적절하게 습득함.** 부를 창출하고 획득하기 위해 억압적이고, 부정직하고, 불의한 수단들을 사용한다.
- **부에 궁극적인 가치를 둠.** "먼저 그의 나라와 그의 의를 구하라"(마 6:33)라는 예수님의 명령을 잊어버린 채, 하나님을 부를 얻는 단순한 도구로 삼는다.

이러한 작은 예들에서, 왜곡된 부의 세 가지 일반적 유형을 확인할 수 있다. 첫째 유형은, 하나님과 우리의 관계를 왜곡시킨다. 이 유형은 재산과 창조된 재화를 즐기는 일을 하나님을 향한 신실함보다 우위에 둔다. 또 한 분이신 참 하나님을 한낱 부의 종으로 바꿔 버리고, 우리를 우상숭배자, 부의 숭배자로 바꿔 버린다. 우리는 "우리를 완벽하게 자유롭게 하시는"[3] 하나님의 종이 아닌, 부의 유혹에 빠져 부의 종이 되는 것이다. 왜곡된 부의 둘째 유형은, 암시적으로든 명시적으로든, **모든** 사람이 창조된 풍성함을 누려야 한다는 사실을 부인한다. 이러한 왜곡은 우리를 하나님이 예레미야 예언자를 통해 맹렬히 비난하신 '악인'으로 만들어 버린다. 이들은 "자기 이익을 얻으려고 송사 곧 고아의 송사를 공정하게 하지 아니"하고, 대신 다른 이들을 희생하여 자신을 부유하게 하려 한다(렘 5:26-28). 셋째 유형은 동료 인간들이나 창조 세계의 온전함을 훼손하고, 또 우리를 하나님의 맹렬한 비난에 저항하고 다른 이들을 착취하며(예를 들어, 신 24:14-15; 렘 22:13), 땅이 회복될 수 있도록 쉽게 하지 않는(레 25:4-5) 거머리로 만든다.

개인적으로나 사회 전체적으로, 우리는 이렇게 부와 부의 창출을 왜곡한다. 실로 상당 부분은 개인적으로 그렇게 한다. 우리는 부적절한 부의 개념을 지향하고, 부정직한 부의 창출을 지향하는 사회의 일원이기 때문이다. 왜곡된 인간의 욕망과 노력, 왜곡된 정치·경제 제도, 왜곡된 형태의 부의 창출이 다 결합되어 있다. 부와 부의 창출이 우리 인간성을 표출하고 우리 삶을 향상시키는 대신, 그 반대가 되어 버렸다. 왜곡된 부의 창출과 잘못 이해된 부를 즐김으로, 개인과 공동체와 그들의 자연 거주지의 번영이 위태로워지고 있다.

부의 창출과 부의 왜곡에 관한 이러한 설명을 기억하면서, 우리 사회에서 부의 창출과 관련하여 던져야 할 아주 중요한 몇 가지 질문이 있다.

- **우리가 창출하는 것이 실제로 부인가?** 어떤 경우 부로 여겨지는 것은 환상에 불과할 뿐 전혀 부가 아니다. 예를 들어, 생명보험 정책이 시장성 있는 채권과 한데 묶이면, 채권 구매자와 판매자들은 다른 사람의 죽음에 돈을 걸게 될 뿐 아니라 예기치 않게 공중 보건의 향상을 반대하는 입장에 처한다.[4]
- **착취나 억압 없이 부를 창출하고 있는가?** 부당한 임금과 가혹한 노동 조건 등으로 다른 사람을 착취한 데서 나온 재화는 부패한 것이다('7. 일과 안식'을 보라). 억압하고 착취한 이들이 부정하게 얻은 재화로 번영을 촉진한 듯 보일 수 있다. 그러나 다른 사람들을 부당하게 대하면서 진정으로 번영할 수는 없다.

- 부의 창출이 환경을 파괴하지 않고 보존하는가? 자연 환경을 보존하지 못하고 파괴해야만 하는 부의 창출은 실제로는 부를 말살하는 행위일 것이다('5. 환경'을 보라). 오늘날 경제의 상당 부분은 거의 전부 이 시험을 통과하지 못한다.
- 부를 창출하는 방식이 적절한 휴식의 여지를 남겨 주는가? 인간이 일곱째 날 안식하셨던 하나님과 공동 창조자라면, 인간은 창조적인 일만이 아니라 경축하는 안식을 위해서도 지음받았다('7. 일과 안식'을 보라).
- 모든 사람이 부를 창출하는 데 참여할 충분한 기회가 있는가? 우리는 단순히 창조된 풍성함의 수혜자가 아니라 창조자가 되도록 지음받았으므로, 사회가 인구의 상당 부분을 생산적 일에서 배제하지 않으면서 부를 창출하는 것이 중요하다('7. 일과 안식'을 보라).
- **우리가 창출하는 부는 모든 사람의 삶이 잘 풀리도록 광범위하게 이용될 수 있는가?** 하나님은 모든 인간이 창조 세계를 누리도록 의도하셨으므로, 더 많은 사람이 진짜 재화를 이용할 수 있는 것이 중요하다.

더 토론할 내용

우리가 진정한 부의 창출을 고취하는 사회의 협정과 정책을 지지하기로 합의한다 해도, 신실한 그리스도인들 사이에서 적어도 다음의 질문들에 대해 여전히 타당한 논의를 할 여지가 있다.

- 인간의 삶이 번영하기 위해서는 어느 정도의 물질적 부가 충분한

가? 우리는 인간이 생존하려면 어느 정도 기본적인 물질적 재화가 필요함을 알며, 그러한 필요가 충족되지 않는 때는 대번에 알 수 있다. 그러나 번영을 위해 필요한 물질적 기반이 충족되는지 아닌지는 덜 분명하다. 그 답은 시간과 공간에 달려 있을 가능성이 크며, 따라서 거듭 협의가 필요하다. 이 질문에 우리가 어떻게 답하느냐가, 어떤 공공 정책을 추구하는 것이 최선인지 결정하는 데 중요한 영향을 미칠 것이다.

- 어떤 종류의 부가 인류의 번영에 기여하는가? 예를 들어, 인류의 번영에는 사적 재화와 공적 재화 중에서 상대적으로 어느 쪽이 중요한가? 사회적 지위를 부여해 주는 어떤 '위치재'는 타당성의 여지가 있는가?
- 어떤 종류의 부를 계발하는 데 초점을 맞추어야 하며, 어느 정도까지 계발해야 하는가? 우리는 창조된 유한한 재화에 관해 이야기하고 있으므로, 한 사회가 어떤 형태의 부를 증진할지 선택할 때 고려해야 하는 상호 균형들이 있다. 예를 들어, 예술 재화, 지식 재화, 과학기술 재화를 얼마나 강조해야 하는가? 단순히 부의 창출이 중요하다는 것으로는 이 질문들에 구체적인 대답을 하지 못한다.
- 부를 가져오는 어떤 특정한 방법을 받아들일 수 있는가? 이 논의는 부를 창출하는 일에 다가갈 수 있는 기회를 넓히는 기준, 착취를 피하는 기준 등을 특정한 경우에 어떻게 적용하느냐에 관한 것이다. 그러나 정치·경제 생활의 복잡성 때문에, 여러 사례에서 분별과 공적 논의가 쉽지 않을 것이다.
- 어떤 정책, 제도 등이 실제로 진정한 부를 창출하는 데 성공적인가?

주로 기술적 문제이지만, 경험적 조사를 통해서는 명확하게 답하지 못할 것 같다. 따라서 우리는 구할 수 있는 정보에 대한 최선의 지식과 깊은 숙고에서 나온 직관에 기초하여 요지를 정리한 다음, 어떤 길이 우리가 지지하고자 하는 선을 가장 증진할 것인지 논의해야 한다.

더 깊은 논의를 위한 자료

입문

Cavanaugh, William T. "Freedom and Unfreedom." In *Being Consumed: Economics and Christian Desire*, pp. 1-32. Grand Rapids: Eerdmans, 2008. 캐버너는 '자유 시장'의 장점들에 관한 논의를 넘어서려 애쓰면서, 오히려 언제 시장이 자유로운지 질문한다. 그는 참 자유란 단순히 통제를 받지 않는 것이 아니라, 하나님을 지향하는 적극적인 자유라 주장한다. 자유에 관한 이러한 설명을 통해, 시장 거래가 언제, 어떻게 인간의 번영을 촉진하거나 좌절시키는지 질문하게 된다.

Hauerwas, Stanley. "Never Enough: Why Greed Is Still So Deadly." *ABC Religion and Ethics*, October 3, 2011. http://www.abc.net.au/religion/articles/2011/10/03/2922773.htm. 하우어워스는 우리가 하나님의 풍성하심에 초점을 맞춘 공동체 안에서 자라 가지 않는다면, 결코 우리 자신의 탐욕을 인식할 수도 없고 한계에 갇혀 번영할 수도 없을 것이라 주장한다.

Wallis, Jim. *Rediscovering Values: A Guide for Economic and Moral Recovery*. New York: Howard Books, 2011. 2008년의 경기 대침체 발발

무렵에 쓴 이 책은, 경제적 회복을 위해서는 우리의 가치관과 사회 정책에 관한 도덕적·영적 방향 전환도 필요하다고 주장한다.

Williams, Rowan. "Trading in the Souls of Men: What Money Can't Buy." *ABC Religion and Ethics*, May 3, 2012. http://www.abc.net.au/religion/articles/2012/04/27/3490873.htm. 전 캔터베리 대주교인 윌리엄스는 샌델의 *What Money Can't Buy*와 로버트 스키델스키와 에드워드 스키델스키의 *How Much Is Enough?*(아래 '심화' 부분을 보라)에 주의를 집중시키며, 두 책 모두 결국 종교는 부의 추구보다는 인류의 번영을 중요하게 여길 수 있는 생활 방식을 제공해야 한다고 가르쳤음을 보여 준다.

심화

Alford, Helen, Charles M. A. Clark, S. A. Cortright, and Michael J. Naughton, eds. *Rediscovering Abundance: Interdisciplinary Essays on Wealth, Income, and Their Distribution in the Catholic Social Tradition*. Notre Dame, IN: University of Notre Dame Press, 2006. 이 모음집은 가톨릭의 사회적 전통의 시각에서 부의 신학적 의미와 부의 분배를 다룬다.

Jackson, Tim. *Prosperity without Growth: Economics for a Finite Planet*. London: Earthscan, 2009. 『성장 없는 번영』(착한책가게). 영국의 환경 친화적 개발 위원회의 경제 분야 위원이었던 잭슨의 작업에서 나온 아주 이해하기 쉬운 책으로, 개인의 번영과 환경 친화성 둘 다를 겨냥한 거시 경제적 시각을 발전시키려는 오늘날 가장 중요한 시도 가운데 하나다.

Sandel, Michael J. *What Money Can't Buy: The Moral Limits of Markets*.

New York: Farrar, Straus & Giroux, 2012. 『돈으로 살 수 없는 것들』(와이즈베리). 시장이 삶의 점점 더 많은 영역으로 들어감으로 성장한 사실을 분석하고, 어디서 그것들이 적절하거나 적절하지 않은지 숙고하도록 요청하는 탁월한 책이다.

Skidelsky, Robert, and Edward Skidelsky. *How Much Is Enough? Money and the Good Life*. New York: Other Press, 2012. 『얼마나 있어야 충분한가』(부키). (아버지와 아들이기도 한) 경제학자와 철학자가 쓴 이 책은 현재 우리의 지칠 줄 모르는 부의 추구에 대한 역사적 설명을 제공한다. 그러면서 어느 정도가 충분하냐는 질문에 답하는, 풍족한 삶에 관한 일반 대중의 시각을 제시한다.

Tanner, Kathryn. *Economy of Grace*. Minneapolis: Fortress, 2005. 태너는 기독교를 하나님이 창조 세계와 맺는 은혜로운 관계의 논리에 따라 재화가 순환하는 경제 체제로 분석하고, 이 시각이 어떻게 현대의 세계 경제에 영향을 끼칠 수 있는지 질문한다.

* 그 밖의 참고 자료

김영봉, 『바늘귀를 통과한 부자』(IVP). 저자는 청부론을 비판하며, 그 안티테제로서 거룩하고 검소하고 단순한 삶을 제안한다.

김상연, 이두걸, 유대근, 송수연, 『대한민국 빈부 리포트』(한울). 21세기 한국의 빈부격차가 어느 정도로 극심한지를 사실적이고 명료하게 정리한다.

대니얼 버트런드 멍크, 마이크 데이비스, 『자본주의, 그들만의 파라다이스』(아카이브). 신자유주의 세상에서 누군가가 누리는 풍요는 누군가가 치르는 고통 위에서 가능한 것임을 신랄하게 보여 주는 생생한 보고서다.

로널드 사이더, 『가난한 시대를 사는 부유한 그리스도인』(IVP). 사이더는 구조적 불의를 질타하는 미국의 몇 안 되는 복음주의자 가운데 한 명이다. 그의 메시지와 특히 그가 주장하는 누진적 십일조 제도는 귀를 기울여 들을 가치가 있다.

존 캐버너, 『소비사회를 사는 그리스도인』(IVP). 저자는 인간을 상품으로 전락시키고 하나님마저 소비하는 오늘날의 소비주의 시대를 신랄하게 비판하며, 소비주의라는 거짓 신에 저항하는 기독교 진리의 회복을 강력하게 요청한다.

찰스 아빌라, 『소유권』(CLC). 초기 교회 교부들의 경제사상이 얼마나 급진적이었고, 빈부 문제에 민감했는지를 신랄하게 보여 준다. 이 시대의 부유한 그리스도인들에게도 적용되는 통렬한 비판의 메시지다.

5
환경

하나님의 형상으로 지음받은 인간은 하나님의 더 큰 창조 세계에 속해 있다. 인간 이외의 특정한 각 피조물과 모든 피조물 전체에 저마다 고유한 가치가 있다. 그저 인간이 이용하고 거기서 이익을 얻기 위해 존재하는 것이 아니다. 우리는 상호 의존적 생태계인 창조 세계의 온전함을 지키려 애써야 한다. 또 가능하다면 후손들에게 더 개선된 상태로 넘겨주어야 한다. 무엇보다 탐욕적이고 낭비하는 삶으로 창조 세계를 훼손해서는 안 된다.

최근의 기술 발전으로 인해, 인간은 이전 어느 때보다 지구 생태계에 엄청난 영향을 미칠 힘을 갖게 되었다. 삼림 벌채는 지구의 열대 우림 면적의 절반을 사라지게 했다. 인간의 활동이 없었을 때보다 백배 천배는 빠르게 종들이 멸종되고 있다. 또 인간의 활동이 대기 조성을 크게 변화시켜, 지구의 기후가 심각한 변화를 일으킬 위험에 처했다.[1] 기술의 힘과 기하급수적 발전 속도로 보건대, 지구와 어떤 관계를 맺어야 하는가라는 문제는 날마다 점점 더 긴급해진다.

성경에 나오는 첫 창조 이야기에는 각각의 창조 행위 뒤에 나오는 후렴구가 있다. "하나님이 보시기에 좋았더라"(창 1:10, 12, 18, 21, 25)이다. 빛, 땅과 바다, 식물들, 해와 달과 별, 바다의 생물들, 공중의 새들, 땅의 동물들 모두 좋았다. 선한 창조 세계는 하나님의 형상대로 지음받은 피조물인 선한 인간보다 먼저 있었고 또 인간을 포괄한다. 모든 피조물은 인간을 위해 무엇을 할 수 있기 때문이 아니라 그 자체로 귀하다.[2] 하나님이 인간을 구속하셨다는 것이 기독교 신앙의 중심에 있긴 하지만, 나머지 창조 세계가 그저 구속 이야기의 다채로운 배경인 것은 아니다. 오히려 창조 세계는 그 이야기에 **함께한다**. 인간 이외의 창조 세계는 "허무한 데 굴복"했고, 산고로 신음하며 "썩어짐의 종 노릇 한 데서 해방"되기를 갈망하고 바라고 있다(롬 8:19-22). 그리스도 안에서 이루어지는 하나님의 화해 사역은 "만물 곧 땅에 있는 것들이나 하늘에 있는 것들"을 다 포괄한다(골 1:20). 이는 인간과 생태계 전체가 그리스도 안에서 화해되었다는 의미다. 다가올 새 창조 세계는 인간만이 아니라 창조 세계 전체를 완전히 바꾼다. 그래서 다가올 세상을 바라보는 성경의 시각에 인간 이외의 피조물이 뚜렷하게 포함되어 있는 것이다. 예를 들어, 이사야 예언자는 "광야와 메마른 땅이 기뻐하며", 사막에 꽃들이 "무성하게 피어 기쁜 노래로 즐거워하며"(사 35:1-2)라고 선포한다. 하나님이 만드신 모든 것이 하나님 나라의 영원한 기쁨에 함께할 것이다.

선한 창조 세계는 도구가 아니며 영속한다는 사실은, 우리가 환경 문제에 참여할 때 확립해야 할 가장 기본적인 기독교 신념이다. 둘째로 중요한 사실은, 우리 인간이 창조 세계의 **일부**라는 것이다. 우리는 흔히 인간과 '환경', 혹은 인간과 '자연'을 대비한다. 그러나 인간은 다른 두 번째 창조 세계가 아니다. **하나의** 창조 세계라는 장면에 늦게 등장한 신참자들이다. 더욱이 우리는 이질적 존재로 창조 세계에 자리 잡지 않았다. 오히려 그 안에서 나왔고, 창세기 2:7이 말하듯 "땅의 흙"으로 지음받았다. 기독교 신앙은 무에서 다른 모든 것을 창조하신 한 하나님이 계시다고 단언한다. 그러므로 존재하는 것은 하나님 아니면 피조물이다. 우리는 하나님이 아니므로 다른 모든 것처럼 피조물이고, 피조물인 우리는 이 행성에 있는 다른 모든 생물처럼 지구에 속해 있다.

그러나 인간은 유일하게 하나님의 형상대로 지음받은 특별한 피조물이다. 우리는 하나님과 사귐을 갖도록 부름받았으며, 그 때문에 창조 세계 내에서 책임 있는 행위자다. 어떤 상황에 맞닥뜨릴 때, 우리는 그저 반사 신경에 따라 행동하지 않으며 적극적으로 대응할 수 있다. 인간은 또한 책임감이 있다. 즉, 자기 행동을 이해할 수 있고 설명할 수 있으며 판단할 수 있다.

창조 세계의 고유한 가치, 우리가 원래 언젠가 함께 평화의 왕국이 될 그 세상에 속해 있다는 사실, 우리의 책무는, 나머지 선한 창조 세계를 돌보아야 할 인간 책임의 근거가 된다. 창세기 1장에 따르면, 하나님은 인간에게 땅에 대한 '통치권'을 주셨다. 그러나 통치권은 소유권이 아니다. 땅은 우리 마음대로 처리할 수 있는 우리 것이 아니다. 우리는 땅을 만드시고 사랑하시는 하나님을 신뢰하면서, 우리는 그저 일부를 소유하는 제한된 정도까지만 차지한다.[3]

두 번째 창조 이야기는 "여호와 하나님이 그 사람을 이끌어 에덴동산에 두어 그것을 **경작**하며 지키게 하시고"(창 2:15)라고 말한다. 경작하고 지키는 것은 나머지 창조 세계를 향한 두 가지 성격의 책임을 상징한다고 말할 수 있다. 경작은 땅을 적극적으로 개발하는 것이다. 이는 인간이 계획적으로 자연 세계를 어떤 형태로 만드는 것을 의미한다. 넓게 보면, 쌀 재배부터 정교한 나노 기술을 이용하는 모든 것을 땅을 경작하는 일부로 볼 수 있다. 지키는 것이란, 경작이라는 적극적 개입과는 대조적으로, 나머지 창조 세계를 돌보고 보살피고 필요하면 위험으로부터 보호하는 것을 암시한다. 요즈음은 주로 하나님으로부터 그것을 보호하라는 위탁을 받은 사람들로부터 나머지 창조 세계를 보호할 필요가 있다. 이렇듯 동산을 지키라는 명령은 대부분, 그것에 더 이상 해를 끼치지 말고, 오히려 동산과 그 안에서 자라는 것의 성격에 맞게 경작하라는 것이다.

인간 이외의 창조 세계는 그 자체로 소중하므로, 빈틈없는 이기주의가 지구를 보살피는 주요 이유일 수 없다. 사실, 지나친 환경 파괴가 인간의 복지와 생존을 위협하고 있다. 창조 세계 친화적인 환경 정책과 환경을 지키는 생활 방식을 채택하는 것이 현명하게 여겨지는 타당한 이유들이 있다. 그러나 지금 존재하는 선한 창조 세계(다람쥐로부터 산에 이르기까지, 장미에서 삼나무에 이르기까지)가 요구하는 우리의 행동이 있다. 우리에게는 우리가 받은 세상을 보존할 책임이 있다. 그것이 인간의 생존에 필요한지 여부에 상관없이 말이다.

비판하는 사람들은 생태 보존을 정부의 우선순위로 삼는 것에 수많은 반론을 제기했다. 그러나 그중 어느 것도 설득력이 없다.

반론 1: 환경 문제는 그렇게 심각하지 않으며, 기후 변화 같은 일부 문제는 인간이 야기한 것이 아니다.

대답: 문제의 심각성은 사례마다 분별해야 하지만, 환경 문제가 사소하다는 일반적 주장은 그야말로 믿을 수 없다. 수많은 강력한 증거들에 따르면, 인간의 활동이 적어도 기후 변화를 심화시켰다. 주목할 만한 행동을 하지 않으면 끔찍한 결과가 뒤따를 것이다.

반론 2: 환경 문제 해결에 주력할 필요가 없다. 문제가 심각해지면 시장이 자동으로 획기적 해결책을 찾게 할 것이기 때문이다. 환경 파괴로 인한 비용이 심하게 상승하면 그 지출을 막거나 줄이는 일이 수익성 있는 일이 될 것이고, 사람들은 그렇게 하는 방법을 고안해 낼 것이다.

대답: 이 견해에는 두 가지 문제가 있다. 첫째로, 이는 환경 파괴로 인한 대가에서 **인간**을 보호하는 데만 적용될 것이다. 나머지 창조 세계의 비도구적 가치는 고려되지 않았다. 또 시장 메커니즘은 매년 일어나는 수백, 아니 아마도 수천수만(!) 종들의 멸종을 막지 못한다. 인간은 그것을 손실이라 생각하지 않기 때문이다.[4] 둘째로, 후손들에게 막대한 위험 요소를 넘겨주는 것은 무책임한 짓이다. 지금 우리가 행동하지 않는 것을 정당화하려고, 환경 재해를 막을 미래의 기술을 확신하고 있을 수만은 없다.

반론 3: 모든 사람을 심각한 가난의 문제에서 벗어나게 한 다음에야 환경을 다룰 수 있다.

대답: 가난과 환경 파괴는 완전히 별개의 문제가 아니다. 이 둘은 서로 얽혀 있다. 가난한 사람들은 비정상적으로 환경 파괴의 영향을 받는

다. 가뭄이 기근으로 이어지면 그들은 굶어 죽고, 호수가 말라 버리면 수원을 잃고, 삼림 벌채가 산사태를 일으켜 진흙 사태를 불러오면 흙 무더기 때문에 죽는다. 그들이 사는 곳은, 보통 힘 있는 이들이 그 땅의 재산 — 다이아몬드나 금, 비옥한 토양이든 풍부한 어류든 간에 — 을 몰수해 가고 약자들은 궁핍한 채로 내버려 둔 그런 곳이다. 가난한 사람들은 보통 경제적 곤경으로 인해 그들의 지역 환경을 파괴하게 되고, 그러면 이들의 경제 상황은 더 악화된다. 그러나 제대로만 하면, 나머지 창조 세계를 돌보는 일은 가난한 이들의 상황을 악화시키지 않으면서 그들의 번영에 기여할 수 있다. 더욱이, 우리가 1인당 경제 성장을 추구하지 않고 또 그로써 생태계에 영향을 끼치는 일 없이 극적으로 가난을 줄일 수 있는 여러 방법들이 있지만, 이러한 반대는 그 점들을 인정하지 않는다.[5] 계산은 간단하다. 현재 세계 GDP(국내총생산)는 1인당 16,000달러가 넘는다.[6] 이는 4인 가구당 64,000달러로, 실로 대단한 수치다. 그러나 2011년에 22억 명이 하루에 2달러보다 적은 돈으로, 1년에 약 700달러보다 적은 돈으로(4인 가구가 하루에 8달러보다 적은 돈으로, 1년에 2,800달러보다 적은 돈으로) 살았다.[7]

반론 4: 환경 악화를 책임지려는 어느 사회든 경제적 경쟁력에 막대한 비용을 치르게 된다. 그러면 투자를 유치하고 일자리를 만들어 내는 일로 사업에 들어갈 고비용으로 발생하는 기회들을 다른 나라들이 이용할 것이다.

대답: 우선, 이 말이 사실인지 분명히 확인되지 않는다. 예를 들어, 정치학자 스티븐 메이어(Stephen Meyer)는 자료들은 국가의 환경법과 실

업 사이에 의미 있는 상관관계가 없음을 가리킨다고 주장했다.[8] 그러나 더 중요한 것으로, 그리스도인들인 우리는 경제적 비용 때문에 옳은 일을 그만둘 수는 없다. 하나님께 신실한 것이 우리의 현재 생활 수준을 유지하는 것보다 중요하다.

심각한 반론: '반론 3'(가난)과 '반론 4'(경쟁력)는 근본적 관심사가 같으며, 둘 다 환경 보호 정책을 반대한다. 즉, 너무 **비용이 많이 들기 때문에** 환경 파괴를 다룰 수 없다는 것이다.

대답: 이 심각한 반론은 두 가지 실수를 저지르고 있다. 첫째로, 현재 구할 수 있는 최상의 정보에 따르면, 결국 기후 변화에 대해 아무 행동도 하지 않을 때 드는 비용이 행동할 때 드는 비용보다 **훨씬** 더 클 것이다. 부유한 나라의 국민들은 사실상, 미래로부터 무언가를 빌려 와서 지속 불가능한 삶을 살면서 미래의 사람들에게 비용을 지불하게 하고 있다. 둘째로는, 세상을 만드시고 사랑하시는 하나님을 향한 신실함보다 경제적 비용에 대한 두려움이 더 커지도록 내버려 둔 것이다.

나머지 창조 세계를 돌보는 일에 반대하는 이러한 주장들은 성공하지 못했다. 의미 있는 행동을 계속 회피하게 하는 강렬한 반론은 없었다. 그렇다면 우리는 무엇을 해야 하는가? 여기 몇 가지 제안이 있다.

- **우리는 창조 세계의 자원들을 적절하게 사용하고, 낭비는 피하는 삶을 살아야 한다.** 현대 경제에서는 상당한 독창성과 수고를 요하는 일이지만, 우리가 할 수 있는 일들이 많다.

- 우리는 자족하며 살아야 하고, 훨씬 더 많이 훨씬 새로운 상품들을 사고 싶은 압박을 거부해야 한다. 그리스도인들이 욕심을 피해야 하는 여러 이유 중 하나는 나머지 창조 세계를 돌보아야 하기 때문이다. 결국 우리는 하나님과 재물을 둘 다 섬길 수 없다. 우리의 축적이 인간 이외의 창조 세계에 해를 입힌다는 사실은 이 명령에 무게를 더해 준다.
- 우리의 행동이 큰 영향을 끼치든 말든 상관없이 나머지 창조 세계를 돌보는 일에 충실해야 한다. 많은 사람이 생태 친화적 삶을 살면서 생기는 누적 효과를 과소평가해서는 안 된다. 더욱 중요한 것은, 우리는 우리가 있는 곳 어디에서나 그리스도 안에 나타난 하나님의 사랑을 전하는 신실한 증인이 되도록 부름받았다는 사실이다. 그것을 통해 우리가 전 세계의 문제를 해결하든 못하든 상관없이 말이다. 우리가 살고 있는 나라가 창조 세계를 돌보려 하지 않는다면, 우리가 창조 세계를 돌보고, 친구와 이웃에게 그렇게 하라고 권하며, 기도하고, 하나님이 세상을 구속하실 것을 신뢰하면 된다.
- 정부는 개인과 사업체가 환경 친화적 실천을 채택하고, 창조 세계에 심각하게 해를 입히는 행동은 하지 않도록 권해야 한다. 가능한 정책은 지역에 따라 다양할 것이다. 미국 같은 나라는 무공해 에너지에 투자하고, 자연 생태계의 파괴를 제한하고, 대기와 수질오염 물질을 밝히고 규제하며, 멸종 위기종들의 살상을 막는 조치 등을 시행해야 한다. 세계 각국은 가장 가난한 국민이 환경법의 경제적 비용을 지불하게 해서는 안 된다.
- 국가들은 기후 변화와 세계의 다른 주요한 환경 문제를 없애는 데

드는 경제적 비용을 공정하게 분배해야 한다. 전 세계적 환경 개발로 가장 유익을 얻는 나라들이 가장 많은 비용을 부담해야 한다. 그러나 자원 집약적 산업 발달 비용에 대해 우리가 아는 바를 고려할 때, 고도로 산업화된 국가들이 산업화 기간에 그랬던 것만큼 제3세계 국가들이 환경을 오염시킬 권한을 주장하는 것은 옳지 않을 것이다.

- 무역 협정은 협정국들에게 환경에 영향을 미치는 책임을 물어야 한다. 세계 무역이 개별 국가의 환경법을 회피하는 협력 수단이 되어서는 안 된다.

더 토론할 내용

- 당장 다루어야 할 가장 중요한 환경 파괴는 무엇인가? 에너지와 자원과 정치적 의지력의 제한을 고려하면, 어떤 문제가 가장 긴급한가? 이러한 대화에서 고려할 한 가지 핵심 요소는, 창조 세계에 돌이킬 수 없는 해를 입히는 것이 무엇이냐는 것이다.
- 인간 이외의 창조 세계에 입히는 해를 줄이도록 어느 정도까지 개인에게 권장하고, 어느 지점에서 법적 제재가 필요한가?

더 깊은 논의를 위한 자료

입문

Berger, Rose Marie. "For God So Loved the World." *Sojourners*, May 2013. http://sojo.net/magazine/2013/05/god-so-loved-world. 버거는 기후 변화에 대한 대응의 필요성뿐 아니라 어려움을 보여 주며, 그것이

교회들에서 하나님의 일하심을 이끌어 낼 수 있다고 주장한다.

Berry, Wendell. "Christianity and the Survival of Creation." *Cross Currents* 43, no. 2 (1993). http://www.crosscurrents.org/berry.htm. 베리는 기독교와 창조 세계 둘 다가 생존해야 함을 염두에 두고 성경을 읽으며, 자연뿐 아니라 정치와 경제와 노동에 관해 우리가 흔히 하는 생각에 도전을 가하는 많은 내용들을 찾아낸다.

The Evangelical Climate Initiative. "Climate Change: An Evangelical Call to Action." 2006. http://www.npr.org/documents/2006/feb/evangelical/calltoaction.pdf. 수십 명의 복음주의 그리스도인 지도자들이 서명한 행동 지침으로, 인간이 유발한 기후 변화의 실상을 분명히 보여 주고 도의적으로 긴급한 행동이 필요함을 주장한다.

Hamilton, Clive. "The Church and the Ethics of Climate Change." *ABC Religion and Ethics*, August 29, 2012. http://www.abc.net.au/religion/articles/2012/08/29/3578983.htm. 해밀턴은 기후 변화의 진짜 문제가 도덕적 복잡성에 있다는 생각을 부인한다. 오히려 우리가 도덕적으로 타락하여 상식적인 도덕적 해결책을 약화시키고 있다고 주장한다.

심화

Francis, Pope. *Laudato Si'* [Encyclical Letter on Care for Our Common Home]. http://w2.vatican.va/content/francesco/en/encyclicals/documents/papa-francesco_20150524_enciclica-laudato-si.html. 『찬미받으소서』(한국천주교중앙협의회). 이 혁신적인 교황 서신은, 환경을 돌보는 일과 가난한 이들을 돌보는 일을 잘 엮어 내는 '온전한 생태계'를 위해 일

하도록 그리스도인들에게 요청한다.

Intergovernmental Panel on Climate Change. *Climate Change 2014: Synthesis Report*. http://www.ipcc.ch/pdf/assessment-report/ar5/syr/SYR_AR5_FINAL_full.pdf. 이 종합 보고서는 국제연합으로부터 기후 변화에 관한 연구 과제를 부여받은 수천 명의 과학자들의 모임인 '기후 변화에 관한 정부 간 협의체'가 진행한 다섯 번째 평가의 결과물이다.

Jenkins, Willis. *Ecologies of Grace: Environmental Ethics and Christian Theology*. Oxford: Oxford University Press, 2008. 젠킨스는 기독교 환경 윤리의 세 가지 선택 사항을 제시하며, 각각이 자연과 은혜의 관계에 대한 특정 설명에 의존하고 있음을 통찰력 있게 보여 준다('은혜의 생태학').

McFague, Sallie. *Life Abundant: Rethinking Theology and Economy for a Planet in Peril*. Minneapolis: Fortress, 2001. 『풍성한 생명』(이화여자대학교출판문화원). 맥페이그는 환경에 대해 다르게 생각하라고 도전함으로써, 환경과 관련하여 다르게 살도록 북미 그리스도인들을 독려한다.

* 그 밖의 참고 자료

김균진, 『자연환경에 대한 기독교 신학의 이해』(연세대학교출판부). 독일 신학계를 중심으로 전개되는 환경신학, 생태신학 논의를 평이한 언어로 들려주는 교과서다.

레이첼 카슨, 『침묵의 봄』(에코리브르). 환경 문제에 관한 최고의 고전으로, 한 개인이 사회를 어떻게 바꿀 수 있는지 보여 주는 훌륭한 사례다.

샐리 맥페이그, 『기후 변화와 신학의 재구성』(한국기독교연구소). 기후 변화가 기독교 신학과 예배, 그리고 도시에서의 생활에 미치는 영향을 진보적 신학자의 입장에서 다룬다.

스티븐 보우머 프레디거, 『주님 주신 아름다운 세상』(복있는사람). 복음주의자가 쓴 가장 훌륭한 생태신학 저서 중 하나다.

존 스토트, 『현대 사회 문제와 그리스도인의 책임』 5장 '창조 세계를 돌봄'. 저자는 기독교가 본질적으로 창조 세계를 착취하는 신앙을 견지해 왔다는 비평에 반대하며, 나아가 창조 신앙의 바른 이해와 이를 바탕으로 한 생태학적 실천을 주장한다.

콜린 베번, 『노 임팩트 맨』(북하우스). 미국의 대도시인 뉴욕에서 친환경적으로 살고자 저자가 1년간 가족과 함께 고투한 여정을 경쾌하게 기록했다.

6
교육

모든 인간은 자신이 사는 세상을 이해하고, 그들 삶의 가장 중요한 질문, 곧 무엇이 삶을 가치 있게 해 주느냐에 대해 비판적으로 성찰하는 법을 배우며, 점점 더 복잡한 기술을 요구하는 직업을 얻을 자격을 갖추는 것이 중요하다. 모든 사람은 적정한 비용으로 탁월한 교육을 받을 수 있어야 한다.

잠언 8장은 의인화된 지혜가 땅을 돌아다니며 들을 수 있는 모두에게 이렇게 외치는 모습을 묘사한다.

> 사람들아 내가 너희를 부른다.
> 내가 모두에게 소리를 높인다.
> 어수룩한 사람들아 너희는 명철을 배워라.
> 미련한 사람들아 너희는 지혜를 배워라.
> 너희는 들어라. 나는 옳은 말만 하고,
> 내 입술로는 바른 말만 한다.…

내가 하는 말은 모두 의로운 것뿐이며,

　거기에는 비뚤어지거나 그릇된 것이 없다.…

너희는 은을 받기보다는 내 훈계를 받고,

　금을 선택하기보다는 지식을 선택하여라.

참으로 지혜는 진주보다 좋으며,

　네가 갖고 싶어 하는 그 어떤 것도 이것과 비교할 수 없다.…

부귀와 영화도 내게 있으며,

　든든한 재물과 의도 내게 있다.

내가 맺어 주는 열매는 금이나 순금보다 좋고,

　내가 거두어 주는 소출은 순은보다 좋다.

나는 의로운 길을 걸으며,

　공의로운 길 한가운데를 걷는다.

나를 사랑하는 사람에게는 내가 재물을 주어서,

　그의 금고가 가득 차게 하여 줄 것이다.

(잠 8:4-6, 8, 10-11, 18-21, 새번역)

지혜의 이 외침을 다른 말로 바꾸어 표현하면, 교육에는 두 가지 주요한 유익이 있다고 할 수 있다. 첫째이자 가장 중요한 것으로, 지혜는 '옳은 것'을 가르치고 학생들을 '의로운 길…공의로운 길'로 인도한다. 2장에서 정의한 번영의 기본 영역의 견지에서 표현해 보자면, 교육은 우리가 삶을 잘 이끌도록 구비시켜 준다. 둘째로, 지혜는 '든든한 재물과 의'(영어 성경에는 '번성'을 뜻하는 'prosperity'로 되어 있다 – 옮긴이)를 가져다준다. 그 열매는 반짝거리는 금속이나 빛나는 돌멩이가 아니라 영화와 번성, 4장에서 논의했던 진정한 의미의 부다. 교육은 우리 삶을 잘 이끄는 도구들을 가져다줄 뿐 아니라 우리 삶을 잘 풀리게 해 준다.

부의 창출을 아주 직접적 목표로 하는 교육의 측면은 지식 습득과 기술 훈련이다. 우리는 지식을 습득함으로써 세상을 더 잘 이해하게 된다. 이러한 이해는 그 자체로 부의 한 형태이며, 또 다른 형태의 부를 창출하는 데 기여한다. 이를테면, 화학을 공부하는 학생이 그 과목에 대한 지식을 활용하여 새로운 암 치료법을 개발할 수 있다. 훈련은 어떤 과업을 잘 수행하는 데 필수적인 구체적 기술들을 갖추도록 한다. 예를 들어, 작은 식당 부엌에서 팬케이크 만드는 법을 훈련받을 수도 있고, MRI 기계 작동법이나 트럭 운전법을 훈련받을 수도 있다. 보통, 훈련으로 습득되는 기술들은 지식처럼 부의 한 형태다. 그 기술로 돈을 벌든 아니든, 심지어 거의 그러지 못하더라도 팬케이크를 만들 수 있다는 것은 좋은 일이다. 물론 그런 기술을 발휘하는 것도 더 많은 부를 창출하는 수단이다.

우리는 기하급수적으로 늘어나는 지식, 놀랄 정도로 약진하는 과학기술의 시대를 살고 있다. 오늘날의 경제적 성공은 지식과 전문 기술에 달려 있다. 이렇듯 경제적 관심은 오늘날 교육에 관한 논의의 대부분을 이끌고 간다. 2008년 대통령 입후보자였던 버락 오바마(Barack Obama)는 "인터넷이 연결되는 곳 어디에서나 좋은 직업을 찾을 수 있는 세상에서…당신이 팔 수 있는 가장 가치 있는 기술은 당신의 지식입니다"라고 언급하며, 자신의 교육안을 설명했다.[1] 미국의 다른편 정당 쪽에서 보자면, 위스콘신의 주지사 스캇 워커(Scott Walker)가 제시한 2015년 주 예산안의 초안에는 위스콘신 대학교의 사명에서 '진리

추구'가 사라지고 '주에서 요구하는 노동력의 필요를 충족시킬 것'이 추가되었다는 내용이 포함되어 있었다.²

그러나 교육을 지식 습득과 훈련으로 축소시키는 것은 잘못일 것이다. 존 헨리 뉴먼(John Henry Newman)이 말했듯, 교육은 '더 고귀한 단어'다.³ 라틴어 어원 '에두카티오'(*educatio*)는 아이를 키우거나 양육하는 것을 암시한다. 이는 이런저런 시도에서 성공하기 위해 지식과 기술을 습득하는 것이 아니라, 인간으로서 '성공하기' 위해 지혜를 함양하는 것이다. 교육의 이 두 번째 목적에서 중심이 되는 것은 성품 형성과 인간 삶의 목적에 대한 탐구다.

성품 형성은 모든 교육의 기초다. 이는 세상의 신뢰성에 대한 기본적 신임, 정서 발달, 도덕적 습관과 태도 함양 등을 포괄한다. 이를 가리키는 오래된 표현은 '영혼 수련'이었다. 성품을 잘 형성하려면 학생과 교사 사이의 믿음과, 각 학생의 특수성에 적절히 대응하는 교사가 필요하다. 이는 돌봄이 일어나는 장기간에 걸쳐 헌신된 관계에 달려 있고, 무엇보다 가정에서 일어난다.

우리가 형성하려 하는 성품의 유형은 주로 모든 질문 중 가장 중요한 질문에 대한 답에 달려 있다. 곧, 인간으로서 우리는 누구이며, 우리의 존재 목적은 무엇인가 말이다. 이 질문들에 잘 대답하는 법을 아는 것이 현대 대학들이 설립된 이래,⁴ 또 실제로 인류의 태동 이래 교육의 중심 목표였다. 역사적으로 인간 삶의 목표들에 대한 성찰은 예수님이 속해 있던 유대 전통에서 그랬듯이 경전 연구를 통해 시작되었다(신 6:6-9을 보라). 누가는 열두 살 시절의 예수님 이야기를 해 준다. 유월절을 맞아 해마다 하던 대로 거룩한 도성 예루살렘에 갔을 때, 예수님은 하나님의 집에서 시간을 보내려고 가족을 떠나 "선생들 중에 앉으사 그들에게 듣기도 하시며 묻기도" 하셨다(눅 2:46). 우리는 경전을 묵상하고, 우리 신앙의 중심이 되는 이야기와 의식, 신념들과 관련된 질문을 함으로써 실재에 관한 진리 주장들과 씨름할 뿐 아니라, 스스로 올바른 삶에 대한 시각을 받아들일 준비를 갖추게 된다. 이러한 목표를 가진 교육은 그것이 산출해 내는 물질적 이익과 상관없이 훌륭한 것이며, 우리가 물질적 이익의 가치를 평가하고, 그와 관련하여 발생할 수 있는 손실을 밝히도록 도와준다.[5]

교육은 학교 수업과 다르다. 교육은 어디에서든 일어난다. 집과 거리, 교회와 인터넷, 선술집, 그리고 학교에서도 일어난다. 학교 수업은 교육을 조직화한 특정한 방식이다. 대략적으로 말해서 학교 수업은, 지정된 시간에 학습자들을 모으는 일, 전문 교사, 교육과정, 그리고 보통은 공부 과정을 마친 것에 대한 어떤 형태의 증명서를 포함한다. 대부분의 인간 역사에서 대부분의 사람은 학교 수업을 받지 않았다. 학교 수업 없이도 지혜로워질 수 있고 잘 살 수 있다. 학교 수업 없이도 지식과 전문 기술을 습득할 수 있다. 그러나 오늘날과 같이 복잡하고 더욱 빠르게 복잡해지는 세상에서, 학교 수업은 없어서는 안 된다. 학교 수업은 집에서만 교육받거나 독학으로 얻을 수 있는 양보다 학생들에게 훨씬 폭넓은 지식과 기술을 접할 수 있게 하기 때문이다.

지금까지는 교육이 교육을 받는 이들에게 얼마나 좋은지 논했다. 그러나 탁월한 교육은 지역사회에도 유익하다. 첫째로, 교육이 전해 주는 지혜는 사람들이 삶을 잘 이끌도록 도와줄 수 있다. 한 사람의 성품에 여러 덕목들이 깊이 배어 있다면, 그 성품은 다른 사람들이 잘 살도록 더 잘 후원하고 도와줄 것이다. 둘째로, 교육이 창출하도록 돕는 부는 대부분 공공의 부다. 한 사람이 받는 교육은 다른 이들의 삶이 잘 풀리도록 돕는다. 의사와 과학자와 공학자를 교육시켜 달팽이관 이식 기술을 개발하자 수십만 명이 들을 수 있게 되었다. 셋째로, 최소한 민주주의 체제가 교육받은 시민들은 정치사회가 적절한 기능을 하는 데 중요하다. 시민들은 어떤 공적 주도권을 잡거나 공공정책 또는 공직 후보자를 평가하기 위해, 세상이 어떻게 기능하는지뿐 아니라 개인적·공동체적으로 어떤 종류의 삶이 추구할 만한 가치가 있는지 알아야 한다. 교육은 개인과 공동체 모두의 번영에 상당하게 기여하므로, 그리스도인들은 보편적으로 이용 가능한 탁월한 교육을 지지해야 한다.

또한 다음과 같은 교육의 왜곡에 대한 경계를 게을리하지 말아야 한다.

- **교육의 목표가 경제 성장으로 축소되는 것**. 어떤 개인이 교육을 단지 고소득 계층으로 진입하는 수단으로 여기는 것은 잘못이다. 또 어떤 나라가 학교 제도를 단지 국가의 경제 성장과 세계 시장에서 경쟁력을 높이는 도구로 보는 것은 잘못이다.
- **교육으로 사회적 명성을 얻으려 하는 것**. 자녀를 최고 명문 대학에 들어가게 하기 위해 개인들이 에너지를 터무니없이 소모하고, 이를 위한 거대하고 수익성 높은 산업이 생겨난 것은, 이러한 교육의 왜곡이 오늘날 얼마나 수많은 사람을 지배하고 있는지에 대한 증거다.
- **교육의 혜택을 나누기보다는 비축하는 것**. 우리는 교육이 우리 자

신의 개인적 미래에 대한 투자라고 이야기한다. 교육을 본질적으로 경쟁적인 제로섬 게임으로 보는 것이다. 이웃집 아이의 바이올린 수업은 우리 아이의 대학 진학 가능성에 대한 위협이며, 중국의 더 나은 과학과 기술 교육은 유럽과 아메리카와 일본에는 손해라는 것이다. 우리는 교육이 사회적 공익임을, 사회의 최고 목표 중 하나가 더 효과적이고 지혜롭게 다른 사람을 섬기도록 각자를 구비시키는 것임을 인지하지 못하고 있다.

이 각각의 왜곡은 문화적 가치관과 사회 구조의 문제이지 그저 개인의 태도 문제가 아니다. 이를 극복하기 위해서는 개인의 태도, 공공정책, 사회적 관행을 바꾸어야 한다.

- **학교 교육은 지식과 기술 습득에 머물지 말고, 성품 형성과 올바른 삶에 대한 성찰도 포괄해야 한다.** 오늘날 거의 모든 사회에서 시민들은 올바른 삶에 대한 다양한 시각을 따르고 있다. 이러한 다원성을 고려할 때, 공립 교육 기관들은 올바른 삶에 대한 하나의 포괄적 시각을 옹호해서도 안 되고, 그 시각에 따라 아이들을 양육하려 해서도 안 된다. 공립학교가 수도원이나 마드라사(이슬람 학교-옮긴이)나 예시바(유대교 학교-옮긴이) 같은 역할을 해서는 안 된다. 그렇지만 사회적 다원성을 빙자하여 공립 교육을 지식 습득과 기술 훈련에만 국한시켜서도 안 된다. 다원적 공립학교 교육은 학생들에게 인생의 중요한 문제들을 제기하고, 그 문제들을 성찰할 자료와 기술을 제공할 수 있으며 제공해야 한다.[6]

- 학교 교육은 탁월해야 한다. 그저 아이들을 교실에 두는 것으로는 충분하지 않다. 아이들은 그곳에서 양질의 가르침을 받아야 하고, 실제적 학습으로 이어지는 지원을 받아야 한다. 교사들은 잘 훈련되어야 하고 만족스러운 보상을 받아야 한다. 학교는 학습을 가장 용이하게 하는 도구들을 구비하고 있어야 한다(꼭 반짝거리는 새 도구일 필요는 없다).
- 탁월한 교육을 받을 기회가 공평하게 배분되어야 한다. 학교는 어디에 위치하든 상관없이 필요한 자원들을 받을 수 있어야 한다. 또한 학교 교육을 넘어서 가정과 다른 지역사회에서도 탁월한 교육을 가능하게 하는 사회 정책을 세우기 위해 노력해야 한다.
- 탁월한 교육은 경제적으로 감당할 수 있을 정도여야 한다. 전 세계적으로, 아이들이 학교 교육을 더 받는 것을 가로막는 주요한 장애물은 비용이다.[7] 기본 학교 교육을 보편적으로 받을 수 있게 하는 것은 모든 사회의 우선순위여야 한다. (거의) 보편적으로 공립 초등학교와 중·고등학교에 갈 수 있는 미국 같은 나라들에서는, 고등 교육 비용을 감당할 수 있느냐가 주요 이슈다. 1984년과 2014년 사이에, 비영리 사립 대학의 경우 실제 평균 학비가 146퍼센트까지 올랐고, 공립 대학에 다니는 해당 주 출신 학생들의 경우 225퍼센트까지 올랐다.[8]
- 학교 외의 공동체(가정, 교회 등)는 탁월한 교육에 아주 중요하다. 정말 교육을 소중하게 생각하고 생산적 노동력을 위한 기술 훈련 정도로 여기지 않는다면, 학교 제도 외의 교육 공동체, 특히 가정을 지원해야 한다.

더 토론할 내용

- 공립학교와 사설 기관의 적절한 역할은 무엇인가? 보편적 수혜 가능성의 중요성을 고려할 때, 탄탄한 공립학교 교육은 필수적이다. 공립학교가 얼마나 광범위해져야 하는지, 또 그렇다 해도 다른 학교들이 공립학교를 얼마나 보완해야 하는지는 논의의 여지가 있다.
- 정부는 어느 정도까지 공립학교 교육과정을 결정해야 하는가? 나라 전체적으로 교육과정 사이에 어느 정도의 공통성이 있어야 하는가? 이는 유연성과 상황에 따른 적실성을 진작하기 위해 의도된 지방의 자치권과, 학교가 제공하는 교육이 만족스러울 만큼 탁월하도록 보장하기 위해 의도된 국가 범위의 높은 기준 사이의 갈등이다.
- 적절하고 보편적으로 수혜 가능한 학교 교육 체계에 필요한 자금은 어느 정도인가? 평등의 가치는 이러한 논의들에서 가장 상위의 기준이어야 한다.

더 깊은 논의를 위한 자료

입문

Berry, Wendell. "The Loss of the University." In *Home Economics*, pp. 76-97. New York: North Point, 1995. 베리는 학교와 대학들의 목표가 인간성 형성이라 주장한다. 이 과업은 무엇을 가르치고 무엇을 가르치지 말아야 하는지에 관한 어려운 질문을 우리에게 던지고, 답을 요구한다.

Milbank, John. "Education into Virtue: Against the Tyranny of Modern Mass Education." *ABC Religion and Ethics*, May 9, 2014. http://www.abc.net.au/religion/articles/2014/05/09/4001516.htm. 밀뱅크는 현대 교

육이 국가에 종속되어 있으며, 초월성을 인식해야만 그 이상의 무언가를 위해 교육할 수 있다고 주장한다.

Nussbaum, Martha. "Educating for Profit, Educating for Freedom." *ABC Religion and Ethics*, August 19, 2011. http://www.abc.net.au/religion/articles/2011/08/19/3297258.htm. 누스바움은 교양 과목 교육은 민주 시민 정신을 유지하는 데 결정적이라 주장하며, 경제 성장에 기여하느냐로 교육을 평가하는 경향이 심해지는 상황에서 이를 옹호한다.

Volf, Miroslav. "Life Worth Living: Christian Faith and the Crisis of the University." *ABC Religion and Ethics*, April 30, 2014. http://www.abc.net.au/religion/articles/2014/04/30/3994889.htm. 미로슬라브는 고등 교육의 위기는 무엇이 삶을 가치 있게 하느냐는 질문을 하지 못함으로 생긴 것이라 주장하며, 기독교 신앙이 다시 이 질문을 추구하게 할 수 있다고 제안한다.

심화

Hauerwas, Stanley, and John H. Westerhoff, eds. *Schooling Christians: "Holy Experiments" in American Education*. Grand Rapids: Eerdmans, 1992. 교육에 관한 논의의 틀을 다시 만들고 새로운 활기를 불어넣기 위해, 미국의 공교육뿐 아니라 종교 교육에 관한 다양한 신학적 글들을 모은 책이다.

Kozol, Jonathan. *The Shame of the Nation: The Restoration of Apartheid Schooling in America*. New York: Crown, 2005. 코졸이 5년 동안 전국 수십 개의 학교에서 시간을 보낸 결과물인 이 책은, 미국 학교들의 지속

적인 불평등과 차별을 묘사하고 한탄한다.

MacIntyre, Alasdair. "The Idea of an Educated Public." In *Education and Values: The Richard Peters Lectures, Delivered at the Institute of Education, University of London, Spring Term, 1985*, pp. 15-36. London: The Institute of Education, University of London, 1987. 매킨타이어는 사회적·경제적 기능을 위해 사람들을 훈련하고 스스로 생각할 수 있는 사람들을 양산하는 현대 교육의 두 가지 목표는, 교육의 목표인 교육받은 대중이라는 개념 없이는 양립할 수 없다고 주장한다.

Mondale, Sarah, and Sarah B. Patton, eds. *School: The Story of American Public Education*. Boston: Beacon, 2001. 『스쿨: 미국 공교육의 역사 1770~2000』(학이시습). PBS 시리즈에 기반을 둔 아주 읽기 쉬운 미국 공교육의 역사로, 현 이슈와 논의에 유용한 배경을 제공해 준다.

* 그 밖의 참고 자료

우치다 타츠루, 『하류지향』(민들레). 배움을 소비 행위로 생각하고 스스로를 소비자로 규정하는 신자유주의 시대의 학생들을 이해하기 위해서 반드시 읽어야 할 걸작이다.

이반 일리히, 『학교 없는 사회』(생각의나무). 보수를 표방함에도 혁명가로 일생을 살아간 저자는, 세상이 학교화되는 현실 속에서 학교의 개혁이 아닌 철폐를 천명한다.

파울루 프레이리, 『페다고지』(그린비). 체제 유지에 복무하는 적금식 교육학에 맞서서, 체제 변혁을 위한 교육학으로서의 페다고지 개념을 모두에게 각인시킨 진보적 교육학의 고전이다.

파커 파머, 『가르침과 배움의 영성』(IVP). 파머는 가르침을 진리에 대한 순종이 실천되는 공간을 창조하는 과업으로 이해한다. 영성 형성의 개념으로 교육을 조망한 그의 책은, 교육계를 넘어 사회 전반에 영성에 대한 시야를 확대시켰다.

_____ , 『가르칠 수 있는 용기』(한문화). 『가르침과 배움의 영성』의 후속편으로, 가르침이 창조하는 공간 개념에 더욱 깊이 천착한다. 교육을 통한 변화를 고민하는 사람이라면, 공동체 문제로 확장된 그의 깊은 성찰을 참고할 필요가 있다.

7
일과 안식

할 수 있는 한 모든 사람은 의미 있는 일을 해야 한다. 보수를 받는 일에 고용되었다면, 충분한 보수를 받는 일에 종사해야 한다. 그러나 기본적 욕구를 충족시키려고 쉬지 않고 일을 하여 삶에 안식의 여지가 없어서는 안 된다. 생산적 일과, 하나님을 예배하고 창조된 물질을 즐기는 비생산적 일 둘 다 인간 삶의 번영에 중요한 요소다.

창조 여섯째 날 끝에 "하나님이 지으신 그 모든 것을 보시니 보시기에 심히 좋았"다. 인간이 창조되어 풍요로운 세상 가운데 자리를 잡자, "천지와 만물이 다 이루어"졌다. 이렇게 "하나님이 그가 하시던 일을 일곱째 날에 마치시니 그가 하시던 모든 일을 그치고 일곱째 날에 안식하시니라. 하나님이 그 일곱째 날을 복되게 하사 거룩하게 하셨으니 이는 하나님이 그 창조하시며 만드시던 모든 일을 마치시고 그날에 안식하셨음이니라"(창 1:31-2:3).

창세기가 묘사하듯, 하나님과 세상의 관계는 두 가지 다른 형태를 띤다. 먼저, 일이 있다. 일은 선한 것을 창조하는 목표를 이루려는 활동이다. 또 안식이 있다. 창조된 선한 것들을 경축하고 즐기는 것이다. 널리 알려진 대로, 하나님은 이스라엘 백성에게 그분이 매주 안식일로 '거룩하게 하신' 쎔의 날을 기념하라고 명령하셨다. 안식일 율법은 인간 삶의 주기에 하나님의 창조와 안식의 패턴을 새겨 넣음으로써, 인간 번영의 성격에 관한 심원한 무언가를 보여 주었다. 율법 자체를 위한 율법에 초점을 맞추는 듯했던 당시 율법 해석자들에 맞서, 예수님은 율법이 규정한 일/안식 패턴은 하나님의 충동적 생각이나 성가신 부담 같은 것이 아니라고 설명하신다. "안식일이 사람을 위하여 있는 것이요 사람이 안식일을 위하여 있는 것이 아니니"(막 2:27). 안식일처럼 다른 엿새 역시 사람을 위해 만들어졌다. 우리 역시 하나님이 일하고 안식하셨던 대로, 창조하고 경축하고, 일하고 안식할 때 번영을 누린다. 요지는 두 측면 다 강조할 가치가 있다는 것이다.

1. 우리는 **일해야** 한다. 4장에서 이야기했듯이, 두 번째 창조 기사는 창조 세계의 동산에서 일하는 사람으로서 인간의 적극적 역할을 강조한다. 일은 죄의 결과가 아니라 선한 창조 세계의 일부다. 물론 우리 대부분이 경험하듯이, 일은 고되기도 하고 심지어 우리를 짓누르기도 한다. 그러나 그것은 죄로 인해 손상된 일의 모습이다(창 3:17을 보라). 일 자체는 선한 것이다. 일은 우리 삶을 잘 이끄는 한 가지 측면이다. 삶을 잘 풀리게 하는 수단을 만들어 내고 습득하도록 도와주기 때문이다. 이렇듯 일은 무엇보다도 **수단이 되는** 활동이다. 우리는 단지 일을 위해 일하지 않는다. 오히려 무언가를 성취하기 위해 일한다(집을 깨끗하게 하려고, 기본적인 필요를 채울 만큼 돈을 벌려고, 대학을 졸업하려고 등등). 그러나 일의 결과만이 아니라 일 자체를 즐길 수도 있다.

어느 토요일 오후, 나는 자전거를 분해해서 청소하고 기름을 친 다음 다시 조립했다. 깨끗하고 잘 굴러가는 자전거도 마음에 들었고, 그렇게 만드는 활동 자체도 즐거웠다. 이는 사실 이상적인 시나리오다. 즉 어떤 목표를 이루는 수단이자 그 자체가 즐거운 일이 그렇다. 그러나 모든 일이 그렇지는 않다. 만약 내가 착취하는 사장의 폭정 아래 자전거 수리를 했다면 그것을 즐겼을 것 같지 않다. 사실 모든 일이 그렇게 **될 수 있는** 것도 아니다. 예를 들어, 아주 중요하고 의미 있는 활동이긴 하지만, 유출된 석유를 닦아 내는 일이 즐거울 것이라 상상할 수는 없다. 그러나 최상의 일은 수단이자 목표가 되며, 우리 인간성의 표현이다.

일과 고용을 혼동해서는 안 된다. 고용은 누군가가 어떤 업무를 하거나 프로젝트를 완수하고 그 보답으로 소득을 얻기로 합의한 것이다. 일은 더 포괄적 용어다. 일은, 대략적으로 말해서, 보수를 받든 받지 않든 어떤 수단이 되는 활동으로 정의할 수 있다.[1] 번영하는 인간의 삶에는 이런 의미의 일이 있다. 고용에는 대부분 일이 포함되어 있지만, 모든 일이 고용된 상태에서 이루어지는 것은 아니다. 아이를 돌보는 일은, 누구도 그 일을 하는 사람에게 돈을 지불하지 않는다고 해서 더 이상 일이 되지 않는(엄청난 수고가 그대로인 것은 말할 것도 없고) 것이 아니다. 우리는 일하지 않을 수 없다. 고용은 인간이 일을 구조화한 한 방식일 뿐이다.

2. 우리는 **안식**해야 한다. 두 가지 형태의 안식을 구분하는 것이 중요하다. 원기를 **회복**하는 안식과 **경축**하는 안식이 그것이다. 회복하는 안식은 살아가면서 소비한 에너지를 회복하려는 것이다. 예를 들어,

우리는 잠으로 피곤을 풀려 한다. 혹은, 보통 성공적이지는 않지만, 몇 시간 소파에 앉아 텔레비전을 보면서 온갖 해야 할 일로 넘쳐 나는 집안일을 해치울 에너지를 얻으려 한다. 회복하지 못하면 우리 몸과 마음은 망가진다. 그러나 만약 원기 회복만을 위해 안식을 한다면, 그것은 우리가 안식을 일에 전적으로 종속시킨다는 뜻이다. 중요한 의미에서 회복은 일의 일부, 곧 일해야만 하는 '엿새'의 필수적인 구성 요소이기 때문이다. 안식을 이렇게 도구적인 이미지로 보게 되면, 기독교 신앙이 유대교로부터 물려받은 안식의 중요한 특징을 놓치게 된다. 그것은 바로 경축하는 안식이다.

경축하는 안식에는 두 가지 행위가 있다. 이를 예배와 축제라 부르겠다. 여기서 **예배**란 하나님을 향한 찬양과 경배와 성경 연구에 시간을 들이는 것이다. 아마도 예배를 안식의 한 형태로 생각하는 것이 좀 이상할지 모른다. 그러나 성경에서 '안식'은 어떤 활동도 하지 않는 것이 아니라, 일과 노력을 중단하는 것을 의미한다. 또 여기서 **축제**란, 하나님이 만드신 놀라운 세계를 기뻐하고 경탄하고 즐거워하려고 시간을 따로 떼어 두는 것을 의미한다. 특별한 식사를 하는 것이 그 전형적인 모습이다. 예수님의 삶에서 이 두 가지 행위를 볼 수 있다. 그분은 안식일에 정기적으로 회당 예배에서 가르치셨고(예를 들어, 눅 4:16; 13:10), 또 성대한 축제 같은 안식일 식사에 참석하셨다(눅 14장).

예배와 축제는 둘 다 선에 대한 반응이다. 예배를 통해, 우리는 말로 다할 수 없는 하나님의 선하심에 경배로 반응한다. 축제를 통해서는, 하나님의 창조 세계에 편만한 선을 즐긴다. 차고 넘치는 선물인 그 선을 감사함으로 받는다. 전통적으로 기독교 예배의 중심에 있는 성찬식은 이 둘을 합한 것이다. 우리는 창조 세계의 비옥함과 인간 노동의 생산성으로 우리가 즐길 수 있는 물품들, 곧 빵과 포도주를 함께 먹음으로 하나님께 예배를 드린다.

경축이라는 개념은, 안식이 힘겨운 삶에서 머리를 식히는 것이 아님을 강조한다. 안식은 **몰입**에 더 가깝다. 우리가 잘 쉬고 있다면, 하나님의 선하심과 하나님이 만드신 모든 것의 선함에 몰두하게 된다. 경축하는 안식은 근본적으로 **도구 역할을 하지 않는다**. 그것은 다른 피조물, 우리 자신, 그리고 하나님과 관계 맺는 다른 방식이다. 신학자 위르겐 몰트만은 안식에 대해 이렇게 말한다.

> 이를 통해 세상에 대한 시각이 바뀐다. 우리는 만물을 더 이상 유용성과 실용 가치로 평가하지 않는다.…만물이, 이유나 목적 없이 그저 즐거워하며 창조 때의 아름다움을 드러낸다. 우리가 더 이상 유용성과 실용적 가치의 기준으로 저울질하지 않을 때, 세상은 더 사랑스러워질 것이다. 그러면 우리 또한 육체와 영혼으로 이루어진 우리 자신을 하나님의 창조물로, 땅에 있는 그분의 형상으로 알게 될 것이다. 유용성이 전혀 없어도, 전혀 쓸모가 없어도, 우리는 온전히 그곳에 있고, 하나님의 빛나는 얼굴의 광채 가운데서 자신을 알게 된다. 삶의 의미와 우리의 유용성에 관한 두려운 질문은 사라진다. 존재 자체가 선하며, 이곳에 있는 것이 영광스럽다.[2]

이렇게 어떤 도구가 아닌 몰입하고 경축하는 안식에서, 잘 이끄는 삶, 잘 풀리는 삶, 기분 좋은 삶이 만난다. 우리는 다가올 세상에서 누릴 기쁨을 기대하며 지금 이곳의 선을 즐긴다.

일과 안식 둘 다 인간 번영에 필수적이므로, 우리는 공정하고 건강하게 일과 안식을 지지하는 사회적 장치를 권장해야 한다.

- **사람들은 필요할 때 일자리를 얻을 수 있어야 한다.** 일의 주요한 목적 가운데 하나가 삶의 기본적 필요를 공급하는 것이다. 필요한 모든 것을 자급자족하기란 거의 불가능하다. 현대 경제에서 필요한 것들 대부분을 얻으려면 돈이 필요하다. 따라서 일할 수 있는 사람이 급여를 받는 일자리를 얻을 수 있는 것은 번영의 중요한 필요조건이다. 어쩌면 경제 정책은, 고도 경제 성장을 희생해서라도 일자리를 얻을 수 있게 하는 것에 우선순위를 두어야 한다.
- **어떤 일자리든 다 유용한 것은 아니다.** 일은 의미 있어야 하고, 가능하면 즐거워야 한다. 일의 의미와 관련해서는 두 가지 문제가 있는데, 각기 다른 해결책을 요한다. 우선, 사회적으로 필요하고 의미 있는 수많은 직업이 무의미하고 힘들고 단조로운 일로 폄하되고 있다(청소와 관리 업무를 생각해 보라).[3] 우리는 그런 일들이 중요하다는 인식을 함양하고 더 나은 보수를 지불함으로써, 이런 직업 유형의 가치를 높여야 한다. 둘째로, 어떤 직업은 실제로 도덕적으로 용납할 수 없거나 의미가 없다. 어떤 직업은 어쩔 수 없이 진정한 선을 일그러뜨린다(예를 들어, 매춘). 또 어떤 직업은 악을 범하게 하거나 지지하게 한다(예를 들어, 어떤 전쟁에 참여할지 말지 결정권이 없는 군대에서 군인이 되는 것). 또 어떤 직업의 경우, 필요한 기술이 너무 한정되어 있어서 그 일을 하는 사람들이 실제로 기계 취급을 받는다(예를 들어, 기능을 보유한 재단사의 일에 비해서, 공장에서 스웨터의 한 작은 부분

을 반복적으로 폐매는 일). 이 모든 경우에, 우리는 어떤 직업은 없애거나 또 다른 직업은 더 의미 있게 만들려고 노력해야 한다.
- 직장에서는 노동자들이 적정한 임금을 받아야 한다. 이는 생존과 번영을 위한 수단을 제공해야 하는 일의 목적 때문이다. 사람들이 일을 하고 나서도 그러한 수단을 충분히 얻을 수 없다는 것은 일이 타락했다는 뜻이다. 일의 목적이 약화된 것이다.
- 보수를 받지 않는 일이 있음을 인식하고 이를 귀하게 여겨야 한다. 임금 수준이 한 사람의 일의 가치를 결정한다는 널리 퍼진 인식은 아주 잘못된 것이다. 경제 성장을 촉진하거나 돈을 버는 것보다는, 부의 창출(4장에서 묘사한 의미에서)에 더 가치를 두는 것이 도움이 될 것이다. 부의 창출이라는 견지에서 보면, 예를 들어 아이를 돌보는 일이 임금을 받지 못한다는 이유로 무시당하지 않아야 한다.
- 모든 노동자가 안식의 기회를 가지도록 보장해야 한다. 누구도 일주일에 7일을 일해서는 안 되며, 단지 기본적 필요를 채우는 정도의 돈을 벌기 위해 다중 교대 체제로 일해서는 안 된다. 모든 노동자는 직장을 잃을 위험이나 살아남기에 충분한 수입을 얻지 못할 걱정은 던 채로, 활기를 되찾고 경축하기 위해 일터에서 떠날 시간을 가질 수 있어야 한다.
- 진정한 안식이 있어야 할 자리에 아주 지루한 가짜 여가를 퍼뜨리는 문화적 추세에 저항해야 한다. 엔터테인먼트 산업의 거대 기업 대부분은 오락을 판매한다. 이는 최악의 경우 하나님과 창조 세계를 경축하는 일을 도와주지 못하는 것은 물론, 활기를 되찾아 주지도 못한다. 오락에 익숙하고 종종 탐닉하기까지 하는 우리에게 처음에

는 진정한 안식이 힘들게 느껴질 수 있지만, 결국 그것이 우리의 번 영에 기여할 것이다.

더 토론할 내용

일과 안식이라는 이슈에 관해 숙고할 때, 다음의 질문들이 중요한 토론 주제다.

- 사람들이 의미 있는 일거리를 가지려면 어떤 경제, 문화, 정치적 조건이 요구되며, 이러한 조건들을 조성하고 유지할 책임은 주로 누구에게 있는가? 대부분 경험적 문제지만, 확고한 대답을 얻기는 어렵다. 또 세계화된 시장경제가 정치적 행동에 어떤 제약을 가하는지 주의를 기울이는 일이 특히 중요한 분야다. 우리는 어떤 일을 해야 하느냐만이 아니라, 누가 무엇을 할 수 있고 해야 하는지 논의해야 한다.
- 어떻게 하면 실업 및 불완전 고용과 가장 잘 싸울 수 있을까? 현재의 경제 상태와 앞으로의 경제 발전을 고려할 때, 어떻게 충분한 임금을 지급하는 직장들이 늘어나도록 할 수 있을까?
- 어떤 종류의 일이 의미 있는가? 인간으로서의 품위를 본질적으로 떨어뜨리는 일은 어떤 종류인가? 분명 사려 깊은 숙고와 토론이 필요한 여러 경우가 있을 것이다. 대부분의 교회 역사에서, 은행원이 되는 것은 비도덕적이며 본질적으로 인간으로서의 품위를 떨어뜨리는 일이라 여겨졌다. 지금은 그러한 판단이 변화되었고 마땅히 그래야 한다. 그러나 어떤 경우든, 왜 어떤 일이 의미 있을 가능성이 있

는지 분명히 설명할 수 있어야 한다. 혹은 상황이 요구할 때, 어떤 형태의 노동은 인간이 할 바람직한 일이 아닐 수 있다는 판단을 할 수 있어야 한다. 시장에 이 책임을 떠넘겨서는 안 된다. 당신이 어떤 일로 생계를 꾸려 갈 수 있다고 해서, 누구든 그 일로 생계를 꾸려 가야 하는 것은 아니다.
- 어느 정도의 시간 동안 일에서 떠나야 충분한 안식의 기회가 되는가? 어떻게 안식을 귀하게 여기는 문화를 조성할 수 있을까? 미국에서 특히 중요한 질문이다. 미국은 상근 직원의 주당 평균 근로 시간이 47시간이고, 법이 보장하는 무급 휴가가 있으며, 민간 부분 근로자의 4분의 1 이상이 유급 휴가를 받지 못한다.[4]

더 깊은 논의를 위한 자료
입문

Berry, Wendell. "Going to Work." In *Citizenship Papers*, pp. 33-41. Washington, DC: Shoemaker & Hoard, 2003. 베리는 일을 인간의 필요와 지역 및 생태 환경과 관련지으면서, 그 과정에서 현대의 '과학적' 일에 대한 예리한 신학적·철학적 비판을 제공한다.

Jensen, David H. *Responsive Labor: A Theology of Work*. Louisville: Westminster John Knox, 2006. 젠슨은 인간의 일이 삼위일체 하나님의 일에 대한 응답으로 이해되어야 한다고 주장하면서, 이러한 신학적 설명을 활용하여 현대 사회의 과로와 불완전 고용의 대안을 제시한다.

John Paul II, Pope. *Laborem exercens: On Human Work*. 1981. http://w2.vatican.va/content/john-paul-ii/en/encyclicals/documents/hfjpii_enc_14091981_laborem-exercens.html. 이 중요한 교황 회칙은 노동을 '사회 문제에 대한 열쇠'로 다룬다.

Witherington, Ben, III. *Work: A Kingdom Perspective on Labor*. Grand Rapids: Eerdmans, 2011. 『평일의 예배, 노동』(넥서스Cross). 노동과 고용에 대해 신학적으로 생각하는 데 유용한, 이해하기 쉬운 책이다.

심화

Hauerwas, Stanley. "Work as Co-Creation: A Critique of a Remarkably Bad Idea." In *In Good Company: The Church as Polis*, pp. 109-124. Notre Dame, IN: University of Notre Dame Press, 1995. 하우어워스는 *Laborem exercens*에 신학적 비판을 제기하며, 인간의 삶에서 일의 위치에 대한 대안적 시각을 내놓는다.

Hughes, John. *The End of Work: Theological Critiques of Capitalism*. Malden, MA: Blackwell, 2007. 이 책은 현대 사회에서 노동을 실용성 위주로 축소시킨 것을 비판하며, 노동은 하나님의 일에 참여하는 것이라는 비전을 제시한다.

Meilaender, Gilbert C., ed. *Working: Its Meaning and Its Limits*. Notre Dame, IN: University of Notre Dame Press, 2000. 주로 성경과 신학자들과 철학자들에게서 얻어 낸, 일의 의미와 안식의 중요성에 관한 중요한 글 모음이다.

Volf, Miroslav. *Work in the Spirit: Toward a Theology of Work*. New York: Oxford University Press, 1991. 미로슬라브는 우리 각자가 하는 특정한 일을 새 창조의 시각에서 성령의 은사로 제시하며, 이 신학을 근

거로 노동자들의 소외, 실업, 노동 환경의 질적 저하를 포함한 현대 노동의 이슈들을 다룬다.

* 그 밖의 참고 자료

김영선, 『잃어버린 10일』(이학사). 저자의 박사 학위 논문으로, 한국의 경영 담론이 변화되는 과정에서 일어난 휴가 개념의 변화를 분석했다. 한국의 노동 문화를 비판적으로 조망하는 데 유용하다.

댄 알렌더, 『안식』(IVP). 안식일은 하나님을 기쁨으로 경험하는, 우리 생애 최고의 시간임을 주장한다.

마르바 던, 『안식』(IVP). 성경에서 끌어낸 안식의 풍성한 의미(그침, 쉼, 받아들임, 향연)를 저자 자신의 경험에서 실험해 보고, 이를 바탕으로 다시 신자의 삶의 정황 속에 적용하는 구체적 지침을 제시한다.

벤 패터슨, 『일과 예배』(IVP). 노동과 예배는 모두 하나님을 섬기는 동일한 제사임을 말하며, 직업과 소명, 안식일, 성례, 성육신 등 일과 예배와 관련된 다양한 주제들을 쉽고 재미있게 다룬 기본서다.

아브라함 요수아 헤셸, 『안식』(복있는사람). 생산과 소유만을 미덕으로 삼는 현대 문명을 비판하며, 안식일의 중요성을 다시 일깨워 주는 고전이다.

오마에 겐이치, 『OFF학』(에버리치홀딩스). '잘 노는 법'을 가르쳐 주는 아주 효율적 매뉴얼이다.

월터 브루그만, 『안식일은 저항이다』(복있는사람). 성경적 안식 개념은 타락한 노동과 소비 체계 위에 구성된 사회에 대한 저항일 수밖에 없음을 보여 준다.

폴 라파르그, 『게으를 수 있는 권리』(새물결). 저자는 노동권을 넘어 안식권을 강조한다. 안식일 규례를 세속적으로 해석하는, 얇지만 혁명적인 책이다.

8
가난

하나님은 모든 인간이 창조 세계의 온갖 좋은 것들을 즐기게 하셨으므로, 누구도 자기가 원치 않는 가난의 삶을 살지 않기를 바라신다. 가난한 이들, 무엇보다 충분한 음식이나 주거지가 없는 이들은 특별한 보살핌을 받아야 한다. 우리의 공적 참여의 가장 큰 목적은 누구도 극빈 상태에서 살지 않도록 보장하는 것이어야 한다.

전 세계적으로, 8억 500만 명이 건강한 삶을 살 만한 충분한 음식을 먹지 못한다. 비타민A 결핍만으로도 매년 전 세계 300만 명이나 되는 아이들이 죽음에 이른다. 가난은 전 세계적 문제지만, 심지어 가장 부유한 나라에도 가난한 이들이 살고 있다. 미국인 4,500만 명가량이 빈곤선 아래의 삶을 살며, 미국 가정의 14퍼센트는 식량 공급이 안정적이지 못하다.[1]

앞서 4장에서 죄가 개인과 사회의 부 개념과 부를 창출하려는 노력을 왜곡시킨 몇 가지 경우들을 언급했다. 성경은 가난한 이들에 대한 학대를 비롯한 왜곡들을 단연코 높은 빈도로 다룬다. 예를 들어,

하나님은 아모스 예언자를 통하여 권력자들을 공격적으로 심하게 책망하신다.

> 가난한 자를 삼키며
> 　땅의 힘없는 자를 망하게 하려는 자들아 이 말을 들으라.
> 너희가 이르기를 월삭이 언제 지나서
> 　우리가 곡식을 팔며
> 안식일이 언제 지나서
> 　우리가 밀을 내게 할꼬?
> 에바를 작게 하고 세겔을 크게 하여
> 　거짓 저울로 속이며
> 은으로 힘없는 자를 사며
> 　신 한 켤레로 가난한 자를 사며
> 　찌꺼기 밀을 팔자 하는도다.
> 여호와께서 야곱의 영광을 두고 맹세하시되
> 내가 그들의 모든 행위를 절대로 잊지 아니하리라 하셨나니
> 이로 말미암아 땅이 떨지 않겠으며
> 　그 가운데 모든 주민이 애통하지 않겠느냐? (암 8:4-8)

또 다른 구절에서는 일부 유대인들이 여호와께 불평한다. "주님께서 보시지도 않는데, 우리가 무엇 때문에 금식을 합니까? 주님께서 알아 주시지도 않는데, 우리가 무엇 때문에 고행을 하겠습니까?" 하나님은 이렇게 대답하신다. "너희들이 금식하는 날, 너희 자신의 향락

만을 찾고, 일꾼들에게는 무리하게 일을 시킨다"(사 58:3, 새번역). 구약 성경에는 이런 구절들이 끊임없이 되풀이된다.² 요점은 명백하다. 가난한 자들을 무시하고 압제하는 것은 심각한 범법 행위라는 것이다. 실제로, 그것은 하나님에 대한 무례다. "가난한 사람을 학대하는 자는 그를 지으시는 이를 멸시하는 자요"(잠 14:31). 하나님은 부자든 가난한 자든 모든 인간의 창조주이실 뿐 아니라, 가난하고 연약한 이들에게 특별히 관심이 있으시다. 하나님은 그들의 "피난처"시다(시 14:6). 그들의 피는 하나님의 눈앞에서 "존귀"하다(시 72:14). 그들의 송사는 하나님의 송사다(시 140:12).

하나님이 가난한 이들을 특별히 보살피시는 모습은 성육신에서 절정에 이른다. 복음의 뚜렷한 특성은, **가난한 자들을 향한 좋은 소식이**라는 것이다(눅 4:17-20). 가난한 자들이 어떤 이들인지는 이어 나오는 구절에 예로 제시되어 있다. 요한의 제자들이 예수님이 메시아이신지 물었을 때 예수님은 증거를 가리키셨다. "너희가 가서 듣고 보는 것을 요한에게 알리되 맹인이 보며 못 걷는 사람이 걸으며 나병환자가 깨끗함을 받으며 못 듣는 자가 들으며 죽은 자가 살아나며 **가난한 자에게 복음이 전파된다** 하라"(마 11:4-5, 저자 강조). 하나님의 구원 사역은 우리 모두를 위한 것이다. 심지어 부자들을 위한 것이기도 하다. 부자들은 하나님께 회심할 뿐 아니라 가난한 이들에 대해서도 회심해야 하지만 말이다(막 10:17-27). 하나님은 부자든 가난하든 그 중간이든 우리 모두가 공유하는 인간 본성을 취하셨지만, 하나님이 취하신 특별한 인간 삶은 왕이나 부유한 지주의 삶이 **아니라** 어느 제국의 속국에서 태어난 작은 마을의 기능공이었다. 따라서 예수님이 가난한 이들에 대한 처우를 자신에 대한 처우와 동일시하신 것은 어울리는 일이었다. "너희가 여기 내 형제 중에서 지극히 작은 자 하나에게 한 것이…"(마 25:40). 교황 베네딕토 16세의 아름다운 어구는 이 주제에 관한 성경 전체의 메시지를 잘 요약해 준다. 이스라엘의 가난한 자들과 일반적으로 가난한 자들이 '하나님의 첫사랑'이다.[3]

초기 교회는 가난한 자들을 보살피는 것으로 잘 알려져 있었다. 몇몇 교회 지도자들은 여분의 물질 재화를 가난한 자들에게 주지 않는 것을 강도짓에 버금가는 일로 여겼다. 요하네스 크리소스토무스(John Chrysostom)는 이렇게 말했다. "부자는 가난한 자들에게 나누어 주어야 할 의무가 있는, 일종의 돈의 청지기다. 부자는 가난한 동료 종들에게 그 돈을 나누어 주라는 명령을 받았다."[4] 이런 재화들을 나누어 주려 하지 않는 것은, 자기 소유로 '정해지지' 않은 것을 붙잡고 있는 것이다. 카이사레아의 바실리우스(Basil of Caesarea)는 함축된 의미를 생생하게 끌어낸다.

> 누군가가 어떤 사람의 옷을 벗기면 우리는 그 사람을 도둑이라 부른다. 그러면 벌거벗은 사람에게 옷을 입힐 수 있는데 그렇게 하지 않는 사람도 그렇게 불러야 하지 않겠는가? 당신의 풍성한 식탁 위의 빵은 굶주린 자들의 것이고, 당신 옷장의 겉옷은 벌거벗은 이들의 것이다. 당신이 썩히고 있는 신발은 맨발로 다니는 이들의 것이며, 당신의 금고에 있는 돈은 궁핍한 이들의 것이다. 당신이 도울 수 있는데 하지 않는다면, 이 모든 이들에게 악을 행하는 것이다.[5]

궁핍한 이들을 도우려 하지 않는 부자 개인이 도둑이라면, 그러한 행동을 용납하고 지지하는 사회는 적극적 공범임에 틀림없다.

성경과 기독교 전통은 분명히 말한다. 비자발적 가난을 없애려 하지 않는다면, 가난한 자든 부자든 번영할 수 없다고 말이다. 가난한 이들이 번영할 수 없는 까닭은 절망적인 가난의 노예가 된다면 삶이 잘 풀릴 수 없기 때문이고, 부자들이 번영할 수 없는 까닭은 다른 사람들의 삶이 잘 풀리도록 가난을 완화시키지 않으면 삶을 잘 이끌 수 없기 때문이다. 그런데 누가 '가난한 자들'이며 가난이 무엇인지는 아마도 덜 명백한 것 같다. 오늘날 가난에 대한 가장 일반적 이해는 극도로 낮은 소득이다. 세계은행에 따르면, 한 사람의 하루 소득이 1.25달러 이하인 경우가 극심한 가난이다. 2011년에는 전 세계 10억 명이 이에 해당되었다.[6] (잠시 이에 대해 생각해 보라. 10억이란, 북미와 서유럽 인구 전체를 합한 정도다.) 소득을 기준으로 가난을 정의하면 직관적으로 이해할 수 있다. 현대 경제학에서 돈은 재화와 서비스를 얻을 수 있게 해 주며, 소득은 돈을 획득하는 것이다. 그러나 수입에 초점을 맞추는 것으로는 충분하지 않다. 우리는 적어도 두 가지 면에서 가난에 대한 이해를 넓혀야 한다.

첫째로, 소득만이 아니라 **자산**이 중요하다. 소득은 일을 하고 나서 받거나 선물로 받는 돈이다. 전통적으로 자산은 집이나 땅, 주식처럼 금전적 가치가 있는 재산이다. 이러한 자산은 사용 가능한 재화(머물 장소, 먹을 곡식)를 만들어 내거나, 금전적 가치를 생성하여 소득으로 변환(주식을 통한 자본 이익)될 수 있다. 자산과 흡사한 것이 인적 자본, 건강과 같은 재산, 전문 기술과 회복력 같은 무형 자원이다. 자산과 인적 자본은 소득보다 안정적인 경향이 있기 때문에 중요하다. 이는 예측할 수 없는 상황과 불공정한 대우에 대한 취약성이 적다. 만약 집이 완전히 당신 소유라면, 소득이 낮은 시기에도 노숙자가 되지 않고 버틸 수 있다. 만약 당신이 읽을 수 있다면, 부패한 관료가 당신을 이용해 먹기가 더 어렵다. 자산과 인적 자본의 결핍이 가난의 중요한 요소인 것을 고려한다면, 오늘날 세상은 소득 하나만 볼 때보다 가난으로 인해 훨씬 더 괴로움을 당하고 있다. 자산 빈곤에 대한 연구는 비교적 최근에 생겨났으며, 그 주제에 관한 신뢰할 만한 통계자료는 아주 빈약하다. 그러나 스위스 은행의 아주 보수적 추산에 따르면, 2015년에 성인 14억 명 이상이 987달러 미만을 소유했고, 4억 770만 명이 132달러 미만을 소유했다. 이 수치는 자산 빈곤 가정의 수백만 명의 아이들을 포함하고 있지 않다.[7] 게다가 전 세계 자산 불균형은 소득 불균형보다 훨씬 더 확연하다. 2015년 세계 인구의 최상위 1퍼센트가 전 세계 재산의 50퍼센트를 소유한 반면, 하위 70퍼센트의 소유는 3퍼센트 미만이었다.[8]

둘째로, 가난은 **사회적 지위**와 관련이 있다. 최초의 자본주의 이론가인 애덤 스미스(Adam Smith)는 가난의 문화적 차원을 인지했다. 그는 필요품('생필품')과 사치품을 구분하며 이렇게 썼다.

내 생각에, 생필품이란 생명 유지에 반드시 필요한 물품뿐 아니라, 그 나라 관습상 최하위 계층이라도 신용이 있는 사람이라면 없으면 꼴불견인 물품도 포함된다. 예를 들어, 리넨 셔츠는 엄밀히 말해서 생필품이 아니다. 그리스인과 로마인은 리넨 셔츠가 없어도 아무 문제가 없다. 그러나 현재

유럽 대부분의 나라에서, 신뢰받는 일용직 근로자는 리넨 셔츠를 입지 않고 공공장소에 나오는 것을 부끄럽게 여길 것이다. 리넨 셔츠가 없다는 것은 아주 불명예스러운 가난에 처했다는 뜻이기 때문이다. 아주 행실이 나쁘지 않고는 누구도 그런 상태까지는 빠지지 않으리라 여겨진다.[9]

스미스의 관찰이 보여 주듯이, 가난의 문화적 차원은 물질적 차원과 얽혀 있다. 우리가 구매하고 사용하는 물품들에는 사회적 의미가 많이 담겨 있다.[10] 또 사회적 의미는 경제와 문화에 따라 변화한다. 분명, 리넨 셔츠는 한 남자가 사회적으로 존중받을 수 있는 기본 기준을 충족시켰다는 의미였다. 그러나 지금은 격식을 차리지 않는다는 분명한 의사 표현이거나, 예외적으로 열에 민감함을 나타낼 가능성이 더 크다. 어떤 사람들은 소득이 빈곤 수준인 미국인들의 상당수가 텔레비전을 소유하고 있다는 사실을 들어, 미국에서 가난하다고 '추정되는' 이들도 사치품에 쓸 만큼의 돈이 있음을 '증명'하려 했다. 그러나 이들은 미국인의 삶에서 텔레비전이 차지하는 중요한 사회적 의미를 무시했다. 한 사회가 텔레비전 소유를 사회에서 존중받는 전제 조건으로 보는 일이 좋으냐 그렇지 않으냐를 떠나서, 오늘날 (적어도 미국에서는) 가난한 이들에게 관심을 가지려면 실제로 그들이 가난함을 인정해야 한다.

이 모든 생각을 종합하면, 비자발적 가난은 **물질적 재화, 정신적 역량, 기본 기술, 번영에 필수적인 사회적 지위를 누리지 못하는 것**이다. 우리는 개인적으로도 사회적으로도 그러한 가난을 없애려고 노력해야 한다. 여기서는 가난에 대한 이런 시각을 염두에 두고, 우리의 공적 참여에 영향을 미쳐야 하는 몇 가지 중요한 관심사를 강조하려 한다.

- 거의 '중산층'의 복지에만 집중하는 정치적 토론은 받아들일 수 없다. 주요한 캠페인과 공개 토론회에서 가난이 거의 주목받지 못한다는 것은, 오늘날 미국에서 대부분의 정치적 담화가 얼마나 망가졌는지 보여 주는 증거다. 정치인들은 자신들의 전략이 중산층에게 유익하다고 다수를 확신시킬 수 있어야 당선될 수 있다고 생각한다. 중산층에게는 가난을 완화하는 일이 중요하지 않은 것이다.

- 가난을 해소하는 데는 '트리클 다운'(trickle-down, 대기업의 성장을 촉진하면 덩달아 중소기업과 소비자에게도 혜택이 돌아가 총체적으로 경기가 활성화된다는 경제 이론으로 '낙수 효과'라고도 한다 – 옮긴이) **접근법으로는 충분하지 않다.** 경제 성장이라는 목표를 추구하면 가난을 줄이는 긍정적 효과를 얻을 수 있다고 주장하며 그것을 추구하는 것으로는 충분하지 않다. 필요한 것은 **적극적 관심**이다. 가난한 이들의 필요를 채우는 것 자체가 목표가 되어야 한다. 우리는 특정한 일련의 정책들이 가난을 줄일 가능성이 높음을 보여 줄 수 있어야 한다. 경제 성장을 강조한다고 반드시 가난이 감소하는 것은 아니다. 예를 들어, 1982년부터 지금까지 (실제 GDP로 측정한) 미국 경제는 150퍼센트 이상 성장했다.[11] 반면 빈곤율은 사실상 여전히 변하지 않았다(1982년에 15퍼센트, 2013년에 14.5퍼센트).[12]

- **가난을 해소하는 정책과 프로그램은 단순한 소득 증가를 넘어서야 한다.** 이런 정책들은 '자산 격차'와 가난한 이들의 사회적 소외도 다루어야 한다. 우리의 공적 참여는 모든 시민의 유대 관계 구축을 지원해야 한다. 이러한 관계는 사회적 부의 한 형태이며, 이로 인해 재정적 빈곤을 줄이는 기회가 더 많아질 것이다.

- 가난한 자들이 사회의 보살핌과 지원을 '받아 마땅한지'에 초점을 맞추는 일이나, 구체적으로 어떤 가난한 사람들이 그런 지원을 '받아 마땅한지' 구분하려는 것은, 아무리 낙관적으로 봐도 집중을 방해하는 행위이며, 최악의 경우에는 가난을 없애기 위해 싸우라는 하나님의 부르심을 회피한다는 비난을 받을 일이다. 크리소스토무스가 말했듯이, "가난한 자들은 자신이 곤궁하고 궁핍하다고 애원한다. 그에게 다른 어떤 것도 요구하지 마라. 설령 가장 악한 사람이라도, 필요한 양식을 구하느라 동분서주하고 있다면 그를 굶주림에서 해방시켜 주자."[13] 특히 '개인적 책임'의 윤리가 정치 문화의 아주 주요한 요소인 미국에서, 받을 만한 가치가 있느냐 없느냐에 상관없이 가난한 이들을 지원하는 일은 아주 심란한 일일 수 있다. 그러나 그것이 복음이 요구하는 바다(마 5:45을 보라).

더 토론할 내용

기독교적 관점에서 보면, 우리 사회가 가난한 이들을 돌보아야 한다는 점에는 논의의 여지가 없다. 그럼에도 불구하고, 가난과 싸우는 일과 관련하여 그리스도인들이 논의할 수 있고 해야 하는 몇 가지 질문이 있다. 특히 두 가지가 중요해 보인다.

- **가난을 해소하고 가난한 이들을 잘 돌보는 일에서 정부, 시민 단체, 종교 공동체, 개인의 적절한 역할은 무엇인가?** 가난 해소의 부담들을 나누는 다양한 방법과 관련하여 균형을 잡는 복잡한 과정이 있을 것 같다. 이 질문에 어떻게 최선의 답을 하느냐는 경험적 연구의

문제만이 아니라 실제적 지혜의 문제다.

* 어떤 거시 경제적 조건이 사람들을 가난에서 벗어나게 하는 데 가장 도움이 되며, 어떤 구체적 정책이 가난한 이들에게 가장 유익할까? 트리클 다운 접근법 말고도 여전히 많은 대안들이 있는데, 그 가운데 가장 효과적인 대안을 확실하게 주장할 경험적 증거가 부족하다.[14]

더 깊은 논의를 위한 자료
입문

Clark, Meghan. "An Option That's Not Optional: The Preferential Option for the Poor." *Catholic Moral Theology*, April 7, 2013. http://catholicmoraltheology.com/an-option-thats-not-optional-the-preferential-option-for-the-poor/. 클라크는 가난한 자들에게 우선권을 두는 대안과, 그것이 그리스도인들에게 의미하는 바를 명확하고 간결하게 설명해 준다. (또한 같은 사이트에 있는 클라크의 "Missing the Point on Poverty"도 보라. 여기서 저자는 우리가 가난에 관해 이야기할 때 진짜 사람에 관해 이야기하고 있음을 상기시켜 준다.)

King, Martin Luther, Jr. "Remaining Awake through a Great Revolution." In *A Testament of Hope: The Essential Writings of Martin Luther King, Jr.*, pp. 268-278. San Francisco: Harper & Row, 1986. 킹은 생애 마지막으로 한 이 설교에서, 미국이 진정으로 가난을 해소하려면 미국의 풍부한 재산을 사용해야 한다는 사실에 직면하게 한다.

Milbank, John. "The Poor Are Us: Poverty and Mutual Fairness." *ABC*

Religion and Ethics, November 23, 2010. http://www.abc.net.au/religion/articles/2010/11/22/3073193.htm. 밀뱅크는 기독교 전통에 의지하여, 우파뿐 아니라 좌파에게도 널리 퍼진, 가난한 이들은 우리가 아니라는 전제에 이의를 제기한다.

Smiley, Tavis, and Cornel West. *The Rich and the Rest of Us: A Poverty Manifesto*. New York: Smiley Books, 2012. 『1퍼센트의 부자들과 99퍼센트의 우리들』(소담출판사). 우리 시대의 가난에 관한 정보와 이야기들이 담긴 이 소중한 자료는, '가난을 변화시키는 아이디어' 열두 가지도 제안한다.

심화

Bailey, James P. *Rethinking Poverty: Income, Assets, and the Catholic Social Justice Tradition*. Notre Dame, IN: University of Notre Dame Press, 2010. 베일리는 가톨릭의 사회적 가르침, 발전에 대한 역량 중심적 접근, 최근의 사회과학을 바탕으로, 소득 패러다임보다는 자산 패러다임에서 가난과 훨씬 더 효과적으로 싸울 수 있다고 주장한다.

Bounds, Elizabeth M., Pamela K. Brubaker, and Mary E. Hobgood. *Welfare Policy: Feminist Critiques*. Cleveland: Pilgrim, 1999. 빈곤에 대한 복지 정책의 영향을 숙고하는 데 아주 적절한 이 자료는, 그 정책들과 더 큰 경제 동향의 관계도 성찰한다.

Sobrino, Jon. *The Eye of the Needle: No Salvation outside the Poor: A Prophetic-Utopian Essay*. London: Darton, Longman & Todd, 2008. 가난한 자들에게 헌신한다는 이유로 암살 대상이 되었던 남미 신학자

소브리노는, 가난한 자들의 시각에서 경제와 정치 질서에 대해 급진적으로 비판한다. 그는 가난한 이들로부터 새로운 삶의 방식을 받아들이지 않고는, 사회적 혹은 역사적 구원이 있을 수 없다고 주장한다.

United States Catholic Bishops. "Economic Justice for All: Pastoral Letter on Catholic Social Teaching and the U.S. Economy." November 1986. http://www.usccb.org/upload/economicjustice_for_all.pdf. 미국의 주교들은, 경제는 인간의 존엄성, 특히 가난한 이들의 존엄성을 높이는 데 기여해야 한다고 주장한다. 또 이는 물질적 충족, 고용, 의료 같은 기본적 경제권을 포함한다고 주장한다.

∗ 그 밖의 참고 자료

김상연, 이두걸, 유대근, 송수연, 『대한민국 빈부 리포트』. 한국의 현재 빈부 격차에 대한 생생한 소개를 통해, 이미 계급 상승의 통로가 막힌 한국 사회를 보여 준다.

게리 하우겐, 빅터 부트로스, 『폭력 국가』(옐로브릭). 저자들은 경제적 불균형의 시대에서 가장 시급한 것은 식량 공급이 아니라 구조적이고 일상적으로 일어나는 약탈적 폭력, 즉 가난을 막을 법 제정과 법체계 확립이라는 도전적 주장을 한다.

로널드 사이더, 『가난한 시대를 사는 부유한 그리스도인』. 가난의 현실과 원인, 해결을 위한 제안을 조리 있게 제시한다.

마이크 데이비스, 『슬럼, 지구를 뒤덮다』(돌베개). 슬럼의 확대가 신자유주의 세계화가 치러야 하는 피치 못할 대가임을 날카롭고 절절하게 기술한다.

존 스토트, 『현대 사회 문제와 그리스도인의 책임』 11장 '경제적 불균형'. 저자는 빈곤을 경험적, 정서적, 성경적 차원에서 접근해, 가난한 이들이란 누구이며, 가난한 이들을 위한 복음은 어떤 것이고, 부유한 그리스도인이 가져야 할 실천적 삶의 자세란 무엇인지를 다룬다.

크레이그 블롬버그, 『가난하게도 마옵시고 부하게도 마옵소서』(IVP). 가난한 자들의 필요는 늘어나는 반면 이들에 대한 사람들의 관심은 줄어드는 문제의식을 가지고, 성경 각 권의 역사적 배경, 문맥, 장르, 적용 등의 해석학적 쟁점들을 신중하게 살핀 성경 연구서다.

헨리 나우웬, 『예수님과 함께 걷는 삶』(IVP). 가난하고 고난받는 이들의 삶에 비추어 십자가의 길에 대해 묵상하는 가운데, 가난한 이들의 현실로 눈을 돌려 그 안에서 주님의 발자취를 만나게 해 준다.

/ 9

대출과 대부

개인과 국가는 모두 수입의 범위 내에서 살아야 하고, 합리적으로 갚을 수 있는 수준을 넘는 대출을 받아서는 안 된다. 또 가능한 한 너그럽고 책임감 있고 공정하게 돈을 빌려주어야 한다. 동시대 사람이든 후대 사람이든, 우리가 도를 넘거나 위험을 감수한 대가를 다른 이들에게 떠넘겨서는 안 된다. 또 다른 사람들을 불행하게 하면서 이익을 얻으려 해서도 안 되고, 다른 사람들의 필요보다 우리의 경제적 이득을 우선시해서도 안 된다. 우리는 우리보다 운이 좋지 않은 다른 이들에게 나누어 줄 수 있도록 저축해야 한다.

우리 대부분은 매일 무언가를 구입하며 신용카드를 사용한다. 엄밀히 따져 그러면서 돈을 빌리고 있다는 생각은 하지 않은 채 말이다. 2013년 4월부터 6월 사이에 새 차를 산 수천 명의 미국인 중 84.5퍼센트가 이런저런 융자를 받았다.[1] 아마 '현금'을 지불한 나머지 대부분도 이런저런 은행 계좌에서 자금을 빼냈을 것이다. 이런 예들이 보여 주듯, 대출과 대부 없이는 현대 생활과 현대 경제를 생각할 수 없다. 돈을 빌리고 빌려주는 현재의 여러 형태들은 거의 당연해 보이지만, 사실 그것은 변화하고 있는 인간의 발명품이다. 돈을 빌리고 빌려주는 과정은 유익하면서도(사회적 유대를 강화시키고 부를 생성한다는 점에서) 심한 결함이 있는 채로(약자를 착취하고 공동체 전체를 망친다는 점에서) 설계되고 시행되었다. 여기서의 주요 관심사는 왜곡된 대출과 대부다. 즉 빚이 인간의 번영을 증진시키는 도구에서 불행과 파멸의 근원으로 왜곡된 경우다.

1. **대부의 왜곡.** 성경에는 돈을 빌려주는 일이 왜곡되지 않도록 하기 위한 수많은 명령이 있다. 율법은 이스라엘 사람이 다른 이스라엘 사람에게 돈을 꾸어 줄 때 이자 받는 것을 금하며(신 23:19), 7년마다 빚을 면제해 주라고 요구한다(신 15:1). 신약성경에서 예수님은 "네게 구하는 자에게 주며 네게 꾸고자 하는 자에게 거절하지 말라"(마 5:42)라고 하시고, "너희는 원수를 사랑하고 선대하며 아무것도 바라지 말고 꾸어 주라"(눅 6:35)라고 하신다. 현대 독자들은 이런 명령들이 급진적이고 비현실적이라는 인상을 받을 것 같다. 그러나 용서하지 않은 종의 비유에 나타나 있듯(마 18:23-35), 그러한 명령들을 뒷받침하는 심오한 신학적 이유가 있다.[2] 우리는 모두 관대하신 하나님 앞에서 빚진 자들이다. 우리가 채무자들을 가혹하게 대한다면, 우리에게 보이신 하나님의 관대하심을 본받지 못하는 것이다. 출애굽 사건도 부채 노예에 관한 법에 논리적 근거를 제시해 준다. 즉 하나님이 이스라엘 백성을 이집트의 부채 노예 상태에서 구원하셨으므로, 그들이 돌아서서 부채를 이용하여 이웃을 노예로 삼아서는 안 된다.[3]

기독교 사상가들은 이러한 성경 자료를 기초로 수 세기 동안 고리대금이라는 폭력적인 대부를 비난했다. 초기에 몇몇 사람들은 어떤 이자든 이자를 받는 것이 잘못이라 여겼다. 그러다 시간이 지나면서,

이자를 받는 대부도 허용할 수 있으며, 부의 생성에 기여한다면 좋기까지 하다는 데 거의 동의하는 쪽으로 발전했다. 그럼에도 불구하고, 대다수 신학자들과 교회는 대부에 관한 상당한 규제는 그대로 남겨두었다. 그러나 모두 한 가지에는 동의했다. 곧, 돈을 빌려주는 일이 빌리는 사람이나 공동체 전체의 번영은 무시하고 개인의 이익만을 목표로 할 때, 또 특히 빌려주는 자들이 가난한 자들을 이용해 먹을 때 그것은 왜곡된다는 것이다. 경험을 통해, **빌리는 사람이 피해를 입을 가능성이 있는 식으로 돈을 빌려주어서는 안 된다**는 일반적 규칙이 생겨났다.

피해란 빚이 채무자의 삶을 심히 빈곤하게 만드는 것을 의미할 수 있다. 예를 들어, 어떤 사람은 빚을 갚기 위해 난방기를 **끄**거나 빚을 더 내는 일 사이에서 선택을 해야 한다. 혹은, 어떤 가난한 나라는 채권 때문에 교육과 연금과 기본적 공공 기반 시설을 위한 기금을 조성하지 못한다. 또한 피해는 빚으로 인해 채무자가 자기 삶을 잘 **이끄는** 일이 어려워지는 경우를 의미할 수 있다. 예를 들어, 어떤 사람은 빚을 다 갚으려고 적절한 정도 이상으로 일을 한 까닭에, 계속 지쳐서 아이들에게 무자비해진다. 또 수입을 더 올릴 가능성이 있으면 어디에서든 원칙을 무시하고, 시간이나 돈에 너그러워질 수가 없다. 혹은 끝이 없어 보이는 신용 거래 권유에 미혹된 대출자들은, 개인의 안락과 사회적 위신을 위해 실제 형편보다 더 큰 집과 더 멋진 차를 사고, 더 정교한 성형 수술을 하며, 사치품에 과도한 돈을 쓴다.

대출자가 삶을 잘 이끌지 못하게 대부를 해 주어서는 안 된다고 해서, 대출자의 책임을 부인하는 것은 아니다. 제멋대로가 아니라 책임 있게 빌리는 일은 사실 삶을 잘 이끄는 한 측면이다. 여기서 세분화된 사회에서 사는 우리가 잊기 쉬운 예수님의 가르침의 한 측면에 관심을 기울이게 된다. 그것은 곧, 우리는 우리 자신뿐 아니라 서로에 대해 책임이 있다는 것이다. "누구든지 나를 믿는 이 작은 자 중 하나를 실족하게 하면 차라리 연자 맷돌이 그 목에 달려서 깊은 바다에 빠뜨려지는 것이 나으니라. 실족하게 하는 일들이 있음으로 말미암아 세상에 화가 있도다! 실족하게 하는 일이 없을 수는 없으나 실족하게 하는 그 사람에게는 화가 있도다!"(마 18:6-7)

2. **대출의 왜곡.** 대출은 생산을 위한 투자나 기본적 필요의 충족이 아니라 불필요한 소비를 위해 일어날 때 왜곡된다. 대출의 사회적 유익은, 4장에서 논의한 종류의 부의 창출을 용이하게 한다는 점이다. 불필요한 소비재를 사기 위해 빚을 내도 경제 성장의 엔진은 계속 돌아가고 근근이 명맥은 이어 가겠지만, 그로 인해 진정한 부가 생성되지는 않는다. 물론 불필요한 재화가 무엇인지 결정하는 일은 쉽지 않고, 그것은 개인이 결정할 문제다. 그러나 소위 위치재라는 좋은 예가 있다. 위치재란 다른 사람들이 가지지 못하기 때문에 우리가 아주 귀하게 여기는 재화다. 표준형 애플 워치는 현재 가격이 349달러다. 결코 살 수 없는 시계는 아니다. 그러나 기능이 동일하지만 몸체가 18k 금으로 된 애플 워치는 가격이 1만 달러다. 이는 이 애플 워치를 착용한 사람이 다른 사람과 구별되도록 독점적으로 디자인한 위치재다. 만약 우리가 주로 우리의 부와 중요성을 과시하는 데 도움이 되는 물품들을 구매하며 빚의 늪에 빠지는 식으로 소비를 한다면, 사회적으로 우월하다는 속 빈 겉치레를 하려고 기만적 수단을 사용하는 것이며, 우

리 이웃에게도 그렇게 하라고 자극하는 것이다.

갚을 수 있는 수준 이상으로 빌릴 때도 대출의 왜곡이 일어난다. 이렇게 하면 부정직함이 습관이 되어 버리는데, 이는 거의 절도에 가까운 행동이다. 우리는 다른 사람 앞에서나 종종 우리 자신에게, 대금 결제일에 돈을 다 지불할 수 있는 척한다. (절박한 필요로 인해 갚을 수 있는 수준 이상의 대출을 한 경우, 왜곡은 빌리는 사람 편에 있다기보다는 갚을 수 있는 수준 이상으로 빌리는 것 외의 다른 수단으로는 그 필요를 해결하지 못하는 사회에 있다.) 국가가 갚을 수 있는 수준 이상의 대출을 한다면, 현재의 안락이라는 우상을 위해 우리 자녀들과 손주들의 복지를 희생시키는 셈이다. 그들은 빚을 갚지 않고 그로 인한 고통을 겪을지, 아니면 이자와 함께 상환을 할지 선택에 직면할 것이기 때문이다.

비생산적이고 갚을 수 있는 수준 이상의 대출을 하면 관대하게 살지 못한다. 시편 기자는 부당하게 빌리는 사람과 잘 나누어 주는 사람을 분명하게 대조시킨다. "악인은 꾸고 갚지 아니하나 의인은 은혜를 베풀고 주는도다"(시 37:21). 삶에서 번영을 누리는 사람은 풍족한 가운데서, 혹은 여유가 없는 상황일 때는 가진 것이 거의 없더라도 다른 사람과 나눈다[과부의 작지만 정성 어린 헌금을 기억하라(막 12:41-44)].

비생산적 채무가 누적되거나 갚을 수 있는 수준 이상으로 돈을 빌리게 되면, 아주 많은 돈을 갚아야 하므로 하나님이 우리에게 명하신 재화의 풍부한 순환에 참여할 자유를 잃게 된다.

관대하고 책임감 있고 올바른 대부와 대출에 관한 이러한 비전이 정치적으로 함의하는 바는 무엇인가?

- 가난한 사람들이나 긴박한 재정적 필요가 있는 이들에게 압도적 수수료에 고금리로 돈을 빌려주는 것은 혐오스러운 일이다. 이런 관행은 없애야 한다. 미국에는 저소득 대출자에게 연이율 320퍼센트로 수십 억을 빌려주는 단기 고금리 대부업자가 2만 명 넘게 있다.[4] 가난한 자들을 희생시켜 이익을 얻는 것은 잘못이다. 2013년에 1,100만 명 이상의 미국인이 병원비를 내기 위해 고금리 신용카드 빚을 떠안아야 했고, 170만 명이 병원비 빚 때문에 파산한 가정에서 살았다.[5] 질병이나 사고로 약해진 이들로 하여금 갚을 수 있는 수준 이상으로 돈을 빌리게 만드는 것은 옳지 않다. 단기 고금리 대출은 필요한 도움을 받지 못하면 상황이 더 나빠질 대출자들에게 필요한 도움을 준다고 주장하는 이들이 있을 것이다. 또 신용카드로 병원비를 내는 것이 치료를 받지 못하거나 바로 파산하는 것보다 낫다고 주장하는 이들도 있을 것이다. 오늘날 상황에서는 이 말이 옳을지도 모르지만, 가난한 이들과 병자들을 돌보아야 할 뿐 아니라('8. 가난'과 '12. 건강과 질병'을 보라) 관대하고 책임감 있고 올바른 대부를 해야 하는 그리스도인들의 의무를 고려한다면, 우리는 대안을 찾아야 한다. 사람들의 기본 필요를 충족시키는 문제라면, 빌려주기보다는 나누어 주어야 할 것이다.
- 감당할 수 없는 채무 부담을 진 저소득 국가들과 개인들을 위한 채무 탕감을 진지하게 고려해야 한다. 빚이 채무자에게 피해를 입히게 된다면, 조건을 다시 논의해야 한다. 가난한 이들을 보살피고 인류 번영을 증진시키라는 명령을 따르려면, 어떤 경우에는 돈을 빌려준 이들이 돌려받기를 단념해야 할 것이다.

- 차후 흑자에 대한 현실적 가능성이 없는데도 국가 부채를 늘리는 것은 무책임한 짓이다. 적절한 시점에, 모든 정치사회는 공공 서비스에 비용을 지불해야 한다. 이는 결국 세금 수준과 서비스 수준이 나란히 가야 한다는 의미다. 그렇게 하려 하지 않는 것은 우리 안락의 비용을 후손에게 떠맡기는 짓이다.

더 토론할 내용

건전한 대부와 대출의 틀 내에서, 적어도 중요하게 논의해야 할 네 영역이 있다.

- 가정과 기업과 국가에게 어느 정도의 부채와 어떤 부채가 책임 있는 수준인가? 어느 지점이 갚을 수 있는 수준 이상의 대출인가? 빚을 더 내는 것을 정당화해 주는 상황은 어떤 경우인가?
- 정확히 어떤 것이 탐욕스러운 대부 관행이며, 그것을 막는 최상의 접근법은 무엇인가? 여기서 이슈는, 대출자에게 정확히 어느 정도의 피해 위험이 용인되느냐에 있다.
- 경제적 자극을 위해 어느 정도의 부채가 용인되며, 그 부채는 무엇에 도움이 되어야 하는가? 불황일 때, 감세든 지출 계획이든, 성장을 일으키려는 시도는 보통 의도적인 정부 적자를 필요로 한다. GDP를 올리는 데 어느 정도의 부채는 너무 많은지, 또 아마도 더 중요하게는 그 돈을 어디에 써야 하는지는 논의의 주제다.
- 공공 정책이 부채를 줄이는 데 집중하기에 적당한 때는 언제인가? 문제는 어떤 재정 정책이 GDP 성장과 국가 부채를 낮추는 데 가장

도움이 되느냐만이 아니다. 우리는 무책임하거나 불공정한 부채 관행 없이는 GDP가 성장할 수 없는 상황을 해결해야 한다. 또 예를 들어, 늘어 가는 신용카드 부채나 교육 부채를 막는 대책을 강구하기에 좋은 때는 언제인가 하는 문제도 있다.

더 깊은 논의를 위한 자료

입문

Bretherton, Luke. "Neither a Borrower nor a Lender Be? Scripture, Usury and the Call for Responsible Lending", *Christian Ethics Today* 21 (2013): 3-7. http://christianethicstoday.com/wp/wp-content/uploads/2013/12/final-fall-edition-ce91.pdf. 브레더턴은 성경과 신학 전통 내에서 고리대금업을 검토하며, 대부와 대출이 상호 의존성, 협력, 상호 책임을 세우기도 하고 허물기도 하는 모습을 강조한다.

Kuttner, Robert. "The Debt We Shouldn't Pay." *New York Review of Books*, May 9, 2011. http://www.nybooks.com/articles/archives/2013/may/09/debt-we-shouldnt-pay/. 이 통찰력 있는 기사는 데이비드 그래버의 획기적인 책 *Debt: The First 5,000 Years* (Brooklyn, NY: Melville House, 2012)의 논의를 기초로, 파산과 채무 탕감을 둘러싼 정치적·도덕적 문제들을 다룬다.『부채, 그 첫 5,000년』(부글북스).

McCarthy, David Matzko. "Debts and Gifts." In *The Good Life: Genuine Christianity for the Middle Class*, pp. 104-107. Grand Rapids: Brazos, 2004. 매카시는 달란트 비유를 기초로, 자본 활용과 개인적 부채에 관한 짧은 성찰을 제시한다.

Welby, Justin. "Payday Loans: Archbishop's Speech in the House of Lords." June 20, 2013. http://www.archbishopofcanterbury.org/articles.php/5083/payday-loans-archbishops-speech-in-the-house-of-lords. 캔터베리의 대주교 저스틴 웰비는 고금리 단기 대부에 관한 도덕적 질문을 제기하며, 교회가 대안을 만들도록 길을 보여 준다.

심화

Bretherton, Luke. "'Love Your Enemies': Usury, Citizenship, and the Friend-Enemy Distinction." *Modern Theology* 37 (2011): 366-394. 브레더턴은 성경과 역사적 자료를 근거로, 고리대금업, 이자를 받고 대부해 주는 행위를, 원수를 사랑하라는 예수님의 명령의 견지에서 신학적 판단을 요구하는 정치적 행동으로 해석한다.

Hyman, Louis. *Borrow: The American Way of Debt? How Personal Credit Created the American Middle Class and Almost Bankrupted the Nation.* New York: Vintage, 2012. 미국의 부채에 관한 이 매력적인 역사는, 현대의 대부와 대출 관행의 장래성과 위험을 둘 다 보여 준다.

Veerkamp, Ton. "Judeo-Christian Tradition on Debt: Political, Not Just Ethical." *Ethics and International Affairs* 21 (2007): 167-188. 비어캠프는 율법과 구약성경의 정치적 관행을 기초로, 채무를 둘러싼 오늘날의 문제에 관한 통찰을 전개해 나간다.

* 그 밖의 참고 자료

「복음과 상황」 2012년 3월호 '빚으로 사는 인생'. 부채 문제에 대한 뚜렷한 해법은 없으나 빚의 수렁에 빠진 그리스도인과 교회 현실을 본격적으로 다룬다.

양희송, 『이매진 주빌리』(메디치미디어). 고대 이스라엘에서 행해졌던 희년 사상, 즉 안식년을 일곱 번 지나고 맞는 50년째 해에 행해졌던 부채 탕감과 노예 해방, 토지 반환이 지금도 가능함을 강력하게 도전한다.

제윤경, 『빚 권하는 사회, 빚 못 갚을 권리』(책담). 금융 자본주의에 대해 평이하게 서술하며, 희년에 대한 현대적 해석을 그 대안으로 제시한다.

래리 버켓, 『빚지지 않고 사는 삶』(베다니). 재정 상담가인 저자가 자신의 상담 경험을 바탕으로, 빚을 갚아 나가고, 빚지지 않고 살 수 있는 비결을 제시한다.

마우리치오 라자라토, 『부채인간』(메디치미디어). 이론적 논의를 압축적으로 전개하여, 금융 자본주의가 현대인을 어떠한 인간으로 만들고 있는지, 특히 어떠한 윤리 의식을 내면화시키고 있는지를 신랄하게 규명한다.

10
결혼과 가정

복음을 위해서는 독신이 더 가치 있게 여겨지긴 하지만, 결혼과 가정은 사회의 공익에 중요한 기여를 한다. 결혼과 가정은 언약에 대한 영속적 헌신으로 세워지며, 자녀를 키우는 데 꼭 필요하다. 국가는 자녀를 키우는 결혼 관계를 지원해야 하고, 이성 간 결혼과 동성 간 결혼을 법적으로 동등하게 대우해야 한다.

결혼과 가정에 관해 기독교적으로 성찰하려면, 서로 긴장 관계에 있는 중요한 두 가지 신념들의 관계를 다루어야 한다. 그 긴장은 여기서 다룰 주요 주제의 배경을 이루는데, 이는 결혼과 가정에 관한 기독교의 보편적 입장이라기보다는, 결혼과 가정과 관련한 기독교의 책임감 있는 공적 참여다.

한편, 신약성경은 결혼과 가정의 중요성에 의문을 제기한다. 예수님은 사람들을 그들의 가정 밖으로 불러내시고(마 4:21-22; 19:29; 23:9), 자신의 어머니와 형제자매보다 하늘에 계신 아버지의 뜻을 행하는 이들을 더 가까운 가족으로 여기신다(마 12:46-50). 또 자신이 "온 것은 사람이 그 아버지와, 딸이 어머니와, 며느리가 시어머니와 불화하게 하려 함"(마 10:35)이라고 말씀하신다. 가정에서의 의무 때문에 복음의 요청에 따르기를 망설이는 자들을 꾸짖기도 하신다(마 8:21-22). 사도 바울도 같은 맥락에서, 결혼에 따라오는 "세상 일"에 관심과 염려가 나뉜 상황을 안타까워한다(고전 7:32-34). 바울과 예수님 둘 다 결혼보다는 독신을 선호한다. 바울은 고린도인들에게 할 수 있으면 미혼으로 남아 있으라고 조언한다(고전 7:8-9, 25-40). 예수님은 "천국을 위하여 스스로 된 고자"(마 19:12)를 칭찬하신다. 그리스도인들이 결혼과 가정의 중요성에 대해 다른 어떤 말을 하든지, 우리는 이 중요한 경고들을 무시할 수 없다.

다른 한편으로, 기독교 신앙은 결혼과 가정을 상대적인 것으로 여기면서도 그것이 본질적이고 진정한 유익을 위한 것이라 단언한다. 자녀 양육이 그렇다. 가정이 제공해야 하는 안정된 사랑의 관계는, 세상에서 아이들이 기본적 신뢰를 갖는 데 아주 중요하다. 가정은 또한 꼭 필요한 문화 전통의 전수와 도덕적·종교적 가르침이 이루어지는 중심부일 뿐 아니라(신 11:18-19), 풍족한 삶이 무엇이고 어떻게 살아야 하는지를 가까이에서 관찰하고 함께 실천함으로써 학습하는 중심부이기도 하다. 한마디로, 가정은 인간 번영의 요람이어야 한다. 가정은 사람들이 번영하도록 지원해야 한다(보통 그렇다). 그러므로 결혼한 이들은 안정되고 자양분을 주는 가정을 세워야 한다(보통 그렇다).

성경의 전형적 어휘를 사용하면, 여기서 강조점은 자녀를 낳는 데 있는 것이 아니라 **양육하는**(rear) 데 있다. 생산 측면에서만 보면 결혼이 꼭 필요하지는 않다. 사실 불임의 경우처럼 때로 결혼을 해도 생산을 못하기도 한다. 결혼과 가정은 사람을 **키우는**(raise) 면에서 더 중요하다. 예를 들어, 요셉은 출산으로만 보면 성(聖)가족에 분명 불필요했지만, 그가 마리아와 결혼함으로 예수님의 삶에 기여한 바는 마태복음에 뚜렷이 나타난다(마 2:13-23). 가정이 자녀가 번영하도록 양육할 수 있는 **유일한** 사회적 형태라는 말은 주제넘은 것이겠지만, 분명 가정은 그러한 목적에 가장 적당한 유일무이한 제도다. 아이를 양육하는 다른 사회적 형태는, 제대로 기능하는 가정들이 제공하는 유익을 장려하여 그와 비슷한 모습이 되어야 성공한다.

창세기가 결혼의 기원과 생육하고 번성하라는 명령을 직접 연결시키지 않고, 하나님이 사람을 남자와 여자로 창조하신 사건과 그 명령을 함께 언급한다는 것은 주목할 만하다(창 1:27-28). 결혼에 관한 성경의 이야기는 "사람이 혼자 사는 것이 좋지 아니하니"라는 하나님의 관찰과, 그 첫 사람에게 "내 뼈 중의 뼈요 살 중의 살"이 된 사람의 창조로 이어지며(창 2:18, 23), 이는 그리스도인들이 결혼의 중요성을 주장해야 하는 두 번째 이유를 보여 준다. 결혼이 중요한 까닭은, 깊은 언약적 헌신을 요구하고 그 헌신을 자라게 하기 때문이다. 이러한 헌신은 인간 번영의 한 모습이자 그것을 촉진하는 것이다. 단기적이고 재협상의 여지가 있는, 상호 편의에 따른 계약 관계로 지배되는 현대 사회에서 점점 보기 드문 그러한 헌신은, 하나님과 인간 사이 언약의 토대인 하나님의 무조건적이고 변치 않는 사랑을 인간적 방식으로 반영한 것이다. 이 때문에 예수님의 가르침을 따르는 기독교 전통은 역사적으로 결혼의 영구성을 주장했다. 이 때문에 또한 그리스도인들은 결혼을 그리스도와 교회의 관계가 반영된 것으로(혹은 그 관계의 상징으로) 볼 수 있다(엡 5:22-33). 결혼은 편의상의 계약이 아니라, 가장 친밀하고 변치 않는 관계로 묶여 있는 평생 동안의 언약이다. 물론 그리스도인들은 종종 이러한 이상대로 살지 못한다. 그럼에도 불구하고 결혼 관계에 들어갈 때 변치 않는 무조건적 사랑을 하겠다고 서명한다.

모든 사회 제도처럼, 가정과 결혼도 역사적으로 변화하는 제도다. 시간이 지남에 따라 변화해 온 모습을 이미 성경에서도 볼 수 있다. 아브라함과 솔로몬은 초기 기독교의 감독에게 기대되던 것 같은 "한 아내의 남편"(딤전 3:2)이 아니었다. 오늘날 점점 세계화되는 중산층의 독립적 핵가족은 로마 백부장 고넬료의 가정과는 전혀 다르다(행 10장). 현대 서구인들이 이상화하여 로빈 후드와 수녀 마리안에게 투사한, 진정한 사랑으로 이루어지는 낭만적 결혼은, 실제 중세 영국인 대부분의 경험과는 상당한 거리가 있다. 이러한 변화는 오늘날 결혼과 가정을 바라보는 성경적·신학적 잣대가 없다는 의미가 아니라, 과거로부터 현재까지의 판단에 주의가 필요하다는 의미다. 우리는 '결혼이 창조 질서의 일부'라는 말이 무엇을 의미하는지 알고 있다고 가정해서는 안 된다.

결혼과 가정의 역사적 변화와 그에 대한 기독교의 해석은 현대 정치학에서 그러한 문제들을 판단할 때 어떤 영향을 미치는가? 많은 정부가 독신은 지원하지 않으면서 결혼을 적극적으로 지원한다. 그런데 보통의 결혼은 인간 번영에 필수적이지도 않고 규범적이지도 않으므로, 정부는 더 이상의 이유가 없는 상태라면 독신보다 결혼에 특권을 주지 않으리라고 추정해야 한다. 그러나 자녀 양육은 다르다. 사회의 모든 아이의 양육을 위해서라면, 건강한 가정 외에 우리가 아는 성공

가능한 방법은 없다. 그렇다면 가정은 번영에 꼭 필요하다. 따라서 정부는 조세 정책으로든, 법정 유급 육아 휴직이나 다른 접근법으로든, 그러한 자녀 양육을 적극 지원해야 한다.

오늘날 여러 나라 공개 토론회의 선두에는 동성 간 결혼의 문제가 있다. 이렇게 논쟁적 주제를 다루는 최상의 첫걸음은, 우리에게 실제로 **문제**가 있음을 확실히 하는 것이다. 종종 혼동되는 세 가지 다른 이슈를 구분할 필요가 있다. 먼저 교회가 동성 간의 결합을 축복해야 하느냐의 문제가 있고, 만약 그렇다면 어떤 결합의 경우에 그렇게 해야 하느냐와 그것이 결혼의 축복과 어떤 관계에 있느냐는 문제가 있다. 이를 **교회적** 문제라 부르자. 그다음, 동성끼리의 지속적 언약 관계가 이성끼리의 언약 관계와 법적으로 동등하게 대우받아야 하느냐의 문제가 있다. 이를 **법적** 문제라 부르자. 교회적 문제도 아니고 법적 문제도 아닌 것은, 어떤 성과의 관계가 정당한가 같은 **도덕적** 문제다. 이 도덕적 문제는 우리가 다른 질문, 특히 교회적 문제에 어떻게 답하느냐와 많은 관련이 있지만, 그것이 우리가 해야 하는 바를 **전적으로 결정하지는** 않는다.

대략 교회적 문제와 법적 문제를 두 개의 변수로 두고 가로세로 행렬을 만들어, 논리적으로 가능한 네 개의 입장을 생각해 볼 수 있다.

1. **긍정적/긍정적.** 교회는 동성 간 결합을 축복해야 하고, 정부는 동성 간의 언약과 이성 간의 언약을 동등하게 여겨야 한다.
2. **부정적/부정적.** 교회는 동성 간 결합을 축복해서는 안 되고, 정부는 그들에게 다른 법적 지위를 주거나 아예 주지 말아야 한다.

3. **긍정적/부정적**. 교회는 동성 간 결합을 축복해야 하지만, 정부는 동성 간의 언약과 이성 간의 언약을 동등하게 대하지 않을 타당한 이유가 있다.
4. **부정적/긍정적**. 교회는 동성 간 결합을 축복해서는 안 되지만(계속 그러해야 하지만), 정부는 동성 간의 언약과 이성 간의 언약을 동등하게 여겨야 한다.

이 네 가지 가능성 각각에 대해 거의 그럴듯하고 기독교적이라 할 수 있을 만한 논거들이 있다. 이 책의 관심은 다원적 사회에서의 공공선이지 그리스도를 따르는 이들이 공유하는 도덕이 아니므로, 교회적 문제와 도덕적 문제는 사랑과 인내로, 또 그리스도의 몸이 찢길 가능성을 최소화하며 논의해 주기를 교회에 호소한다. 여기서 우리는 법적 문제에 초점을 맞추어 논의하려 한다.

우리의 판단은, 그리스도인들은 동성 간 결합에 대해서도 이성 간 결합과 동등한 법적 보호를 제공하고 동일한 법적 규정이 적용되도록 옹호해야 한다는 것이다. 이런 말을 할 때 우리는 대부분의 기독교 역사에서 기본적으로 합의된 기독교 전통의 입장과 반대편에 있음을 안다(물론, 사람들이 갈망하는 공공의 도덕성과 공적 법령 사이의 구별은 상대적으로 최근에 생긴 것이다). 지난 몇십 년 동안 정부가 결혼 관계를 규제한 곳 어디에서나, 교회는 동성 간 결합이 이성 간 결합과 같은 법적 보호를 받지 못하도록 암묵적으로 혹은 소리 높여 그 규제를 지지했다. 우리는 이러한 전통에서 벗어나는 이유를 설명하기 위해, 철학자들이 더 강력한(a fortiori) 논증이라 부르는 것을 제시하려 한다. 우리는 동성 간 섹스를 본질적으로 옳지 않다고 여길 때조차도, 그리스도인들에게는 동성 간 결합과 이성 간 결합의 법적 평등을 지지해야 할 타당한 이유가 있음을 입증할 것이다. 동성 간 관계에 대해 다른 도덕적 판단을 하게 된다면, 법적 평등을 지지할 이유는 더 강력해질 것이다.

기본 생각은 이렇다. 결혼이 중요한 두 가지 이유 - 자녀 양육을 위한 안정된 가정을 세우고, 깊은 언약적 헌신의 관계를 갖게 해 주는 - 는 동성 간의 결합에도 해당된다. 따라서 정부는 이성 간의 연합과 동일하게 동성 간의 언약적 결합도 적극적으로 지지하고 그 결합의 장애물을 제거할 충분한 이유가 있다. 타당한 이유 없이 그들을 동등하게 지지하지 않는 것은 부당할 것이다. 그러나 많은 그리스도인들이 믿듯이 동성 간 섹스가 본질적으로 옳지 않다면, 왜 그렇게 해야 하는가? 잘 자라는 자녀 양육이라는 유익, 언약적 사귐이라는 유익은, 죄악된 성적 관행이라 여겨지는 것에도 존재할 수 있다. 거의 모든 결혼 생활에서 그 유익이 사실상 섹스와 나눌 수 없게 묶여 있긴 하지만, 이것이 꼭 섹스의 결과로만 오는 것은 아니다. 사실, 이는 타락한 세상에서 온갖 선한 것들이 어떻게 존재하는지를 보여 주는 하나의 변종이다. 그 선들은 불완전할 수도 있고, 겨우 부분부분 성취되기도 하고, 어떤 면에서는 조화롭지도 못하지만, 그렇다고 선함이 사라지는 것은 아니다. 하나님은 상한 피조물 및 그들의 불완전한 선함과 창조적이고 구속적인 상호작용을 하시는 데 전문가시다. 그러한 하나님을 예배하는 모든 그리스도인은, 동성 간의 결혼에 포함된 섹스를 본질적으로 옳지 않게 여긴다 하더라도, 동성 간 결합에도 법적으로 지지할 만한 진정한 유익이 있다고 단언할 수 있다. 이러한 의식 구조가 형성되면, 동성 간 섹스에 대해 도덕적으로 전통적인 평가를 하는 그리스도인들도 결혼과 가정에서 얻는 유익을 지지하며, 동성 간 결합의 법적 동등성을 신실한 공적 제자도의 일부로 옹호할 수 있다.

더 토론할 내용

- 가정이 튼튼하도록 지원하려면 어떤 정책들이 필요한가? 어떻게 하면 부모가 다 생존해 있는 가정이든, 조부모나 다른 친척들이 아이의 보호자이자 양육자인 경우처럼 다른 형태의 가정이든 모두 지원할 수 있는 정책들을 만들 수 있을까?
- 커플들의 결합에 관련된 법적 보호와 법 조항들에 **결혼이라는 단어를 사용해야 할까?** 국가가 결혼 사업을 회피할 이유가 있을까? 이성 커플이 아닌 동성 커플에게 적용할 때 동일한 법적 조항에 다른 단어를 사용할 타당한 이유가 있는가?

더 깊은 논의를 위한 자료

입문

Johnson, Luke Timothy. "Homosexuality and the Church: Scripture and Experience." *Commonweal*, June 11, 2007. https://www.commonwealmagazine.org/homosexuality-church-1. 이 글에서 존슨은, 교회는 신약성경 본문에 근거하여 동성 간 성행위를 지지할 수 없지만, 거룩함을 보여 주는 동성 간 사랑의 관계는 지지할 수 있고 지지해야 한다고 주장한다. 존슨은 그리스도인들이 동성애라는 주제에 관여할 때에는, 노예 제도 같은 주제처럼 성경 본문 자체를 넘어서야 한다고 주장한다.

Wright, N. T. "Humanum 2014." *Humanum video*, 16:36. November 18, 2014. https://www.youtube.com/watch?v=AsB-JDsOTwE. 라이트는, 신약성경에 묘사된 결혼에 관한 기독교적 설명의 어려움은 버리기보다는 찬미해야 한다고 주장한다. 결혼의 유비라 할 수 있는 그리스도와 교회 관계의 난해함을 상기시켜 주기 때문이다.

심화

Forsyth, Andrew. "Defining Marriage." *Soundings: An Interdisciplinary Journal* 97 (2014): 297-322. 포사이스는 로버트 조지(Robert P. George), 셰리프 그리그스(Sherif Griggs), 라이언 앤더슨(Ryan T. Anderson)을 필두로, 출산을 중심에 두고 결혼을 정의하는 영향력 있는 논증에 세심하게 응답한다.

Rubio, Julie Hanlon. *A Christian Theology of Marriage and Family*. Mahwah, NJ: Paulist Press, 2003. 루비오는 포스트모던적 가톨릭의 시각에서 '작은 기독교 공동체'라는 표준적 관계를 지지하며 결혼과 가정의 중심성을 약화시킨다. 또 핵가족 개념은 '가정'에 대한 의무와 '바깥세상'에 대한 – 작은 기독교 공동체는 모면하는 – 의무 사이에 정치적 딜레마를 낳는다고 주장한다.

Williams, Rowan. "The Body's Grace." *ABC Religion and Ethics*, August 24, 2011. http://www.abc.net.au/religion/articles/2011/08/24/3301238.htm. 윌리엄스는 번식을 위한 섹스는 성경적 성 윤리의 표준이 아니라고 주장한다. 그는 성경이 하나님과 하나님의 백성의 관계를 이야기할 때 성적 은유가 중심이 되고 있다는 사실에 근거하여, 이 관계의 복잡성을

담아내기 위한 다른 표준들 — 예를 들면, 연약함 — 을 옹호한다.

* 그 밖의 참고 자료

래리 크랩, 『결혼 건축가』(두란노). 결혼에 대한 낭만적 신화에 맞서서 은혜, 헌신, 수용이라는 결혼의 토대에 대한 교훈을 선포한다. 얄팍한 테크닉에 의존하지 않고, 인간과 관계에 대한 깊은 통찰에 기초하여 논의를 전개한다.

리처드 헤이스, 『신약의 윤리적 비전』 16장 '동성애', 존 스토트, 『현대 사회 문제와 그리스도인의 책임』 16장 '동성애'. 이 주제와 관련된 핵심 질문과 논증들을 다층적 관점에서 두루 다루고, 해당 성경 본문을 세심하게 주해하면서 성경적이고 균형 잡힌 결론을 내린다.

에바 일루즈, 『사랑은 왜 아픈가』(돌베개). 저자는 감정 사회학자답게 사랑의 변화 속에서 사회의 변화를 읽어 낸다. 결혼에 대한 우리의 현주소를 짚어 내는 데 유용하다. 이와 함께 그녀의 다른 저작인 『낭만적 유토피아 소비하기』(이학사)도 함께 참고하기를 권한다.

폴 스티븐스, 『영혼의 친구, 부부』(IVP). 저자는 결혼 생활은 하나님께 드리는 성례이자 기도, 대화, 안식, 공부, 고백과 용서 등의 영성 훈련을 통해 영적 우정을 형성해 나가는 것이라고 말한다.

11

새 생명

아직 태어나지 않은 인간 생명도, 다 자란 인간 생명처럼 존중과 보호와 양육을 받아 마땅하다. 따라서 우리에게는 새로운 인간 생명을 낳는 이들을 특별하게 보살펴야 할 책임이 있다.[1]

인간 생명은 고귀하다. 하나님은 사랑하시기 위해 사랑으로 인간을 창조하셔서, 그들에게 이루 헤아릴 수 없는 가치를 부여하시며 사랑하신다. 인간은 그저 전체적으로 혹은 인류로서 고귀한 것이 아니다. 모든 인간 생명이 고귀하다. 우리가 가진 어떤 능력이나 성취한 탁월함 때문이 아니라, 우리에게 장점이 하나도 없어도 하나님이 우리에게 애정을 가지고 계시다는 그 사실 때문에 모든 인간은 각각 고귀하다. 모든 인간 생명 각각의 가치를 주장하는 것은 기독교 신앙의 중심이다. 이 사실은 이 책 여러 장들에 표현된 신념들에 영향을 미치며, 모태에서 서서히 성장하고 있는 생명에 풍랑을 일으키는 사나운 도덕적·정치적 바다를 항해하는 데 지표가 된다.

이 장 서두에서 신념을 말할 때 '아직 태어나지 **않은** 인간 생명'이라는 표현을 썼다. 이 말은 출생이 인간 생명과 인간 생명이 아닌 것을 구분하는 적절한 시점이 아니라는 암시다. 이는 갓 태어난 아기와, 윤리학자 제임스 멈퍼드(James Mumford)가 아직 태어나지 않은 아기를 지칭한 '새 생명'(newone)이 전혀 다르지 않다는 말이 아니다.[2] 아기가 태어나면 많은 것이 바뀐다. 아마도 가장 중요한 변화는, 신생아도 여전히 다른 누군가에게 의지하여 생존하지만, 더 이상 '새 생명'이 임신부에게 의지하듯 독점적으로 **특정한 다른 한 사람**을 의지하지는 않는다는 점이다. 보통 소위 '생존 능력'(viability)의 시기는, 새 생명이 **실제로는** 여전히 임신부만 의지하지만 **그럴 수 없는** 때를 가리킨다. 영아 살해가 도덕적으로 혐오스럽다고 한다면, (혼란스러워 쉽게 가늠할 수 없는) 생존 능력의 시작 지점이야말로 그 순간의 새 생명이 태어나지 않은 인간 생명으로 여겨져야 하고 따라서 인간 생명이 받아 마땅한 존중과 보호와 양육을 받아야 할 시점으로, 임신 기간으로 생각할 수 있는 **가장 나중의** 시점이다. 아래의 '더 토론할 내용'에서 생존 능력이 나타나는 시점을 결정적 시점으로 다루어야 하는지에 대한 논의를 언급할 것이다. 지금은 인간 생명이 정확히 언제 시작되느냐 하는 결정은 보류한 채로, 아직 태어나지 않은 인간 생명의 가치를 생각하려 한다.

태어나지 않은 인간 생명의 가치는 대개 인간 생명의 가치 중에서 특별한 경우다. 따라서 태어나지 않은 인간 생명을 돌보라는 명령은 인간 생명을 돌보라는 명령 가운데 특별한 경우다. 이 특별한 명령에는 두 가지 측면이 있다. 바로 새 생명을 돌보는 일과 임신부를 돌보는 일이다.

임신부를 돌보는 일에 대해서는 먼저 두 가지를 확실히 하는 것이 중요하다. 첫째로, 새 생명을 품었다고 해서 여성이 단순한 인큐베이터나 곧 나올 아기의 운송자로 격하되지는 **않는다**. 그 여성은 그 자체로 한 인간으로 중요하다. 둘째로, 임신부는 임신을 했으므로 다른 인간과 같지 않다. 그녀의 태중에 새 생명이 있으므로 그녀를 돌볼 때 **추가적으로** 더 해야 할 일들이 있다. 특별한 보살핌은 다음과 같은 것들을 포함한다.

- **의료 서비스의 확대.** 보험 회사들은 다르게 말하지만, 임신 자체는 '질병'이 아니다. 그러나 임신을 하면 초기부터 분만 때까지 건강상의 문제가 생길 위험이 높아지고, 여성의 몸에 큰 변화가 생긴다. 따라서 임신부들이 적정 비용으로 전문 의료진의 보살핌을 받을 수 있는 것이 중요하다.
- **교육.** 임신부가 임신의 정상적인 생리적 변화를 잘 감당하도록 돕는 건강 관리는, 그들 및 가까운 이들(특히 예비 아빠들)을 위한 더 폭넓은 교육 체계의 일부가 되어야 한다.
- **경제적 보호와 지원.** 여성들이 임신했다는 이유로 경제적 불이익을 당해서는 안 된다. 직장에 다니는 경우, 임신이 일상 업무 능력에 영향을 준다 해도 실직이나 급여 삭감을 당해서는 안 된다. 또한 임신부들과 예비 아빠들은 유급 휴가를 기대할 수 있어야 하고, (싱가포르와 핀란드에서처럼) 자녀 양육비로 인한 최초 충격의 완화를 돕는 경제적 지원을 받아야 한다.[3]

- **사회적 지원의 확대.** 정서적·실제적으로 지지해 주는 관계는 부모 됨에는 물론, 임신 기간을 풍요롭게 보내는 데 아주 중요하다. 정책과 사회 규범은 예비 아빠들이 스스로 감당해야 할 책임을 버리기보다는 돕는 사람이 되도록 지원해야 한다. 또 가까운 사람의 지원을 받지 못하는 임신부들을 지원할 방법을 찾아야 한다.

이제 새 생명 자체를 돌보는 문제로 향하면서 주목해야 할 첫째 사실은, 그들은 아주 연약한 존재라는 것이다. 그들은 위험을 피하려고 스스로 움직일 수 없다. 도와달라고 소리칠 수도 없다. 또 특히 위협적 환경(담배 연기, 대기오염과 수질오염 등)의 피해를 입기 쉽다. 그들이 스스로를 보호하리라 기대한다는 것은 거의 말도 안 된다. 그러므로 다른 이들이 그들을 보호해야 한다. 그러나 아직 태어나지 않은 인간 생명이 받아 마땅한 돌봄은 보호만이 아니다. 다음과 같은 구체적인 돌봄이 필요하다.

- **태아기와 출산 전후의 의료 서비스.** 새 생명을 돌보는 일에 관련된 의학적 조치는 보통 아기를 품은 임신부를 돌보는 일과 거의 겹친다. 그러나 새 생명은 그 자체로 성장하고 있는 인간 생명이다. 새 생명에게 적절한 의료 서비스를 제공한다는 것은, 그들을 해로부터 보호할 뿐 아니라 번영할 수 있도록 양육한다는 의미다. 따라서 충분한 영양 공급을 보장하고, 자궁 내 의료적 조치가 필요할 경우 적정 비용으로 치료를 받을 수 있도록 해야 한다.
- **안전한 환경.** 새 생명은 수은, 납, 담배 연기 같은 환경오염 물질에

노출되지 않도록 보호받아야 하고, 또 엄마들이 섭취하는 알코올, 조제약이나 불법 약물 같은 유해 물질로부터도 보호받아야 한다.
- **가정 준비**. 새 생명을 돌보는 일은 앞으로의 풍족한 삶을 위한 환경을 제공하는 것을 포함한다. 아마도 새 생명이 신생아가 될 때 반갑게 맞이하는 가정을 준비하는 일이 가장 중요할 듯하다. 여기서 말하는 가정은 아이가 태어날 물리적·사회적 환경 전체를 포괄하는 넓은 의미에서의 '가정'이다. 따라서 부모 둘 다 일을 해야 하는 가정이 적정 비용으로 질 높은 보육 시설을 이용할 수 있게 해 주는 것도 가정 준비에 속한다.

지금까지, 아직 태어나지 않은 인간 생명이 고귀하기 때문에 뒤따르는 보살핌 명령의 두 측면, 곧 새 생명을 보살피는 일과 임신부를 보살피는 일에 대해 이야기했다. 대부분의 경우 이 두 명령은 서로 보완된다. 그러나 임신부는 새 생명을 품고 있기 때문만이 아니라 존재 자체로 돌봄을 받아 마땅하므로, 경쟁이 있을 수 있다. 아주 명확한 예는, 임신을 유지하는 것이 임신부의 생명에 치명적 위험을 수반하는 경우다. 임신부들이 자신의 이익과 새 생명을 보살펴야 하는 부담 사이에서 극심한 갈등을 경험하는, 다소 논쟁적인 상황이 있다.

여기서 낙태의 문제가 등장한다. 다소 추상적으로 말하자면, 바로 이런 질문이다. 새 생명을 보살피라는 명령보다 몇몇 다른 우려(무엇보다도 예비 엄마를 보살피는 일이나, 새 생명에게 예상되는 삶의 질에 대한 염려)가 더 강력해서, 결국 새 생명의 존재를 끝내는 조치가 정당한 상황이 있다면 무엇인가?

임신부의 생명이 위중하여 낙태가 정당화되는 확실한 경우가 있을 수 있다. 다른 사람을 위해 기꺼이 죽는 것보다 더 큰 사랑이 없긴 하지만, 기독교 전통은 지혜롭게도 그러한 자기희생을 법으로 시행하자는 주장은 자제했다. 수많은 기독교 사상가들은 그것이 도덕적 의무라는 말도 하지 않으려 했다. 그러나 임신부를 위할지 태중의 아이를 위할지 갈등이 있어 보이는 여러 다른 경우에는, 분명 낙태를 정당화할 수 없다. 복잡하고 모호한 또 다른 경우들도 있고, 아래에서 논의할 것처럼 논란이 될 만한 경우들도 있다. 일반적으로, 새 생명을 희생시키면서 자신을 위하겠다는 여성의 입장에 특혜를 주는 것은 잘못이다. 새 생명이 아직 태어나지 않은 **인간** 생명이라면 특히 그렇다. 모든 인간 생명의 헤아릴 수 없는 가치와, 특히 가장 연약한 이들을 돌보아야 하는 의무가 그런 태도를 요구한다.

공동체적 지원이 부족하면 문제가 악화되고, 경우에 따라서는 주로 여성들이 자신을 위할지 새 생명을 위할지 심한 갈등을 겪고 나서 낙태를 찬성하는 결정을 하기도 한다. 임신과 낙태에 관련한 정책과 사회의 준비와 문화적 태도 전체의 주요한 목표는, 임신부 및 이제 막 엄마가 된 이들을 돌보는 일과 새 생명 및 신생아들을 돌보는 일을 최대한 조화롭게 하는 것이어야 한다. 입양은 그러한 협력을 확실하게 하는 특히 좋은 방법이다. 우리는 입양을 선택한 임신부들과 이제 갓 엄마가 된 이들이 아이를 수월하게 입양 보내는 방안을 마련해야 한다. 최상의 환경에서도 아이를 낳는 일은 여성에게 큰 불편을 끼치는데, 그 일이 경제적·사회적으로 견딜 수 없는 일이 되어서는 안 된다.

낙태의 **법률적 측면**에 관한 문제는 우리가 추구해야 하는 도덕적 목표의 맥락에서 고려해야 한다. 다시 말해, 우리의 목표는 낙태를 줄이고 새 생명과 임신부 둘 다를 더 잘 돌보는 것이다. 부당한 낙태법을 마땅히 반대하는 이들도, 그러한 법들에 적극적으로 반대하기에는 자료들이 얼마나 한정되어 있는지와 다른 조치들도 얼마나 그러한지 인식해야 한다. 낙태라는 이슈와 관련하여 신앙에 충실한 기독교적 공적 참여를 하고자 할 때, 아직 태어나지 않은 인간 생명의 고귀함이 구체적으로 함축하는 바는 이것이다. 즉, **우리는 낙태 횟수를 효과적으로 줄이는 조치들을 지지해야 한다**는 것이다. 임신 기간 중 어느 때에 낙태가 일어나는지에 상관없이 낙태를 줄이는 데 신경을 써야 하는 이유는 무엇인가? 우선 한 가지 이유는, 인간 생명이 언제 시작되느냐에 관한 논의는 복잡하고 의견 일치가 되지 않으므로, 엄청나게 조심할 필요가 있기 때문이다. 그러나 수정된 지 훨씬 후에야 태중의 인간 생명이 시작된다는 결론에 이른다 해도, 아직 인간 생명이 아니지만 성장하고 있는 새 생명이 보호를 받지 않아도 된다고 생각해서는 안 된다. 따라서 여기서 주요한 기준은, 어떤 조치들이 낙태를 줄이는 도덕적 목표를 성취할 수 있느냐다. 빈곤을 완화시키는 정책처럼, 어떤 구체적 사회 정책이 낙태를 줄인다면 그 정책을 지지해야 한다. 어떤 성교육이 그렇다면, 진지하게 관심을 기울여야 한다. 폭넓게 이용 가능하고 보조금이 나오는 가족계획 사업이 효과적으로 낙태를 줄인다면, 그것을 시행해야 한다.[4] 이외에도 많이 있다.

더 토론할 내용

지난 몇십 년 동안 미국에서 일어난 낙태 논란을 보건대, 이 영역은 다른 대부분의 영역보다 우리가 21-25장에서 논의할 덕목이 더 긴급하게 필요하다. 신앙에 충실한 자세로 이러한 논란에 참여하려면, 용기와 겸손과 정의와 존중과 긍휼이 필요하다. 논의 중인 판단은 괴로울 정도로 어렵다. 논쟁들이 있으리라는 점에 놀라지 말아야 한다. 그러나 한 가지에 대해서는 여전히 논쟁의 여지가 없어야 한다. 그것은, 아직 태어나지 않은 인간도 고귀한 인간 생명이며, 아주 약하기에 훨씬 더 소중하다는 것이다. 그럼에도 불구하고 여기에는 어려운 문제들이 있으며, 논의가 타당할 뿐 아니라 필수적인 지점이 있다.

- 어떤 우려가 낙태를 정당화할 수 있는가? 여기서는 강간이나 근친상간으로 인한 임신 같은 괴로운 경우를 다루어야 할 것이다.
- '태어나지 않은 인간 생명'으로 여겨지는 것은 무엇인가? 무엇보다도 생명은 수정 때에 시작된다는 가톨릭 고위층의 말은 유명하다.[5] 그러나 역사적으로, 기독교 사상가들은 수정되는 순간부터 인간 생명이 존재한다는 의견에 만장일치로 동의하지는 않는다.[6] 그리스도인들은 구할 수 있는 최고의 과학적 데이터와 씨름해야 한다. 그 데이터를 신학적 렌즈로 읽고 그에 맞게 최선의 판단을 해야 한다. 오늘날 구할 수 있는 유의미한 과학의 발견 한 가지는, "수정란의 절반가량이 죽고 자연스럽게 사라진다(유산된다)"는 관찰이다.[7] 이는 인간 생명이 언제 시작되는지 무언가를 말해 주는가, 아니면 오히려 이것은 타락한 자연 질서 속에서 살기 때문에 태중의 인간 생명이 비극적으로 상실되는 현상인가? 또 다른 유의미한 이슈는 생존 능력의 변환 지점이다. 의료 기술의 발전 덕분에 배아(수정 후 첫 8주까

지의 태아)들이 이전보다 몇 주 빨리 인간이 되는 것인가?
- 아직 태중의 인간 생명이 아니지만 성장하고 있는 새 생명의 도덕적 지위는 무엇일까? 이 질문은 우리가 이 기간의 임신부를 돌보고 새 생명을 돌보는 데 얼마나 무게를 둘 것인지에 관해 내리는 판단과 유의미한 관계가 있을 것이다.

더 깊은 논의를 위한 자료
입문

Kaveny, Cathleen, and Marie Griffith. "Roe v. Wade at 40: An Interview with Legal Scholar and Theologian Cathleen Kaveny." *Religion and Politics*, January 23, 2013. http://religionandpolitics.org/2013/01/23/roe-v-wade-at-40-an-interview-with-legal-scholar-and-theologian-cathleen-kaveny/. 캐버니는 이 인터뷰에서 40년이 지난 후의 '로 대 웨이드' 사건의 의미와, 그녀가 어떻게 문화 전쟁에 참여하지 않고 낙태 반대 운동을 시도하고 있는지 이야기한다.

Meilaender, Gilbert. "Abortion." In *Bioethics: A Primer for Christians*, pp. 25-37. Grand Rapids: Eerdmans, 1996. 메일랜더는 그리스도인들이 개인주의와, 흔히 낙태를 지지할 수 있는 역량이 인간성의 척도라는 생각을 거부해야 한다고 주장한다.

O'Brien, Dennis, Peter Steinfels, and Cathleen Kaveny. "Can We Talk about Abortion?" *Commonweal*, September 12, 2011. https://www.commonwealmagazine.org/can-we-talk-about-abortion. 낙태의 허용 가능성과 그것을 공개 토론회에서 다루는 일의 어려움에 관한, 가톨

럭 사상가 세 명의 소중한 논의다.

심화

Anscombe, G. E. M. *Human Life, Action, and Ethics: Essays by G. E. M. Anscombe*. Edited by Mary Geach and Luke Gormally. Charlottesville, VA: Imprint Academic, 2005. 이 모음집의 첫 번째 부분("인간 생명")에는, 특히 초기의 인간 생명의 가치와 의미에 관한 풍성하고 도전적인 글들이 담겨 있다.

Cahill, Lisa Sowle. "Reproduction and Early Life." In *Theological Bioethics: Participation, Justice, and Change*, pp. 169-210. Washington, DC: Georgetown University Press, 2005. 카힐은 아직 태어나지 않은 생명을 둘러싼 결정들을 할 때 모든 가치를 마땅히 고려하는 것을 목표로 삼고, 다른 가치를 위해 어떤 한 가치를 희생시키는 일을 최소화하려면 어떤 사회적 유대와 공동체가 필요한지 묻는다.

Hauerwas, Stanley. "Abortion: Theologically Understood." In *The Hauerwas Reader*, edited by John Berkman and Michael Cartwright, pp. 603-622. Durham, NC: Duke University Press, 2001. 하우어워스는 그리스도인들이 낙태에 접근할 때, 권리와 인간성 같은 표현은 남겨 두고 더 신학적이고 교회적인 접근을 해야 한다고 주장한다.

Mumford, James. *Ethics at the Beginning of Life: A Phenomenological Critique*. Oxford: Oxford University Press, 2013. 멈퍼드는 현상학이라는 철학 전통에 의지하여, 낙태 반대는 종교적 기반에서만 가능하다는 생각에 이의를 제기한다.

＊ 그 밖의 참고 자료

사단법인 한국여성민우회, 『있잖아… 나, 낙태했어』(다른). 낙태에 대해 논하려면, 일단 당사자의 이야기를 들어봐야 한다. 이 인터뷰집은 우리를 둘러싼 관념의 벽을 허물고, 그들의 처지 속으로 들어갈 수 있도록 도와준다.

리처드 헤이스, 『신약의 윤리적 비전』 18장 '낙태', 존 스토트, 『현대 사회 문제와 그리스도인의 책임』 14장 '낙태와 안락사'. 복잡하고 다층적 원인이 뒤엉켜 있는 낙태라는 첨예한 문제를 핵심 이슈별로 명료하게 정리하고, 해당 본문의 세심한 읽기를 통해 성경이 말하는 바를 추적함과 동시에 윤리적·신학적 통찰을 제시한다.

재키 베일리, 『세상에 대하여 우리가 더 잘 알아야 할 교양: 낙태, 금지해야 할까?』(내인생의책). 낙태에 대한 찬반 입장을 균형 있게 소개해 주는 청소년용 저작으로, 어렵지 않게 읽을 수 있다.

12
건강과 질병

가난하든 부유하든 모든 사람은 건강한 삶을 누릴 수 있어야 하고, 적정 비용으로 기본적 건강 관리를 할 수 있어야 한다. 이 두 가지는 우리 삶이 잘 풀리는 데 꼭 필요하다. 또 각 사람은 육체와 정신의 건강을 유지하며 살 책임이 있다. 이는 우리 삶을 잘 이끄는 일의 한 측면이다.

2013년, 미국은 건강 관리에 GDP의 17.4퍼센트를 지출했다. 2000년의 13.4퍼센트보다 오른 수치다. 이는 1인당 9,000달러 이상을 지출한 것이며, 의료 시설에 가지 않고 건강 관리에 소비한 수십 억 달러는 포함되어 있지 않다. 종합비타민제, 헬스클럽 회원권, 건강보조식품 같은 소비 말이다. 2013년에 어림잡아 170만 명의 미국인이 높은 병원비 때문에 파산했고, 대략 80만 명이 비용 때문에 필요한 치료를 하지 못했다. 그런데 이러한 지출에도 불구하고 미국인들이 특별히 건강한 것은 아니다. 2013년 보고서를 보면, 미국만큼 부유한 16개국과 비교해서 미국은 전염병으로 인한 사망 범주에서 4위를 차지했고, 심혈관 질환으로 인한 사망에서는 3위, 선천성 기형으로 인한 사망과 종합적 사망률에서 1위를 기록했다. 미국은 비슷한 나라들 가운데 유아 사망률과 기대 수명이 거의 바닥을 차지하고 있다.[1]

그러나 세계 대부분의 나라와 비교할 때, 미국의 의료 체계는 아주 호화롭고, 경이로울 정도로 성공적이다. 2013년, 전 세계적으로 약 1억 9,800만 명의 말라리아 환자가 있었다. 유니세프에 따르면, 아프리카에서 태어난 아이 아홉 명 중 한 명은 다섯 살이 되기 전에 죽는다. 비교적 기본적인 치료만으로도 이러한 사망을 상당수 막을 수 있지만, 고소득 국가에 1만 명당 28.6명의 의사가 있는 데 비해, 저소득 국가에는 1만 명당 의사가 2.8명밖에 없다. 깨끗한 식수와 위생 시설이 있으면 많은 생명을 구할 수 있지만, 오늘날 7억 8,300만 명이 깨끗한 물을 얻지 못하고, 전 세계 10억 명이 야외에서 배변을 한다.[2]

건강은 잘 풀리는 삶의 중요한 한 부분이다. 따라서 자신과 이웃의 건강에 주의를 기울이는 일은 우리 삶을 잘 이끄는 것의 한 부분이다. 예수님의 사역은 두 가지 모두를 잘 보여 준다. 예수님은 다른 이들의 건강을 열심히 보살피셨다. 거의 언제 어디서든, 시몬 베드로의 장모(막 1:29-31)에서부터 대제사장의 종(눅 22:50-51)에 이르기까지 병자들을 고쳐 주셨다. 복음서들은 이러한 병 고침을 하나님 나라를 가져오시는 예수님의 사역과 연결시킨다. "예수께서 온 갈릴리에 두루 다니사 그들의 회당에서 가르치시며 천국 복음을 전파하시며 백성 중의 모든 병과 모든 약한 것을 고치시니"(마 4:23; 참고. 마 9:35). 하나님의 통치가 임하면 질병이 낫는다. 사람들이 건강해진다. 우리가 우리 이웃의 건강을 보살펴야 하는 이유가 여기에 있다. 또 우리 자신의 건강을 챙겨야 할 책임도 여기에 있다. 무모하게 우리 자신의 건강을 손상시키며 사는 것은 하나님이 주신 좋은 선물을 부주의하게 다루는 것이다. 국내외의 건강에 관련한 기독교의 공적 참여에는 이러한 신념이 반영되어야 한다.

욥의 이야기에서 사탄이 잘 알고 있었듯이, 건강은 다른 무엇보다 우리에게 더 깊은 영향을 미치는 경향이 있다. 바로 그 때문에, 자신의 건강이든 다른 사람의 건강이든 건강을 챙기는 일은 쉽게 왜곡된다. 건강에 관한 공적 논의에 참여할 때 이러한 왜곡된 건강 관리를 경계해야 한다. 오늘날에는 세 가지 형태의 왜곡이 특히 두드러진다.

첫째로, 우리는 건강 **챙기는** 일을 건강에 대한 **집착**으로 바꾸어 버린다. 건강이 최고 수준이 되도록 우리 삶과 세상을 거기에 맞춘다. 음식과 운동은 건강에 도움이 되지 않으면 아무 의미도 없다. 건강에 호소하는 것은 수많은 논쟁에서 승리하는 비장의 카드다. 이러한 집착에는 매캐한 우상숭배의 냄새가 난다. 건강에 초점을 맞추다 보면 목숨이 건강보다 중요하며 몸이 날씬한 허리둘레보다 중요함을 잊고, "먼저 그의 나라…를 구하"지(마 6:33) 못한다.

우상숭배가 다 그렇듯, 건강을 숭배하다 보면 건강의 노예가 되어 버린다(갈 4:8; 5:1을 보라). '건강한 생활 방식'이라는 이상의 노예가 되면, 더 큰 선을 위해 그것을 제쳐 놓을 수가 없다. 더욱이 건강에 대한 집착은, 어떤 면에서는 의를 추구하는 것과 비슷하다. 절대 완벽한 의를 이루지는 못하면서 결국 오만해지는 것처럼 말이다. 육체의 건강에 집착하다 보면 영혼에 병이 든다. 그러면 예수님의 비유에 나오는 바리새인 같은 근엄한 자세로 건강하지 못한 사람들을 경시한다. 이렇게 기도하기도 한다. "하나님, 제가 저 사람들, 저 태만한 이들, 흡연자들, 과식하는 자들, 심지어 이 게으름뱅이와 같지 않음을 감사합니다." 이는 건강에 부주의한 것 못지않은 죄다. 또 건강에 부주의할 때 그렇듯이, 건강에 집착하는 것도 정치적 측면에 영향을 미친다.

만약 질병을 품행이 단정하지 못한 이들의 마땅한 결과라 생각한다면, 치료가 필요한 이들에게 주어지는 의료 혜택을 못마땅하게 여길 가능성이 있다. 그들의 무책임한 행동이 결국 그들의 발목을 잡았는데, **그들이** 도움을 얻을 수 있도록 **우리가** 왜 더 높은 보험료를 내야 하는가? 이 질문이 비논리적이지는 않지만, 이런 생각을 하다 보면 사람들에게 책임감 있는 건강 관리를 권하려는 적절하고 중요한 충동이 독선적이고 비판적으로 이웃의 복지를 무시하는 쪽으로 왜곡되어 버린다. 또 허약한 몸과 질병의 복잡한 원인을 무시하고, 이웃을 온전한 인간으로 보살피지 못한다. 그들은 여러 면에서 압박을 받고 있고, 그들 통제 밖의 힘의 지배를 받으며, 아마 도덕적으로 불완전할 수도 있다. 그러나 이런 특징들 때문에 그들이 의료 혜택을 받을 만한 가치가 없는 존재가 되지는 않는다.

둘째로, 우리는 우리 건강만 챙기고 이웃의 건강은 챙기지 않는다. 이러한 왜곡은 다양한 형태로 나타난다. 기본 의료 서비스 이용의 극명한 불평등은 전 세계적으로, 또 미국과 같은 나라들에서도 아주 심각하다. 차드에서는 어린이의 20퍼센트가량이 다섯 살 이전에 죽는데, 유럽 전체에서는 그 수가 1.3퍼센트에 불과하다.[3] 2013년 미국 질병관리본부의 조사에 따르면, 빈곤층이 아닌 경우에는 8.9퍼센트가, 빈곤층의 37퍼센트와 차상위 빈곤층의 30.5퍼센트가 2008년과 2010년 사이에 건강보험에 가입하지 못했다.[4] 이 현상을 다루지 않는 것은 선한 사마리아인 이야기에 나오는 레위인과 제사장처럼 행동하는 것이다. 의료비 때문에 치료를 받지 못하거나 파산한 수많은 이들을 그냥 내버려 두는 것은 극악무도한 일이다. 더 수치스러운 점은, 부자들이 필수적이고 유용한 처치보다 사치스러운 데 돈을 더 많이 쓰고 있다는 사실이다. 미국의 성형외과 의사 협회에 따르면, 2010년 미국인들은 미용 성형외과 수술에 100억 달러를 썼다.[5] 같은 기간 동안 전 세계에서 말라리아를 억제하는 데는 겨우 20억 달러가 지출되었다.[6]

우리 이웃의 건강을 보살피는 일은, 단지 적정 비용으로 의료 서비스를 이용할 수 있게 해 주는 문제만이 아니다. 그것은 건강한 생활 조건과 근로 조건의 문제이기도 하다. 미국에서 빈곤선 이하의 수입으로 사는 가정의 아이들 거의 8퍼센트가 환경적으로 위험한 지역 1.5킬로미터 이내에서 산다.[7] 미국 농무부는 2,300만 명 이상의 미국인이 식품 사막, 곧 "신선하고 건강에 좋고 가격이 적당한 음식을 얻지" 못하는 마을이나 그 인근에 거주한다고 추산했다.[8] 이러한 환경은 질병과 건강 악화의 원인이 되고, 실제로 건강에 도움이 되게 살 수 없도록 만든다. 근로자의 몸에 악영향을 미치거나 몸을 악화시키는 근로 조건도 마찬가지다. 사람들로 하여금 운동을 할 수 없게 하거나 잘 먹지 못하게 하는 임금과 근로 시간도 마찬가지다. 그리스도께 순종하여 이웃의 건강을 보살피려면, 우리는 이러한 해로운 조건들을 다루어야 한다.[9] 공동체에 속한 다른 이들은 사실상 건강을 해칠 수밖에 없는 상황인데, 일부는 완벽한 건강을 위해 시간과 자원을 소비하는 것은 옳지 않다.

건강에 대한 집착과 이웃의 건강을 잘 보살피지 못하는 모습은 둘 다 건강을 챙기는 일의 셋째 왜곡과 연결되어 있다. 그것은 건강 관리를 상품으로 취급하는 것이다. 접시와 연필 같은 물건은 상품으로 사고팔아도 그 장점이 거의 그대로 있다. 그러나 우정 같은 것을 상품으로 취급하면 거의 완벽하게 골자가 빠져 버린다. 또 둘 사이 어딘가에 있는 것들도 있다. 이런 것들은 상품으로 취급해도 다 망가지지는 않지만, 훼손되지 않은 그대로는 아니다.[10] 건강 관리는 이 세 번째 종류에 해당한다. 건강 관리가 상품으로 취급되는 사회에서도 당신은 충수를 제거할 수 있다(엄청난 돈이 들긴 하겠지만). 그러나 무엇보다도 환자들이 고객이 된다면 진짜 장점이 사라져, 그들의 개인적 이야기와 염려와 건강은 그들이 '효율적'이거나 수익성 있는 처치를 받을 때에만 중요해진다. 여기에 더하여, 폴 파머(Paul Farmer) 박사는 "의료의 상품화는 늘 연약한 이들에게 벌을 주는 행위다"라고 말했다. 건강 관리를 상품으로 취급하는 일이 진정으로 건강을 돌보는 일을 얼마나 심각하게 왜곡시키는지는 점점 분명해지고 있다.[11]

그러나 우리가 애정을 담아 이웃의 건강을 보살피고 자신의 건강을 책임 있게 챙기는 일에 전념하고 있다면, 건강 관리의 왜곡 현상을 피하려 하는 데서 그치지 않고 개선을 위해 적극적으로 걸음을 내디딜 것이다. 여기 그 논의를 시작하기 위한 몇 가지 아이디어가 있다.

- 사람들에게 건강한 삶을 살 기회를 주는 공중 보건 정책들에 충분한 자금 지원이 이루어져야 한다. 이러한 정책의 범위는 납 제거와 유독성 폐기물 정화 작업에서부터 말라리아 예방을 위해 제3세계

에 침대 모기장을 무상 제공하는 것까지,[12] 식품 산업 규제(설탕!)에서부터 지역사회의 공원 조성 지원과 도시 환경에서 신선하고 건강에 좋은 음식을 얻을 수 있도록 보장하는 것까지 이른다.

- 보건 의료 제도의 최우선순위는, 모든 사람이 적정 비용으로 기본 치료를 받을 수 있도록 보장하는 것이어야 한다. 다른 사람들보다 더 좋은 상품과 서비스를 사는 데 돈을 사용해야 한다는 직관은 우리에게 깊이 배어 있고 널리 퍼져 있다. 이 직관은 40만 달러의 집을 살 수 없는 사람들이 있다고 해서 내가 그 집을 사지 못해서는 안 된다고 말한다. 모든 사람이 적정 비용으로 기본 치료를 받도록 보장하기 위해, 돈으로 살 수 있는 건강 관리의 편의를 제한하는 행위는 억압적 느낌이 든다. 그러나 모든 사람이 기본 치료를 받을 수 있는 비용으로 개인 전용 의료 서비스를 구매할 특권을 갖는 일은, 가난한 이웃의 건강을 보살펴야 하는 복음의 원리에 위배되는 것이다.
- 의료 연구와 관련된 제도와 정책들은, 먼저 가난한 이들에게 영향을 미치는 건강 문제와 싸우는 일을 수행해야 한다. 영리 목적의 의료 연구는, 예상할 수 있듯이 가장 수익성 있을 만한 문제들에 초점을 맞추는 경향이 있다. 보통 부자들에게 가장 영향을 미치는 문제들이다. 너무 가난해서 값비싼 약값을 낼 수 없는 사람들을 주로 괴롭히는 말라리아 같은 질병은 비교적 거의 조명되지 못한다. 그러나 가난한 이들의 삶도 부자들의 삶만큼 중요하므로, 그들이 하나님의 '첫사랑'이므로, 우리는 반드시 이런 불균형을 바로잡아야 한다.

더 토론할 내용

- 적정 가격으로 기본적 건강 관리를 할 수 있도록 보장하는 최선의 방법은 무엇인가? 정부와 기업과 비영리 기관과 교회는 건강 관리에서 어떤 역할을 해야 하는가?
- 공중 보건 계획들은 어떻게 우선순위가 매겨져야 하는가? 대부분의 경우 문제는, 어떤 문제를 처리하지 않고 남겨 두느냐가 아니라, 때가 되면 언제든 어느 정도의 자원을 거기에 써야 하느냐일 것이다. 그러나 우선순위를 놓고 고민하다 보면, 불가피한 어려운 결단에 대한 지침을 얻을 것이다.

더 깊은 논의를 위한 자료

입문

Berry, Wendell. "Health Is Membership." In *Another Turn of the Crank*, pp. 86-109. Washington, DC: Counterpoint, 1995. 베리는 건강이 주로 개인과 관련되어 있다는 전제에 이의를 제기하며, 현대 보건 의료 산업의 방향을 재설정하는 데 도움이 될 공동체적이고 이원론적이지 않은 비전을 가리켜 보인다.

Gawande, Atul. "Overkill." *New Yorker*, May 11, 2015. http://www.newyorker.com/magazine/2015/05/11/overkill-atul-gawande. 미국 보건 의료 제도에서 불필요한 치료의 문제와 그것이 꼭 필요한 치료를 밀어낼 수 있음을 자세히 이야기하는 매력적인 글이다.

Kaveny, Cathleen. "Commodifying the Polyvalent Good of Health Care." *Journal of Medicine and Philosophy* 24 (1999): 207-223. 캐버

니는 건강 관리의 유익을 고찰하며, 시장 제도 안에서 상품화될 때 그 유익들이 어떻게 왜곡되는지 질문한다.

Kenny, Nuala P. "The Good of Health Care: Justice and Health Reform." *Health Care Ethics USA* 19 (2011): 2-8. https://www.chausa.org/docs/default-source/general-files/the-good-of-health-care---justice-and-health-reform-pdf. 이 글은 건강 관리 시장이 늘 중립적일 수는 없으며, 종종 공공선의 일부인 건강의 유익이 왜곡될 수 있다고 주장한다.

심화

Cahill, Lisa Sowle. "National and International Health Access Reform." *Theological Bioethics: Participation, Justice, and Change*, pp. 131-168. Washington, DC: Georgetown University Press, 2005. 부담적정보험법(Affordable Care Act) 이전에 쓴 이 장은, 미국과 세계 전역의 건강 관리 문제와 전망을 비판적으로 평가한다. 그런 다음 어떻게 '참여적인' 신학적 생명 윤리가 개혁에 기여할 수 있는지 질문한다.

Farmer, Paul. *Pathologies of Power: Health, Human Rights, and the New War on the Poor.* Berkeley: University of California Press, 2005. 『권력의 병리학』(후마니타스). 이 중요한 책은 아이티에서 의사로 일한 파머의 폭넓은 경험에 의지하여, 새로운 해방 신학, 곧 건강과 인권에 대한 사고의 틀이 될 새로운 패러다임을 요청한다.

Hauerwas, Stanley. "Salvation and Health: Why Medicine Needs the Church." In *The Hauerwas Reader*, edited by John Berkman and Michael Cartwright, pp. 539-555. Durham, NC: Duke University Press,

2001. 하우어워스의 주장에 따르면, 의료 서비스의 진짜 문제는 우리가 집요하게 모든 질병의 치료를 계속할 수 있느냐가 아니라, 환자들의 장기 치료를 지속하기 위해 우리에게 어떤 공동체가 필요한가이다.

Townes, Emilie M. *Breaking the Fine Rain of Death: African American Health Issues and a Womanist Ethic of Care*. New York: Continuum, 1998. 타운스는 미국, 특히 아프리카계 미국인 사회에서 건강 관리의 현 상태를 한탄하며 의료 윤리를 전개해 나간다. 인종, 성별, 계급이라는 이슈에 집중하면 이것이 특히 분명해진다.

* 그 밖의 참고 자료

김기태, 『대한민국 건강 불평등 보고서』(나눔의집). 가난한 사람들이 건강 측면에서 경험하는 불평등에 대해 취재하여 「한겨레21」에 연재한 기사를 수정 보완했다. 왜곡된 구조에 연원한 가난은 질병과 사고와 죽음에도 큰 영향을 미친다는 사실을 생생하게 보여 준다.

리처드 윌킨슨, 『평등해야 건강하다』(후마니타스). 여러 나라의 여러 계층을 포괄적으로 검토하여, 사회적 불평등이 건강에 미치는 영향을 사회학적으로 규명했다.

13
노후의 삶

고령으로 노쇠한 이들은 특별한 보살핌을 받아 마땅하다. 그들에게는 충분한 의료 지원, 사회적 상호 작용, 의미 있는 활동이 필요하다. 한 사회의 인류애는 아마도 특히 그 사회가 더 이상 '유용한' 일을 할 수 없는 이들을 어떻게 대하느냐에 따라 평가될 것이다.

앞서 11장에서는 모든 인간 생명이 귀하므로 보살핌을 받아 마땅하다고 말했다. 우리는 프리드리히 니체(Friedrich Nietzsche)가 생각했던 것처럼 최정점까지 발달한 인간만 보살피고, "억압당하는 이들, 궁핍한 이들, 기형인 이들, 실패자들"은 물론, 다수의 "평범한 인간"을 무시해서는 안 된다.¹ 가장 연약한 이들은 각각의 특별한 필요에 맞게 특별한 보살핌을 받아야 한다. 기독교의 이 기본 신념은 노인들에게도 적용된다. 자급자족과 경제적 효용성을 특히 중요하게 여기는, 속도가 빠르고 미래 지향적인 사회에서는 특히 더 그렇다.

셰익스피어의 『뜻대로 하세요』(As You Like It)에서 주인공 자크는 노년과 유아기의 약함과 무력함 사이의 유사점을 아주 생생하게 그려 낸다. 그에 따르면, 인간의 삶에서 "이 기이하고 파란만장한 역사를 끝맺는 마지막 장면은 제2의 유아기다. 기억도 못하고, 치아도 없고, 시력도 약하고, 미각도 없고, 모든 것이 다 없다."[2] 이는 우리 대부분의 노년에 대한 과장된 이미지일 수도 있으나, 나이 듦의 가장 두드러진 특징 가운데 하나를 생생하게 환기시킨다. 그것은 우리가 한때 당연시했던 능력들이 점진적으로 사라진다는 것이다. 이렇게 힘이 약해지는 현상 때문에 노인들을 향한 특별한 보살핌이 꼭 필요하다.

한때는 산에도 잘 오를 수 있었지만, 이제는 현관문까지 계단 세 칸 올라가는 것이 하이킹처럼 여겨진다. 한때는 장 볼 목록을 다 외우고 시 전체를 다 암송할 수 있었는데, 이제는 망각의 암흑이 5분 전에 통화한 내용까지 삼켜 버린다. 한때는 직장에서 일을 하여 필요한 것 대부분을 조달할 수 있었는데, 노년에는 자급자족이 어렵다. 건설 노동자는 더 이상 망치질을 하거나 굴삭기를 조종할 수 없다. 경영자의 몸은 더 이상 빡빡한 출장 일정으로 인한 에너지 소모를 감당할 수 없고, 그의 재치는 더 이상 중역 회의실의 분위기를 맞출 수 없다. 이러한 생산성이 돌이킬 수 없게 손이 닿지 않는 곳으로 빠져 나간다. 육체적·정신적 역량이 줄어듦으로 인해, 더 약해지고 보살핌은 더 필요하기에 보살핌을 받아야 한다.

노인들을 보살펴야 하는 이유—그들의 역량이 줄어들었기 때문에—는, 그들을 보살피는 데 몸을 사려야 한다고 몇몇 사람들이 생각하는 이유이기도 하다. 노인들이 더 이상 경제적으로 생산적인 일을 할 수 없다면, 그들이 우리나 사회에 경제적 기여를 하느냐의 견지에서 볼 때 그들이 계속 소중하다고 말할 수가 없다. 따라서 일부는, 그들을 계속 보살피느라 에너지와 재산을 지속적으로 소비하는 것은 더 이상 정당화되지 않는다고 결론 내린다. 아이들을 보살피고 양육하는 일은 "나는 노년에 혼자 있지 않을 거야!", "이들은 미래의 노동력이야!"라며 경제적 이익을 들어 정당화할 수 있지만, 더 이상 일할 수 없는 노인들의 생산성은 그들에 미치지 못한다. 노년층이 증가하면서 우리가 필요로 하는 자원과 비교할 때 사회에서 우리의 '유용성'은, 매정한 실용주의적 계산에 따르면 보통 우리가 사회에 '순 적자'가 되는 지점까지 줄어드는 경향이 있다.

유용성에 매이는 것은 크나큰 잘못이다. 첫째로, 경제적 유용성이 없는 수많은 노인들이라도 나누어 줄 중요한 장점들이 있다. 격언처럼 쓰이는 '노년의 지혜'는, 빠르게 변화하는 사회에서 예전보다 덜 귀하게 여겨진다 해도 타당한 표현이다. 일부 노인들이 줄 수 있는 선물들보다 더 중요한 것은 노인들 자체라는 선물이다. 각 사람은 그 존재 자체로 선물이다. 그 역량이 심히 줄어든 노인도 여기에 포함된다. 뿐만 아니라, 노인들은 정확히 그들의 허약함으로, 우리가 삶에서 피할 수 없는 연약함과 유한성을 생생하게 상기시켜 준다. 현대 사회에서 우리는 연약함과 유한성을 시야와 마음 밖으로 밀어낸다. 그래서 종종 우리 인간 본성을 부인하며 살고, 진정한 공감 능력을 잃는다.

둘째로, 각 사람을 보살펴야 하는 책임은 사실 우선적으로 그 사람의 실제적 혹은 잠재적 생산성에 근거해 있지 않다. 인간의 삶은 생산성으로 정의되지 않음을 기억하라('7. 일과 안식'을 보라). 우리는 일도 하고 쉬기도 해야 한다. 사람들이 6일간의 노동 생활을 끝내고 삶을 마무리 짓는 안식의 시기를 보낼 때에도, 그들은 여전히 소중하고 보살핌을 받을 만하다. 보살핌은 기본적으로 투자가 아니다. 제공한 서비스에 대한 보상이나 보답도 아니다. 사실, 보살핌은 사람이 하는 **행동**이 아니라 각 사람의 **존재**에 근거한다. 사람의 가치의 근거는 그들이 하나님의 소유라는 근본적 사실, 하나님이 그들을 사랑하시며 그들에게 애정이 있으시다는 사실에 있다. 우리가 본질적으로 그들을 실리 위주가 아닌 관대함으로 돌보는 이유이기도 하다.

우리는 개인과 공동체로서 노인을 돌보되, 그들의 필요의 특성에 맞는 구체적 방법으로 그렇게 해야 한다. 오늘날 공적 논의는 노인들의 수입과 건강 관리의 필요에 초점을 맞추는 경향이 있다. 이 둘 다 타당하고 긴급한 필요들이다. 직장을 얻을 수 없다고 해서 기본 건강 관리를 받지 못하고 지내서는 안 된다. 노인들을 위한 사회보험 제도(미국의 사회보장 제도와 노인 의료보험 제도)가 어떤 면에서는 부족할지라도, 분명 대규모로 노인들을 보살피는 훌륭한 방법이다. 그러나 그러한 최상의 제도라도 하나만으로는 충분하지 않을 것이다. 노인들을 보살피는 일은 그들의 경제적·의료적 필요와 약함에 신경 쓰는 것 이상이기 때문이다.

일과 의미가 서로 밀접하게 연결되어 있고 일이 주로 직장과 관련되어 있는 문화에서, 비생산적 은퇴는 존재의 위기로 이어질 수 있다. 일이 없는 삶은 목적 없는 삶처럼 보인다. 노인들을 효과적으로 보살핀다는 것은, 의미 있는 활동을 할 기회를 제공하고 평범한 삶의 유익을 누리도록 도와주는 것을 의미한다. 또한 그것은 정상적 생활이 힘든 가장 극단적인 경우를 제외한 모든 경우에, 노인들을 그저 보살핌 받는 사람들로 대하는 대신 그들의 능력을 인식하는 것을 포함한다.

인간은 속속들이 사회적 피조물이다. 번영하기 위해서는 다른 사람들과 여러 종류의 관계가 필요하다. 그러나 특히 빠르게 움직이는 시장경제가 지배하는 사회에서, 나이 드는 과정은 사람들에게서 이러한 관계들을 빼앗을 우려가 있다. 처음에는 서서히, 그러나 곧 놀라울 정도로 빈번하게 동료들이 세상을 떠난다. 자녀들은 보통 이사를 가거나 자기 가정을 꾸리고, 직장 생활을 하는 데 집중하게 된다. 예전의 업무 관계들은 종종 은퇴 이후 수년 동안 서서히 사라진다.

우리 대부분은 적어도 두 가지 죽음을 겪는다. 먼저 생물학적 죽음이 있다. 이는 우리 몸의 복잡한 기관들이 붕괴되어 우리가 더 이상 생명체로 살아가지 못하는 것이다. 또 **사회적** 죽음이 있다. 이는 우리 삶의 일부였던 관계들이 서서히 약해지고, 사랑했던 이들의 의식에서 우리가 사라져 결국 잊히는 것이다. 노인들을 잘 보살피려면 **생물학적 죽음 전에 사회적 죽음이 일어나지 않도록** 해야 한다. 우리는 노인들의 몸이 살아 있는 동안 사회적 죽음의 슬픔을 경험하지 않도록 하는 사회를 구축하고 그러한 문화를 양산해야 한다.

노인들의 약함과 필요를 고려하여 우리의 보살핌을 구체화해 줄 방법들이 아래에 있다.

- **노인들에게 건강 관리와 재정적 자원을 공급하기 위해 마련한 제도가 자금을 잘 확보하고 무리 없이 순항하도록 해야 한다.** 노인들을 위한 사회보험 제도는 거의 보험이라 할 수 없을 정도로 계속 기금이 바닥날 위험에 처해 있다. 살아가는 데 필요한 수입의 극히 일부만 제공하는 프로그램들은 노년층 시민들을 극빈 상태에 처하게

할 위험이 있다. 미국에서 가난한 65세 이상 시민의 비율은 1966년 28.5퍼센트에서 2012년 9.1퍼센트로 떨어졌다.[3] 우리는 이러한 진보를 축하하고 그것을 기반으로 삼아야 한다. 또 우리에게 온정이 부족하다는 증거를 보여 주는, 노인들을 '군식구'로 취급하는 경향에 반대해야 한다.
- 동료 시민들이 자신이 아는 노인들을 보살피고, 혼자 남겨진 이들에게 관심을 보이도록 격려해야 한다. 책임 있는 시민이 되는 일의 한 면은 노인들을 향한 포괄적 보살핌의 문화에 참여하는 것이다. 우리는 아이들과 청년들이 노인들과 관계를 맺도록 지원해야 한다.

더 토론할 내용

노인들을 어떻게 보살필지 판단을 내릴 때 신중하게 따져 보아야 할 질문들로는 다음과 같은 것들이 있다.

- 노년층 시민들의 삶을 확장하고 향상시키는 데 필요한 자산 지출은 어느 정도가 너무 높은 수준인가? 각 사람이 소중하다는 것은 모든 사람이 소중하다는 의미다. 우리는 모든 사람을 보살펴야 하므로, 제한된 자원을 고려하면 모두를 계속 보살피기 위해 일부를 보살피는 일에 자원을 더 적게 지원해야 할 때가 언제일지 힘든 결정을 해야 할 것이다. 생리적으로 생명이 끝나는 것이 누군가에게 일어날 수 있는 최악의 일은 아니다. 어떤 대가를 치르더라도 생리적 생명에 필사적으로 매달리려 하는 것은 잘못이다('14. 생의 종말'을 보라). 어느 순간에는 생명을 연장하거나 향상시키려 노력하기보다 생물학

적 죽음을 받아들이고 준비해야 한다. 이 변환이 일어나야 하느냐 말아야 하느냐가 아니라, 언제 일어나야 하느냐가 논의되어야 한다.
- 정부 기관은 홀로 남겨진 이들에게 어느 정도까지 경제적 가치가 없고 비의료적인 형태의 보살핌을 제공해야 하는가? 여기에는 수많은 복잡한 문제들이 연루되어 있다. 모든 노인이 이러한 형태의 보살핌을 받게 하는 최선의 방법은 무엇인가? 정부는 그 보살핌을 제공할 수 있는가? 정부의 개입은 시민들에게 노인들과 관계를 맺으며 그들을 보살필 개인적 책임이 없다는 암묵적 메시지를 던지는 것일까? 정부는 노년층을 장기간 돌보는 책임을 맡은 개인들을 어떻게 지원할 수 있을까?
- 국가가 아닌 다른 단체들은 노인들에 대해 어떤 책임이 있는가? 종교 기관과 기업체와 다른 단체들은 노인들을 보살피는 일에 어떻게 기여할 수 있으며 기여해야 하는가? 그들은 어떻게 경제적·의료적 지원에 참여해야 하며, 어느 정도까지 국가 대신 그러한 서비스를 제공해야 하는가?

더 깊은 논의를 위한 자료

입문

Conference of European Churches. "Ageing and Care for the Elderly." June 2007. http://csc.ceceurope.org/fileadmin/filer/csc/Ethics_Biotechnology/AgeingandCareElderly.pdf. 이 문서는 기독교 윤리의 신념에 기초하여, 젊음에 가치를 두는 것을 비판하고 노인들을 향한 존경과 그들의 존엄성을 주장한다.

General Council of the United Church of Canada. "An Ethical and Theological Statement on Aging." August 2000. http://www.united-church.ca/allages/seniors/ouch/ethical. 이 문서는 나이 듦을 신학적 맥락에서 보며, 그것이 교회와 사회에 윤리적·정치적으로 시사하는 바가 무엇인지 이끌어 낸다.

심화

Cahill, Lisa Sowle. "Decline and Dying: Cultural and Theological Interpretations." In *Theological Bioethics: Participation, Justice, and Change*, pp. 70-101. Washington, DC: Georgetown University Press, 2005. 카힐은 생의 종말을 둘러싼 윤리적 결정에 해결의 실마리를 주기 위해, 나이 듦과 죽음에 관련한 우리 사회의 근원적인 문화적 정황에 대해 논의한다.

Harris, J. Gordon. *Biblical Perspectives on Aging: God and the Elderly*. Philadelphia: Fortress, 1987. 나이 듦과 노년에 관한 성경적 시각을 주의 깊고 상세하게 분석하는 책이다.

Hauerwas, Stanley, Carole Baily Stoneking, Keith G. Meador, and David Cloutier, eds. *Growing Old in Christ*. Grand Rapids: Eerdmans, 2003. 성경적·신학적 시각에서 나이 듦에 관한 현대의 시각에 이의를 제기하는 모음집이다.

Moses, Sarah M. *Ethics and the Elderly: The Challenge of Long-Term Care*. Maryknoll, NY: Orbis, 2015. 모지스는 나이 듦과 노년층에 관한 현대의 사회적·윤리적 도전들을 통찰력 있게 제시하며, 기독교적 응답

을 이끌어 내기 위한 신학적 시각을 제시한다.

* 그 밖의 참고 자료

서명옥, 『나이듦의 영성』(바오로딸). 아브라함, 이삭, 요셉, 마리아, 바울 등 대표적 성경 인물들이 어떤 노년을 맞이하는지를 살펴봄으로써 성경이 말하는 노년의 영성을 가슴 깊이 새기도록 한다.

제임스 패커, 『아름다운 노년』(디모데). 노년, 은퇴에 대한 부정적 고정관념에 대해 도전하고, 노년을 새로운 배움, 계획, 제자도의 기회로 삼아 생의 마지막까지 경주할 것을 제안한다.

폴 투르니에, 『노년의 의미』(포이에마). 저자 자신이 노년에 접어들어, 노년의 삶의 의미에 대해 고찰한 고전이다. 의미와 목적, 희망이 있는 새로운 시작이라는 관점에서 노년의 삶을 바라본다.

헨리 나우웬, 『나이 든다는 것』(포이에마). 나이 듦에 대해 영성의 견지에서 잔잔한 묵상으로 서술한 걸작이다. 나이 든 모습을 자신의 일부로 받아들이고 편안하게 여기도록 권한다.

14
생의 종말

삶은 대부분 아름다운 선물이다. 하지만 때로는 거의 참을 수 없을 정도로 힘겨운 선물이다. 삶의 시작은 우리 손에 달려 있지 않다. 그러니 우리 손으로 끝내서도 안 된다. 우리의 소중한 삶이 존엄한 까닭은, 우리가 우리의 소유가 아니라, 우리를 창조하시고 구속하시고 우리 삶을 온전케 하실 사랑의 하나님의 소유이기 때문이다.

공중 보건과 의료 기술의 발전에 따라, 노년층 인구가 증가하고 죽음에 임박한 이들에게 취할 수 있는 의료적 조치도 많아졌다.[1] 또 이로 인해, 말기 환자들이 건강과 기능을 온전히 회복하지는 못해도 오랜 기간 생존하게 하는 능력도 향상되었다. 생명을 연장시키는 능력이 향상된 이 상황에서, 우리는 심한 불구의 생명을 어떻게 다루어야 하는가? 두 가지 일반적 대안은 의사의 도움을 받는 자살과 안락사다. 이 조치는 현재 세계 5개국과 미국의 3개 주에서 합법이다. 캘리포니아주의 한 여성은 의사 조력 자살이 합법인 오리건 주로 이사한 다음, 생을 마감할 3주 전에 그 날짜를 공개적으로 알려 언론에 집중 보도

되었다.² 극심한 고통을 겪고 있거나 심한 불구의 말기 환자들이 자신이 죽을 날을 미리 정하는 것이 허용되어야 하는가? 우리에게는 우리의 죽음을 초래할 권리가 있는가?

한 사람이 치러야 하는 생애 말년의 치료비는 치명적일 수 있다. 노인 의료보험 제도 혜택을 받는 가정의 40퍼센트는, 지난 5년 동안 현금으로 지불된 의료비가 그 가정의 금융 자산을 초과했다.³ 말기 환자나 심한 불구의 환자들의 생명을 연장함으로, 그들의 가족을 빚더미에 앉히거나 의료보험을 파산시켜야 하는가? 죽음은 존재론적 문제만이 아니라 중요한 정치적 문제를 야기한다.

존재가 끝나는 죽음은 재앙이지만, 알다시피 생물학적 생명의 끝인 죽음은 그 생명의 일부다. 성경이 아브라함에 대해 말하듯이, 우리는 태어나 자라고 차차 나이가 들어 "기운이 다하여"(창 25:8) 죽는다. 노령의 의로운 시므온은 자신의 죽음을 생명의 비극적 끝이 아니라 평생 하나님을 섬기던 일의 적절한 끝으로 보았다. "주재여 이제는 말씀하신 대로 종을 평안히 놓아 주시는도다. 내 눈이 주의 구원을 보았사오니"(눅 2:29-30). 그럼에도 불구하고 우리는 슬퍼한다. 죽음이라는 사실 때문이 아니라 사랑하는 사람이 떠난 것 때문이다. 자녀가 죽거나 갑자기 생을 마감하는 경우처럼, 죽음이 너무 빨리 다가오는 경우는 다르다. 복음서에서 야이로의 '어린 딸'이나 예수님의 친구 나사로의 죽음은 좋은 일이 아니었다. 예수님은 두 사람 다 죽음에서 살려 주셨다. 그러나 목숨이 끊어진 듯 보일 때라도, 죽음이 인간에게 일어날 수 있는 최악의 일은 아니다. 생물학적 죽음이 최고의 악일 수 없는 까닭은 생물학적 생명이 최고의 선이 아니기 때문이다. 만약 그렇다면, 순교는 이해가 되지 않을 것이다. 순교자는 우리가 죽음에 대한 두려움 때문에 보지 못하는 그 진리를 알고 있다. 바로 죽는 것보다, 그리스도를 부인함으로 우리의 가장 깊은 헌신을 배반하는 일이 더 나쁘다는 진리다. 생물학적 생명에 의미를 주고 방향을 정해 주는 더 심오한 생명이 있다. 예수님의 제자들은 그 생명을 구하기 위해 그들의 생물학적 생명을 잃어야 했다(눅 9:24).

그러나 평범한 인간 생명이 **최고의** 선은 아닐지라도, **고귀하고 신성한 선**이기는 하다. 하나님은 인간에게 생명을 주시고 그 생명을 온전케 하신다. 또 누구도 깰 수 없는 애정을 담아 가치를 부여하시는 사랑으로 각각의 생명을 사랑하신다.[4] 의도적으로 인간의 생명을 죽이는 것은 큰 악이다. 어떤 사람이 대형 망치를 들고 피렌체 아카데미아 미술관에 침입하여, 미켈란젤로의 다비드상을 깨부수어 가루로 만들었다고 상상해 보라. 한 아이가 눈이 하나 빠지고 솜은 흐물흐물해진 곰 인형을 아주 좋아하며 가지고 있다가, 변덕이 나서 불에 던져 버렸다고 상상해 보라. 고의로 인간의 목숨을 빼앗는 일은, 멋진 조각품이든 낡은 장난감이든 아주 소중한 소유를 제멋대로 파괴하는 것과 같다. 다만, 하나님은 그 파괴된 것을 사랑하시고 그것과 사귐을 가지려 하시는 분이다. 그래서 정당한 전쟁을 옹호했던 아우구스티누스(Augustine)는, 전쟁을 벌일 때조차 그리스도인의 의도는 엄격하게 말해 적을 죽이는 것이 아니라 적이 심한 악행을 하지 않도록 하는 것이어야 한다고 주장했다('18. 전쟁'을 보라).

지금까지 논의한 기독교의 두 가지 신념을 다음과 같이 요약할 수 있다.

1. 우리의 생물학적 생명이 최고의 선은 아니므로 죽음이 최고의 악은 아니다.
2. 우리의 생물학적 생명은 하나님이 주신 귀한 선물이며, 고의로 생명을 끝내는 것은 악이다.

이 두 신념은 그리스도인들이 죽음이라는 이슈에 관련된 정치적 문제들을 성찰할 때 지침이 되어야 한다.

이 이슈는 관련되어 있으나 다른 두 가지 문제, 곧 죽음 자체와 죽어 가는 과정의 문제를 포함하고 있다. 먼저, 종종 '좋은 죽음'이라는 주제로 논의되는 두 번째 문제로 시작해 보자. 실제로 좋은 죽음이든 아니든, 우리는 죽음 자체가 아니라 죽어 가는 과정만 경험하긴 하지만 말이다. 좋은 죽음은 어느 정도는 삶의 환경, 죽어 가는 바로 그 순간에도 잘 풀리는 삶에 달려 있다. 그리스도인들은 좋은 죽음이 표준인 문화와 사회적 합의를 조성해야 한다. 특히 비용이 적당하고, 의학적으로 신뢰할 수 있는 호스피스 치료를 지지해야 한다.

- 우리는 호스피스를 죽음과의 싸움에서 비겁하게 항복하는 것으로 여기는 의료계의 경향에 저항해야 한다. 또 모든 사람, 특히 가난한 사람이 호스피스 치료를 이용할 수 있도록 해야 한다.
- 우리는 죽어 가는 이들의 육체적 불편을 경감시키는 것에 더하여, 그들의 심리적, 사회적, 종교적 욕구도 보살펴야 한다. 예를 들어, 외로움은 현대 사회 노년층의 큰 재앙 가운데 하나다. 누구도 홀로 죽어 가지 않아야 한다('13. 노후의 삶'을 보라). 이와 유사하게, 마지막

순간에 직면하면 누구나 궁극적인 것에 대한 질문에 사로잡힌다. 즉 우리 삶의 성격과 가치를 되돌아보고, 깨진 관계들을 염려할 수도 있고, 다가올 일을 염려할 수도 있다. 원하는 누구든 죽어 갈 때 목사, 사제, 랍비, 이맘(imam, 이슬람교 성직자 – 옮긴이) 등의 도움을 받을 수 있어야 한다('20. 종교와 무종교의 자유'를 보라).

물론, 잘 죽는 것은 적절한 사회보장 제도를 누리는 문제만은 아니다. 그것은 또한 살아가는 내내 삶을 잘 이끄는 것과, 삶의 마지막 순간에도 그렇게 하는 것에 달려 있다. 곧, 내려놓을 수 있느냐, 우리가 부당하게 대한 이들과 우리에게 부당하게 대한 이들과 화해할 수 있느냐, 우리의 마지막에 새로운 시작에 대한 소망을 가질 수 있느냐에 달려 있다. 그러면 이러한 죽을 준비는 "신적 생명으로 가는 부활의 첫 단계"가 될 수 있다.[5]

죽어 가는 과정보다는 죽음 자체와 관련된 문제들은, 생명공학의 역량이 커지고 노년층 인구가 확대됨에 따라 여러 사회에서 점점 더 긴급해지고 있다(산업화된 선진국 하나를 거명하자면, 미국에서는 1910년과 2010년 사이에 65세 이상 인구 비율이 세 배가 되었다).[6] 이 문제들을 잘 다루기 위해, 먼저 일부 용어들을 구분하여 기초를 마련해 보자.

안락사는 극심한 고통을 겪지 않도록 의도적으로 사람을 죽이는 것이다.[7] 스스로 할 수도 있고(자살) 다른 사람이 행할 수도 있다. **자발적**일 수도 있고(그 사람이 의도적으로 요청하거나 죽임을 당하는 데 동의한다면), **비자발적**일 수도 있고(그 사람이 동의할 능력이 없다면), **본의가 아닐** 수도 있다(그 사람이 동의하지 않으려 하거나, 전혀 상의할 수 없다면). 오늘날 안락사에 관한 가장 흔한 논의 대상은 **의사의 도움을 받는 자살**(physician-assisted suicide, PAS)로, 의사가 치명적 약물을 투여하거나 투여를 돕는 모든 자발적 안락사를 가리킨다.⁸ PAS와 안락사가 일반적으로 제기하는 핵심 질문은 이것이다. (1) 적극적으로 서둘러 죽음에 이르게 하는 것이 도덕적으로 용인되는가? (2) 만약 그렇다면, 어떤 상황에서 용인되는가? (3) 그 문제에 관한 우리의 도덕적 판단에 상관없이, 어떤 형태의 안락사를 법으로 허용해야 하는가?

또 안락사와 PAS와는 전혀 다른 형태로서, **생명 유지 치료를 그만두거나 보류하는 경우**가 있다. 종종 어떤 치료는, 그 치료를 하지 않으면 죽을 어떤 사람을 살려 둘 수 있다(혹은 적어도 목숨은 붙어 있지만 정신이 혼미한, 모호한 상태를 유지시킬 수 있다). 이는 그렇게 하지 않으면 다량의 피가 흘러나올 상처를 봉합하는 것같이 간단한 경우일 수도 있고, 산소 호흡기와 투석으로 쇠약해지는 폐와 신장 기능을 보전하는 것같이 복잡한 경우일 수도 있다. 생명 유지 치료를 그만두거나 행하지 않는 것은, 마치 생명을 유지하는 조치를 하지 않거나 생명을 유지할 치료를 줄이는 것처럼 들린다. 필요한 치료가 더 복잡해지고 비용이 올라가지만 그 사람의 생기는 줄어들 때, 치료를 그만두거나 행하지 않는 것이 도덕적으로 용인되는가, 누가 어떤 상황에서 그런 결정을 할 권한이 있는가 하는 의문들이 생긴다. 안락사와 PAS가 서둘러 죽음에 이르게 하는 것을 용납할 수 있는가 하는 문제를 일으킨다면, 치료를 보류하는 일은 죽음을 저지하려는 행동을 언제 멈추는 것이 적절하거나 타당한가 하는 이슈를 불러온다.

기독교 윤리학자 길버트 메일랜더(Gilbert Meilaender)는 이런 문제들에 대한 입장을 결정할 때 고려해야 할 원리를 깔끔하게 요약해 준다. "우리는 선택할 만한 삶의 유익들을 염두에 두고, 죽음을 저지하는 치료를 적절한 때에 그만두어야 하지만…절대 죽음을 우리의 목표나 수단으로 삼아서는 안 된다."[9] 우리 중 누구도 자신의 소유가 아니라 하나님의 소유이므로, 또 우리 모두 하나님께 소중하므로, 우리는 우리 자신을 포함하여 어떤 인간도 고의로 죽음에 이르게 해서는 안 된다.[10] 안락사와 PAS는 도덕적으로 옳지 않다. 인간에게는 고의로 인간 생명을 죽일 권리가 없다. 우리는 삶 안에서 스스로 결정권을 갖기는 하지만, 생명 연장에 관한 결정권은 없다. 또 생명은 고귀한 선물이긴 하지만, 죽음이 최악의 재앙은 아니다. 마치 생명이 '두 번째 하나님'인 양 생명에 매달리는 것은, 생명을 우상화하고 죽음을 실제보다 더 나쁘게 만드는 셈이다.[11] 요약하자면, 우리는 죽음이 다가올 때 죽음을 인정하지 않으려 해서도 안 되고, 우리 자신의 경우든 동료 인간의 경우든 죽음을 재촉해서도 안 된다.[12]

지금까지의 주장을 요약하면 다음과 같다.

- 인간 생명은 최고의 선이 아니다. 우리는 더 위대한 선을 위해 우리의 생명을 희생할 수 있고 때로는 희생해야 하며, 어떤 대가를 치르더라도 생명을 연장하겠다는 시도를 해서는 안 된다.
- 인간 생명은 전적으로 불가침의 영역이다. 누구도 내게서 생명을 빼앗아 가는 것은 물론, 나의 온전성을 침해할 권리가 없다. 나 자신에게도 권리를 지닌 존재인 것을 포기할(다시 말해, 나 자신을 노예로 만들) 권리가 없고, 내 생명을 끊을 권리가 없다.

그리스도인들은 말기 환자들과 대리인들에게 치료를 포기할 권리가 있다고 주장해야 하며,[13] 안락사와 PAS의 합법화를 반대해야 한다. 첫 번째 요지는 특별히 논쟁적이지는 않은 반면 두 번째는 논란이 많다. 따라서 설명이 필요하다. 우리는 앞에서 PAS가 도덕적으로 옳지 않다고 주장했다. 그러나 도덕적으로 옳지 않다고 다 비합법적이어야 하는 것은 아니다. 그렇다면 왜 PAS를 금해야 하는가? 중요한 것은, 사람들이 도덕적으로 옳지 않은 행동을 하도록 허용하는 공공 정책과, 사람들이 그렇게 하도록 **압박하는** 문화를 창조하는 공공 정책을 구분하는 것이다. 합법화된 PAS는 두 번째 범주에 속할 가능성이 크다. 우리가 그 합법화를 반대하는 근거는 이러한 가능성에 있다. PAS가 합법화된 사회는, PAS를 기대하는 사회가 될 가능성이 크다. 말기 진단을 받은 이들이 PAS를 요청하지 않을 경우, 다른 이들(특히 의료 제도와 그들의 가족)에게 짐을 지우는 이기적 행동으로 여겨질 것이다.

수천 년 동안 의사들은 생명 자체를 다루는 것은 자신들의 일이 아니라고 맹세했다. 어떤 경우에, PAS가 합법화되면 죽음을 치료로 시행할 가능성이 열린다. 죽고 싶어 하는 말기 환자들이 있을 경우 의사가 그들을 죽이는 일이 허용된다면, 말기가 아닌 만성 통증을 갖고 있는 이들은 어떤가? 심한 장애가 있는 이들은? 그저 사는 데 진절머리가 난 이들은? PAS에 찬성하는 주장들은 스스로 결정할 권리, 소위 삶에서 벗어날 권리에 기초하고 있다. 일단 이 권리를 받아들이면, 이를테면 외롭다는 이유로 안락사를 요청할 때 부인할 근거가 없다. 이는 벨기에의 의사이자 자유로운 안락사 입법화를 확실히 옹호하는 윔 디스텔만(Wim Distelmans)이 명백하게 밝히는 주장이다.[14]

더 토론할 내용

생의 종말이라는 이슈와 관련하여 논쟁이 될 만한 질문들은 끝없이 나온다. 어려운 사례들을 만나기도 쉽고, 기술의 변화가 항상 새로운 가능성과 새로운 도전을 내놓는 주제다. 특히 중요한 두 가지는 다음과 같다.

- 누가 생의 종말을 결정할 수 있어야 하는가? 대리인을 지정하지 않았거나, 유언장에 생명 유지를 위한 최후 조치의 수위를 명기하지 않은 환자의 경우, 결정의 권한과 부담은 누구에게 있는가? 어떤 상황에서 의사들이 이런 결정의 책임을 맡아야 하는가?
- 환자들이나 그들의 대리인들이 더 이상 치료를 요구할 권한이 없는 지점이 있는가? 만약 그렇다면, 우리는 그 지점을 어떻게 결정하는가? 이는 치료를 거부할 권리보다 덜 명백하다. 죽음이 임박해 있음을 인정하라고 강요하는 것은 잘못인가? 사랑하는 이들을 숨만 붙어 있는 채로 두려고 파산할 지경까지 가는 것이 허용되어야 하는가? 어느 지점에서 보험 제도는 죽음 연기를 위한 자금 조달을 거부해야 하는가?

더 깊은 논의를 위한 자료

입문

Cahill, Lisa Sowle. "The Art of Dying." *Sojourners*, June 2010. http://sojo.net/magazine/2010/06/art-dying. 카힐은 말기 환자 간호의 문제를 숙고하는 한 방편으로, 그리스도인들이 어떻게 좋은 죽음을 준비할

수 있을지 질문한다.

Kaveny, Cathleen. "Dignity and the End of Life: How Not to Talk about Assisted Suicide." *Commonweal*, June 30, 2011. https://www.commonwealmagazine.org/dignity-end-life. 캐버니는 낙태와 의사 조력 자살 사이의 중요한 차이를 설명하며, 낙태에 대한 문화 전쟁 접근이 의사 조력 자살에는 적절하지 않다고 주장한다.

Meilaender, Gilbert. "Euthanasia and Christian Vision." *Thought* 57 (1982): 465-475. 메일랜더는 일련의 세심한 구분을 통해, "기독교 신앙의 범위 내에서" 안락사의 도덕성을 고찰한다.

US Conference of Catholic Bishops. "To Live Each Day with Dignity: A Statement on Physician-Assisted Suicide." June 16, 2011. http://www.usccb.org/issues-and-action/human-life-and-dignity/assisted-suicide/to-live-each-day/upload/bishops-statement-physician-assisted-suicide-to-live-each-day.pdf. 미국의 주교들이 의사 조력 자살을 반대한다는 사실을 설명한 최초의 전문이다.

심화

Anscombe, G. E. M. "Murder and the Morality of Euthanasia." In *Human Life, Action, and Ethics: Essays by G. E. M. Anscombe*, edited by Mary Geach and Luke Gormally, pp. 261-278. Charlottesville, VA: Imprint Academic, 2005. 앤스컴은 특유의 엄격함과 지혜로, 안락사와 치료를 생략하는 경우의 살인 가능성을 논의한다.

Gill, Robin, ed. *Euthanasia and the Churches*. London: Cassell, 1998. 『존

엄한 죽음인가, 살인인가?』(한국장로교출판사). 이 유용한 책에는 안락사 문제와 씨름한 신학자들과 윤리학자들의 글이 담겨 있다. 각 글에는 네 개의 반응이 뒤따라 나오며, 논의의 주요 개요가 결론에 묘사되어 있다.

Hauerwas, Stanley, with Richard Bondi. "Memory, Community, and the Reasons for Living: Reflections on Suicide and Euthanasia." In *The Hauerwas Reader*, edited by John Berkman and Michael Cartwright, pp. 577-595. Durham, NC: Duke University Press, 2001. 이 글은, 무엇이 자살과 안락사로 간주되는지 우리가 이미 안다고 추정하는 문제 사례에서, 이런 범주들이 나오게 된 공동체의 도덕적 전제들로 관심을 돌리게 한다.

Ramsey, Paul. "On (Only) Caring for the Dying." In *The Patient as Person: Explorations in Medical Ethics*, pp. 113-163. 2nd ed. New Haven: Yale University Press, 2002. 신학적 생명 윤리에 관한 이 고전적인 글에서, 램지는 "생명을 구하려는 노력을 둘러싼 도덕적 한계들"을 살피고, 다양한 사례들을 명확히 하는 수많은 중요한 개념적 구분들을 해 준다.

* 그 밖의 참고 자료

정진홍, 『만남, 죽음과의 만남』(궁리). 오랫동안 깊이 있는 성찰을 전개해 온 종교학자의 시각에서 죽음에 대해 서술한다. 삶과 긴밀하게 연관된 짝으로서의 죽음에 대해 풀어 준다.

랍 몰, 『죽음을 배우다』(IVP). 탄탄한 자료 조사와 세심한 목회적 배려가 돋보이는 책으로, 호스피스 종사자, 의사, 간호사, 생명윤리학자, 유족, 간병인, 영성 지도자를 대상으로 한 직접 취재와 인터뷰를 통해 죽음과 그와 관련된 문제들에 대한 통찰력을 제공한다.

발터 옌스, 한스 큉, 『안락사 논쟁의 새 지평』(세창출판사). 존엄사 문제에 대해 신학, 문학, 법학, 의학 연구자들이 한자리에 모여 논의한 결과물이다.

스캇 펙, 『이젠, 죽을 수 있게 해줘』(율리시즈). 저자는 죽음의 문제에 대해 영혼의 측면을 적극적으로 검토한다. 죽음에 있어 자기 결정권을 요구하는 목소리 앞에서, 그는 영혼과 영적 성장에 대해 고민할 것을 촉구한다.

엘리자베스 퀴블러 로스, 『죽음과 죽어감』(이레). 죽음학의 창시자 퀴블러 로스의 대표작이자 죽음학의 고전이다. 죽음을 부정-분노-협상-우울-수용에 이르는 일련의 과정으로 보게 해 준다.

존 스토트, 『현대 사회 문제와 그리스도인의 책임』 14장 '낙태와 안락사'. 저자는 생명의 끝과 관련된 윤리적 문제인 안락사를 가치, 공포라는 망령, 인간의 자율성, 절대적 자유, 의존, 감사의 관점에서 분명하게 거부한다.

15

이주

하나님이 모든 인간을 기꺼이 받아 주시고 모든 인간에게 공평하시므로, 우리 사회도 이주자들을 기꺼이 받아 주고 그들에게 공평해야 한다. 특히 폭력이나 지독한 가난으로 인해 본국에서 내몰린 이들을 보살펴야 한다.

2015년 아프리카와 중동의 이주자들이 지중해를 건너 유럽으로 가면서 겪은 유명한 역경이 사람들의 주목을 받은 것처럼, 이전보다 오늘날 더 많은 사람들이 국경을 넘어, 또 국가 내에서 옮겨 다니고 있다. 2013년에는 전 세계 2억 3,200만 명이 태어난 나라 밖에서 1년 이상 살았고, 7억 4,000만 명 이상이 자국 내에서 이동했다. 2014년에는 거의 6,000만 명이 난민으로 살았다. 매년 전쟁, 가난, 자연재해가 수백만 명을 고국에서 쫓아낸다. 많은 사람이 새로운 곳에서 새로운 삶, 더 안전하고 덜 가난하고, 더 장래성 있는 삶을 추구하고 있다.[1]

예수님은 이주자였다. 예수님이 어릴 때, 온 가족이 정부의 대량 학살을 피하여 난민 신분으로 유대에서 이집트로 도망갔다(마 2:13-18).

생애 말년에는 유대 출신의 갈릴리인으로, 갈릴리, 시리아, 사마리아, 유대를 돌아다니셨다. 마리아와 요셉이 아기 예수님을 이집트로 데려가던 시절보다 훨씬 더 견고해진 국경을 넘는 엄청난 이주가 일어나는 오늘날 세상에서, 이 이주자 메시아께 신실한 삶이란 어떤 모습일까? 다른 무엇이 포함되어 있든, 거기에는 분명 본국에서 멀리 떨어져 있는 이들을 기꺼이 받아 주는 것이 포함되어 있을 것이다.[2] 예수님은 의인들이 종말론적 나라에 들어가는 것을 설명하시면서 이렇게 말씀하셨다. "내가…나그네 되었을 때에 [너희가] 영접하였고…너희가 여기 내 형제 중에 지극히 작은 자 하나에게 한 것이 곧 내게 한 것이니라"(마 25:35, 40). 그리스도께 신실한 삶이란, 낯선 땅에서 집이 없고, 자산이 없고, 친구가 없는 이들을 기꺼이 받아 주는 삶이다.

그리스도인들은 나그네 그리스도를 기꺼이 받아들일 뿐 아니라, 기꺼이 받아 주시는 분 그리스도를 **본받으라**는 명령을 받는다. 그리스도는 기꺼이 받아 주시는 하나님의 성육신이다. 창조주 하나님은 우리 각 사람을 하나님의 세상으로 맞아들이셔서, 우리에게 있을 곳을 주시고 그 안에서 일하며 가정을 꾸리라고 권하신다["땅과…다 여호와의 것이로다"(시 24:1)]. "만물을 새롭게"(계 21:5) 하시는 분인 하나님이 우리를 하늘나라로 맞아들이신다. 예수님은 "내 아버지 집에 거할 곳이 많도다"라고 말씀하시고, 우리를 위해 그곳에 거처를 예비하겠다고 약속하신다(요 14:2). 또 우리가 우리에게 주어진 집을 버리고, 그것을 주신 분을 거부하고, 하나님과 함께 살겠다고 요구할 수 있는 권리를 다 놓쳤을 때에도, 마치 유산을 탕진한 탕자처럼 행동했을 때에도, 하나님은 돌아온 우리를 두 팔 벌려 환영하신다. 우리는 모두 하나님과 멀리 떨어져 있었다. 스스로를 나그네로 만들었다. 그러나 하나님은 여전히 우리에게 들어오라고 청하신다. 하나님의 이러한 환영에 대한 적절한 반응은 그것을 받아들이고 본받는 것이다.

하나님의 환영이 단순한 접대가 아님을 주목하라. 하나님은 그분의 세상에서 우리에게 자리를 주셨다. 우리는 영원히 손님으로 있지 않는다. 오히려 소속된다. 창조 세계는 우리의 본국이며, 우리는 그 안에서 가정을 꾸리라는 부르심을 받는다. 에베소서는 이렇게 선언한다. "이제부터 너희는 외인도 아니요 나그네도 아니요 오직 성도들과 동일한 **시민**이요 하나님의 **권속이라**"(2:19, 저자 강조). 하나님은 외인을 시민으로, 나그네를 가족으로 만드신다. 우리 역시 그래야 한다.

하나님이 우리를 위해 해 주신 일을 우리가 다른 사람들을 위해서 한다면, 그것은 그저 하나님이 명령하신 대로가 아니라 하나님이 예시해 주신 대로 하는 것이다. 그럴 때 우리는 또한 원래 지음받은 바로 그 존재가 된다. 다른 이들과의 만남이 순조로울 때, 우리는 더 우리 자신다워진다. 개인과 공동체로서 우리는 밀폐되어 봉인된 정체성을 갖도록 지음받은 것이 아니다. 사실 자신의 국가나 혈통이나 문화의 '순수성'을 주장한 사람 또는 집단의 여러 예에서 볼 수 있듯이, 그런 정체성을 가져 존재가 일그러지면 우리 자신과 다른 이들에게 폭력을 행사하게 된다. 우리의 정체성이 강하지만 통기성이 있을 때, 우리의 차이가 '유연할' 때, 우리가 '포용력 있는' 사람으로 살아갈 때, 우리만의 독특한 방식으로 모든 인류를 환영하고 통합함으로 진정 우리 자신이 될 때, 우리는 우리가 될 수 있는 최선의 모습이 된다.[3]

다른 사람들을 포용하는 것은 '나그네'인 우리 이웃을 사랑하는 모습이다. 이 환영하는 사랑은, 이주와 관련한 공적 참여의 틀이 되어야 하는 가장 기본적인 기독교 신념이다. 그러나 이것이 다가 아니다. 정의에도 주의를 기울여야 한다. 일반적으로 사람들이 주로 이주하는 나라들은 역사적으로 서로 얽혀 있고, 종종 불의와 착취로 많이 망가져 있다. 예를 들어, 1980년대에 중앙아메리카인 수십만 명이 살인적인 군사 정권을 피해 도망 나와서 미국으로 피신했다.⁴ 미국은 이 정권을 지지했고 따라서 난민들이 피해 달아난 폭력에 연루되어 있었으므로, 정의의 견지에서 볼 때 그들을 받아들이는 전제에서 행동했어야 했다. 그러나 미국 정부는 그들을 난민으로 인정하지 않으려 했고, 오히려 대부분을 강제 추방했다. 수많은 기독교 단체들이 이 불의를 비난하며 난민들을 위한 은신처를 제공하자, 정부는 정책을 재고하는 대신 '밀입국' 이주자들을 도운 그리스도인 일부를 기소하기까지 했다. 오늘날 이주와 관련하여 신앙에 충실하게 반응하려면, 어떤 역사적 불의가 사람들을 자국에서 몰아내었는지 검토한 다음, 그러한 불의에 동조한 나라들에 어떤 정의가 필요한지 분별해야 한다.

도착지 나라에서 이주라는 이슈에 관한 정치적 논의는, 따뜻한 포용과 정의보다는 경제적 이득과 문화적 통합성의 견지에서만 일어나는 경향이 있다. 경제적 이득과 문화적 통합성이 우리의 주요 가치라면, 모든 것이 원래 그대로 있어야 한다. 그러면 이주자들을 거부할 타당한 이유가 아니라 그들을 받아들여야 할 타당한 이유가 필요하다고 생각한다. 따라서 이런 질문이 생긴다. 왜 우리는 이 외국인들이 들어오도록 허용해야 하는가? 만약 그렇게 한다면 얼마나, 또 어떤 사람들을 들어오게 할 여유가 있는가? 불법 이민자들에 대해서는 어떻게 해야 하는가? 그러나 포용과 정의가 우리의 주요 가치라면, 우리는 절실한 필요가 있는 모든 외국인을 환영해야 한다. 그러면 그들을 도착지 나라에 받아들일 타당한 이유가 아니라 그들을 거부할 만한 타당한 이유가 필요할 것이다. 따라서 관련된 질문들은 이런 것이다. 우리는 이민에 제한을 두어야 하는가? 만약 그렇게 한다면, 이 제한이 어떤 진정한 유익을 가져다주는가?

이주에 관한 기독교적 공적 참여의 틀이 되어야 하는 주요한 가치는 포용과 정의다. 그러나 우리는 이민을 '관리해야' 한다. 이민에 합법적 제한을 두어야 하며, 그 제한은 다음 두 가지 중요한 이점을 고려하여 설정해야 한다.

1. **안보**. 정부는 국민들을 보호할 분명한 책임이 있다. 누군가가 영토 안으로 들어오는 것을 감시하고 제한하는 일은, 그 책임을 이행하는 데 없어서는 안 되는 부분이다. 그러나 안보는 아주 주관적 가치다. 실제로는 위협이 없는데 그저 두려움이 강렬할 수도 있다. 우리는 안보의 필요성에 호소하며 외국인 혐오와 이민자 배척을 정당화하기보다는, 이민자들에 관한 사실을 안보 문제의 기초로 삼아야 한다.

2. **사회의 생활 방식 유지**. 인간의 문화적 집단의 다양성은 진정 좋은 것이며 지속되어야 한다.[5] 다가올 세상에 대한 성경의 모든 비전에는 국가들의 다양성이 포함되어 있다. 요한계시록은 그 세상의 거주민들을 이렇게 묘사한다. "각 나라와 족속과 백성과 방언에서 아무도 능히 셀 수 없는 큰 무리가 나와 흰옷을 입고 손에 종려 가지를 들고 보좌 앞과 어린 양 앞에 서서"(계 7:9).[6] 다른 모든 것이 평등한 상태에서, 독특한 사람들과 집단들이 계속 존재하는 것은 좋은 일이다(물론, 문

화들은 '순수하지도', 고정되어 있지도 않고, 경제, 정치, 과학기술, 지적 능력의 발달과 함께 항상 다른 문화와 만나면서 변화한다). 그러나 그런 집단들은 일정한 경계선을 유지할 때에만 계속 존재할 수 있다.

안보와 문화적 통합성에 적절한 관심을 가지면서 포용과 정의를 추구하려는 자세가 오늘날 이주에 관한 구체적 이슈들에 어떻게 적용되는지 숙고하려면, 몇 가지 구분이 도움이 된다. 이주의 다양한 종류뿐 아니라 이주와 관련된 몇몇 다양한 이슈들이 있다.

- '끌어오는' 이주: 비교적 안정적이고 편안한 상태에 있는 사람들이 다른 나라의 간청에 이끌려 하는 이주. 보통 경제적으로 더 많은 성취를 이루는 기회가 된다.
- '내몰린' 이주: 폭력의 위협이나 지독한 가난으로 인한 이주. 이 이주자들은 본국에서 '내몰려' 다른 곳에서 어떤 기회를 찾으려 한다. 이러한 이주자들 가운데, 폭력을 피해 도망친 **난민**들과, 지독한 가난을 피해 도망친 **경제적으로 절박한 이들** 사이에는 중요한 차이가 있다.
- 이주 위기: 갑자기 혹은 극심한 압박 아래서 대규모의 사람들이 본국을 떠나게 되는 상황.
- 이민 정책: 어떤 사람들과 얼마나 많은 사람들이 한 나라로 이동하는 것을 허용할지, 그리고 그렇게 하는 절차에 관한 일련의 규정들.
- 밀입국 이주자: 국경을 넘을 때 필요한 서류 없이 이동하는 사람들. 밀입국은 이주자들에게 아주 위험하다. 실종 이주자 사업(Missing Migrants Project)에 따르면, 2015년에만 5,200명이 넘는 이주자가 도착지 국가에 가려다가 죽었는데, 대부분 유럽으로 가는 아주 힘든 지

중해 항해에서였다고 한다.[7] 이는 또한 큰 사업이기도 하다. 2003년 당시 멕시코와 미국 사이의 밀입국만으로도 매년 50억 달러 이상의 수익을 올렸다.[8]

기독교 신념들과 우리가 방금 구분한 개념들을 종합 정리하면, 다음과 같은 세 가지 의무가 나온다.

- **수용국은 '끌어오는' 이주자들보다 '내몰린' 이주자들을 받아들이는 데 우선순위를 두어야 한다.** 기독교적 관점에서 볼 때, 이민은 일차적으로 수용국에 '최선의 기여를 할 수 있는 사람들'을 끌어오는 문제가 아니라(예를 들어, 최고의 엔지니어들을 끌어들여 도착지 국가의 경제적 경쟁력을 향상시키는 것)[9] 궁핍한 사람들을 보살피고 정의를 행하는 것이어야 한다.
- **이민 정책에서 난민들이 최우선순위여야 한다.** 이들은 자국에서 그들의 필요가 충족될 가능성이 아주 희박하다. 극적인 정치적 변화만이 그것을 가능하게 할 수 있다. 그에 반해 경제적으로 절박한 이주자들의 필요는 그들을 본국에 머물게 하면서도(예를 들어, 대외 원조를 통해) 충족시킬 수 있으리라 생각된다.
- **현재 이주자들의 필요를 무시하지 않으면서 이주 위기의 뿌리를 다루는 것이 중요하다.** 이주 위기에 적절히 대응하려면, 도착지 국가의 관대하고 정의로운 이민 정책 이상이 필요하다. 출발지 국가들, 그리고 국제 관계에서 이주의 근본 원인들(예를 들어, 전쟁과 가난)을 근절하려는 노력에 힘을 합쳐야 한다.

더 토론할 내용

- 외국인 환대, 문화적 통합성이라는 가치, 주어진 시간과 장소에서의 안보 사이의 올바른 균형점은 어디인가? 어떤 상황에 적절한 것이 다른 상황에 반드시 맞지는 않다. 실제적 지혜와 분별이 필요하다.
- 우리 사회는 대규모 이주의 근본 원인 가운데 어떤 것을 해결할 특별한 책임이 있는가? 어떤 한 사회가 사람들을 이주로 내모는 모든 위기와 불의를 해결할 수 있을 것 같지는 않으므로, 우리는 우리 사회의 에너지를 어디로 향하게 할지 심사숙고해야 한다. 어디에 투자하든, 아무 데도 하지 않는 것보다는 나음을 명심하라.

더 깊은 논의를 위한 자료

입문

Allen, John. "The Politics of Welcoming the Immigrant—Ruth 2:1-23." *Political Theology Today*, August 11, 2014. http://www.politicaltheology.com/blog/the-politics-of-welcoming-the-immigrant-ruth-21-23/. 앨런은 룻기 2장이 우리와 이주자들의 관계에 윤리적 의무가 있음을 암시한다고 주장한다. 이로부터 그는, 미국 정치권의 현 이민 정책에 대한 몇몇 교정안을 아주 개략적으로 제안한다.

Scaperlanda, Michael. "Tragic Compassion." *First Things*, June 19, 2014. http://www.firstthings.com/web-exclusives/2014/06/tragic-compassion. 스캐퍼랜다는 미국의 이민 관리에 개혁이 필요함을 인정하지만, '사면 우선' 전략은—일부 긍휼을 기반으로 정책을 수립하려는 진정한 노력이긴 했으나—실패했고 비극적으로 계속 실패할 것이라 주장한다.

Simpson, Timothy F. "The Politics of Immigration: Genesis 12:1-4a." *Political Theology Today*, March 10, 2014. http://www.politicaltheology.com/blog/the-politics-of-immigration-genesis-121-4a/. 심프슨은 하나님이 아브라함에게 하신 가족을 떠나라는 명령과, 그를 수많은 나라의 아버지로 만들어 주겠다는 약속이, 정착하지 않는 삶이라는 성경의 한 '주제'를 발족시켰다고 주장한다. 그는 그 본문이, 특히 다른 나라에서 이주한 이들을 포함하여 모든 나그네를 아브라함인 것처럼 대하도록 요구한다고 주장한다.

심화

Groody, Daniel G., and Giocacchino Campese, eds. *A Promised Land, a Perilous Journey: Theological Perspectives on Migration*. Notre Dame, IN: University of Notre Dame Press, 2008. 이 글은 이주(멕시코와 미국에 초점을 맞추어)와 여러 부차적 이슈들에 관해 신학적으로 폭넓은 시각을 제공해 준다. 도널드 커윈(Donald Kerwin)의 글은, 이민자들이 기본권에 따라 대우를 받아야 하지만 미국의 현 정책은 그러한 권리 주장을 진지하게 여기지 않고 있다고 주장한다.

Heyer, Kristin. *Kinship across Borders: A Christian Ethic of Immigration*. Washington, DC: Georgetown University Press, 2012. 헤이어는 정의와 연대를 배제한 채 안보나 합법성이나 경제적 번영에 초점을 맞추어 이민을 논의하는 행태를 비판한다.

Snyder, Susanna. "Encountering Asylum Seekers: An Ethic of Fear or Faith?" *Studies in Christian Ethics* 24 (2011): 350-366. 스나이더는 성

경에 이민과 관련한 두 가지 윤리가 나온다고 주장한다. 두려움의 윤리와 믿음의 윤리가 그것이다. 그녀는 영국에서 신앙에 기반하여 설립된 단체들은 보통 망명에 대해 믿음의 입장을 취하고 있지만, 이 단체들도 국민들의 두려움을 인정하고 진지하게 관여해야 한다고 제안한다.

* 그 밖의 참고 자료

김은혜, 박흥순, 설동훈, 오현선, 황홍렬, 『이주민 선교와 신학』(한국장로교출판사). 한국의 이주 노동자와 이주 여성에 대해 주목하는 귀중한 자료다.

김혜란, 최은영, 『성서에서 만나는 다문화 이야기』(대장간). 신학교에서 다문화·상호문화 목회를 가르치고 있는 저자는 하갈, 다말, 라합, 룻과 나오미, 수로보니게 여인, 사마리아 여인, 브리스길라, 루디아 등 성경 속 이주민들의 이야기를 통해 다문화는 하나님 나라 사역의 핵심임을 보여 준다.

서경식, 『디아스포라의 눈』(한겨레출판). 디아스포라의 눈으로 본 세상을 담담하게 풀어낸 에세이로, 경계에 선 자의 섬세한 안목이 돋보인다.

로빈 코헨, 『글로벌 디아스포라』(민속원). 국제 이주 문제 전문가인 저자가 디아스포라를 유형별로 나누어 소개한다. 통시적으로나 공시적으로 디아스포라를 보는 폭넓은 안목을 열어 준다.

세일라 벤하비브, 『타자의 권리』(철학과현실사). 프랑크푸르트학파의 비판 이론을 비판적으로 계승한 저자는, 이 책에서 세계 시민주의에 입각해 외국인과 거류민에 대해 논한다.

존 스토트, 『현대 사회 문제와 그리스도인의 책임』 10장 '인종 문제와 다문화 사회'. 현대 사회의 인종적 신화와 편견을 비판하고 인종적·문화적 다양성의 성경적 토대를 탐구한다.

16
치안

치안은 국민들을 위험으로부터 보호하고, 모두가 번영하는 환경을 조성하는 데 없어서는 안 된다. 경찰들은 적과 싸우는 군인들이 아니라, 동족으로 여겨야 하는 지역사회를 보호하는 수호자들이다. 우리는 경찰들에게, 무엇보다 가난한 이들과 혜택을 받지 못하는 이들의 보호자 역할을 하는 과업을 맡겨야 한다.

2014년 미주리 주 퍼거슨에서 한 경찰관이 흑인 마이클 브라운을 총으로 쏜 이후, 경찰의 역할은 미국에서 광범위한 공개 토론의 주제가 되었다. 총격 여파로 시위가 일어나자, 미디어는 그 이후 경찰이 비무장한 흑인을 죽인 사건들에 더 주의를 집중했고, 다른 부류의 미국인들이 수십 년 동안 알고 있던 것을 많은 백인들에게 가르쳐 주었다. 경찰력이 훌륭한 치안에 필수적이긴 하지만, 한 지역사회와 그곳 경찰들 사이의 좋은 관계는 당연하지 않다는 점이었다. 미국의 수많은 주민들이 그렇듯, 여러 다른 나라들에서도 시민들은 (때로는 올바르게) 경찰을 적으로 여긴다. 참기 힘들 정도로 오만하고, 폭행을 일삼고, 또 종종 부패한 이들로 말이다. 그러나 치안은 없어서는 안 되는 사회 복지다. 그 목적은, 한 지역사회의 주민이나 외국 방문객들이 야기하는 위험으로부터 그 지역사회를 보호하여, 개인의 번영뿐 아니라 공동체의 안녕에도 핵심적인 안보에 기여하는 것이다.

치안을 둘러싼 복잡한 이슈들에 대한 그리스도인의 참여에는 다섯 가지 명령이 필요하다.

1. **평안을 추구하라.** 하나님은 예레미야 29장에서 유다 백성들에게, 그들이 사로잡혀 간 바빌론의 평안을 추구하라고 명령하신다(렘 29:7). 그리스도인들도 유대인처럼 우리가 사는 곳의 평안을 추구하라는 명령을 받는다. 여기서 평화란 그저 폭력이 없는 상태나, 위협과 강력한 힘으로 강요되는 위장된 질서가 아니다. 오히려 그것은 '샬롬', 곧 "폭넓고 깊이 있고 지속 가능한 공동체의 안녕이 계속되는 상태"다.[1] 그래서 NIV는 이 구절을 "그 도시의 **평안과 번영**을 추구하라"라고 번역했고, NRSV는 "그 도시의 **복지**를 추구하라"(저자 강조)라고 번역했다. 평강의 왕이신 그리스도를 따르는 이들은 폭력이 확산되지 않도록 하는 정도나, 마틴 루터 킹이 불화와 불의 위에 덧바른 "역겨운 소극적 평안"이라 칭한 평안을 강요하는 정도에만 제한되지 않는 치안 유지에 전념해야 한다.[2] 우리는 그 이상, 곧 '샬롬'을 목표로 한 치안 유지를 지지해야 한다.

2. **가난한 자들을 보호하라.** "여호와는 정의의 하나님"(사 30:18)이시므로, "성문에서 정의를 세울지어다"(암 5:15)라고 명령하신다. 우리는 정의를 추구할 때, 한 분이신 참되고 정의로우신 하나님이 창조하고 사랑하시는 세상의 결대로 움직인다.[3] 하나님의 정의와 인간이 그대로

모방한 그 정의의 명확한 특징 가운데는, 가난한 자들을 올바르게 대우하겠다는 확고한 고집이 있다('8. 가난'을 보라). 정의를 추구하는 것이란, 법과 법적 판단과 법률 집행이 부유하고 힘 있는 이들보다 가난한 이들과 약한 이들을 더 혹독하게 대하는 경향에 반대하는 것이다. 이사야는 메시아(그리스도인들이 예수 그리스도로 알고 있는)에 대해 "공의로 가난한 자를 심판하며 정직으로 세상의 겸손한 자를 판단할 것이며"(사 11:4)라고 말한다. 이에 맞게 시편 72:4은 왕이 "가난한 백성의 억울함을 풀어 주며 궁핍한 자의 자손을 구원하며 압박하는 자를 꺾"게 해 달라고 기도한다. 그리스도인들은 유복한 이들과 힘 있는 이들의 편을 들지 않는, 또는 그들이 "힘없는 자의 머리를…밟"도록(암 2:7) 두지 않는 치안 유지 활동을 옹호해야 한다.

3. **두려움으로 행동하지 마라.** 복음서를 읽다 보면, 예수님이 사람들에게 끊임없이 두려워하지 말라고 말씀하시는 것을 보게 된다. 예수님이 이보다 더 자주 하신 다른 명령은 없다.⁴ 아마도 치안이라는 주제에 가장 중요하게도, 예수님은 제자들에게 "몸은 죽여도 영혼은 능히 죽이지 못하는 자들을 두려워하지 말고 오직 몸과 영혼을 능히 지옥에 멸하실 수 있는 이를 두려워하라"(마 10:28)라고 말씀하신다. 두려움은 종종 치안에 관한 공적 논의를 왜곡시킨다. 많은 대중이 범죄와 국내의 불안과 테러를 두려워한다. 백인 대중은 흑인을 두려워한다. 또 경찰은 자신의 생명과 안전을 잃을까 봐 두려워한다. 이런 다양한 두려움을 인정하는 것은 중요하지만(그중 일부는 다른 두려움보다 더 합리적으로 현실에 기반을 두고 있다), 두려움으로 판단하고 행동하게 되면 불신과 적대감과 폭력만 키울 뿐이다. 그리스도인들은 두려움에 기

초한 주장과, 위협을 과장하고 정의를 보지 못하게 하고 평화를 흔드는 치안 유지 정책에 저항해야 한다.[5]

4. **진리를 추구하고 진리를 말하라.** 진리이신(요 14:6) 그리스도를 따르는 우리는 진리를 추구해야 한다. 또 사랑 가운데 진리를 말해야 한다(엡 4:15). 하나님이 사랑이시며 우리에게 사랑하라고 하시기 때문이다. 죄로 손상된 세상에서, 우리는 움츠러들지 말고 엄중한 진리에 귀를 기울이고 그 진리를 말해야 한다. 우리는 오늘날 치안의 현실이 된 인종차별, 민족적·종교적 편견, 불의의 역사를 덮어 버릴 수 없다. 우리의 의식에는 거의 흔적을 남기지 않으면서 행동으로는 표현되는 강력한 선입견을 무시할 수 없다.[6] 예를 들어, 경찰과 법률 제도가 흑인 소년들을 실제보다 더 나이 들었다고 보고, 그에 따라 흑인이 아닌 또래들보다 행동에 더 큰 책임을 물어 엄하게 다루는 경향이 없는 척할 수 없다.[7]

5. **이웃을 사랑하라.** 훌륭한 치안 활동에는 반드시 이웃 사랑이 들어 있다. 최선의 모습일 때 그것은 이웃을 효과적으로 돌보는 방법이다. 치안 활동은 폭력적이거나 위험한 상황을 종식시키고, 위험에 처했거나 폭행을 당한 사람들에게 안전을 되찾아 줄 수 있다. 역할을 잘하는 경찰들은 유죄냐 무죄냐를 판단하지 않는다. 그것은 법원이 할 일이다. 경찰은 사람들을 위험에서 보호하고 지역사회에 질서를 되찾아 준다. 이웃 사랑은 보편적이어야 한다(마 5:43-45; 눅 10:25-37). 치안과 관련한 결정을 하는 이들은 인종, 계급, 문화에 상관없이 이웃을 모두 사랑해야 하고, 그들이 모두 보호와 보살핌을 받을 자격이 있음을 인지해야 한다. 경찰들도 자신이 만나는 모든 사람의 삶과 복지를 소

중하게 생각해야 한다.

경찰은 국내의 치안에 초점을 맞춘다. 이런 면에서 그들은 국가의 안보에 초점을 맞추는 군인과 구별된다. 그 차이는 결정적이며, 특히 민주주의에서 확연하다. 역사에 남을 만한 링컨의 어구를 사용하자면, 민주주의 정부는 국민의, 국민에 의한, 국민을 위한 정부다. 아주 근본적 차원에서, 경찰과 국민은 서로 겨루는 집단이 아니다. 경찰도 스스로를 보호하는 국민이다.[8] 경찰이 적대적이고 수상쩍은 주민들 가운데서 스스로를 점령 세력과 비슷하다고 보는 순간, 자신들의 행동을 정당화할 근거가 없어진다.

우리는 경찰에게 아주 어려운, 어떤 면에서는 불가능하기까지 한 임무를 맡긴다. 그들은 어떤 사건에 개입할 때마다 상황을 오해할 가능성이 있고(총인 줄 알았는데 장난감이었다), 힘을 과도하게 사용할 가능성이 있으며(저지하려는 작전이 생명을 위협하는 제압이 된다), 혹은 그들의 개입이 상황을 확대시킬 가능성도 있다(대립하는 형태의 개입은 평화를 되찾기보다는 폭동을 촉발한다). 국정에 관여하는 다른 정부 기관과 비교해서 경찰의 독특한 특징은, 법을 집행하기 위해 국가의 강압적 권력을 사용할 권리가 있다는 것이다. 이로 인해 그들은 국가 공무원을 포함한 다른 대부분의 사람들보다 훨씬 더 자주, 잠재적으로 치명적인 폭력을 사용해야 하는 상황에 놓인다. 치명적 폭력은 무고한 이들의 생명을 직접 방어하기 위해 사용될 때에만 타당하다. 그러나 실제로 무고한 생명에 위협이 되는 때는, 보통 눈 깜짝할 사이에 정확히 분별하기가 어렵다. 그러한 결정을 하는 것은 특별한 책임이다. 심지어 이 임무에 성공하는 것, 즉 더 나은 방법이 없어 죽이는 것은 비극이다. 또한 이 임무에 실패하는 것, 그래서는 안 될 때 죽이는 것은 재앙이다.

경찰은 무고한 이들을 위험에서 보호할 때 자기 목숨을 걸 수도 있다. 운이 나쁘면 근무 중 죽을 수도 있다. 2014년 미국에서 발생한 '중범죄 사건'에서 근무 중에 죽은 경찰관 수는 51명이었다. 이로 인해, 경찰관들은 택시 기사와 운전기사 다음으로 근무 중에 살인의 희생자가 될 가능성이 두 번째로 많은 직업이 되었다.[9] 그러나 경찰들이 목숨을 거는 위험을 없애려 할수록 폭력의 측면에서 실수할 가능성이 많아지고, 그러면 부당하게도 다른 사람의 생명을 위험에 처하게 할 가능성이 많아진다. 때로는 무고한 이들을 보호한다는 명목하에 무고한 이들에게 더 해를 입힐 가능성도 많아진다. 비교적 포괄적인 데이터를 구할 수 있는 첫해인 2015년에 미국 경찰은 1,136명을 죽였는데, 그중 흑인의 수가 현저하게 많았다.[10] 사실 2014년 백인 성인이 **아무에게든** 죽임을 당한 경우보다(10만 명당 2.52명), 2015년에 18세에서 34세까지의 흑인이 경찰에 의해 죽임을 당할 가능성이 더 높았다(10만 명당 3.19명).[11]

치안 유지의 어려움의 한 면은 우리가 경찰에게 허락한 강압적 권력이 엄청나게 왜곡될 가능성이 있다는 것이다. 경찰이 항상 올바르지는 않다. 심지어 법도 항상 올바르지는 않다. 명백한 사실일지 모르나, 경찰권 남용을 못 본 체하는 경향이 있는 이들에게 강조하는 것이 중요하다. 일어날 만한 각양각색의 왜곡이 정말 많다(경찰이 지역사회를 올바르게 보호하는 여러 방편이 있듯이).

- 직접적 부패는 여전히, 미국 퍼거슨 같은 지역을 포함하여 세계 여러 나라에서 경찰에 대한 대중의 신뢰를 철저히 무너뜨리고 있다.[12]
- 여러 지역, 특히 도시에서 경찰은 스스로를 시민의 삶을 수호하는 이들이 아닌 적진에 있는 군인으로 보고, 자신들이 보호해야 하는 시민들에게 적대적 자세를 취한다.[13]
- 암시적이든 직접적이든, 인종적 편견은 경찰이 청렴하게 강제력을 사용하는 데 계속 위협이 된다.

앞에서 경찰의 사명과 그것이 왜곡될 가능성, 그리고 치안에 관한 기독교적 시각의 틀이 되어야 하는 다섯 가지 명령에 관해 이야기했으므로, 이제 우리가 이루어야 하는 다섯 가지 목표를 강조하려 한다.

- **경찰은 군인이 아니라 시민의 삶을 수호하는 이들이 되어야 한다.** 아마도 멕시코의 마약 제국 같은 극단적 상황을 제외하면, 경찰은 영토를 재정복하려 하거나 '적들'의 공격으로부터 그 영토를 방어하려 하지 않는다. 그들은 한 지역사회의 구성원들이 야기할 수도 있는 잠재적 위험으로부터 그 지역사회를 보호한다. 경찰의 무기는 이 목적에 맞아야 하며, 군인 흉내를 내어서는 안 된다.
- **경찰은 강제력을 사용하지 않고 지역사회를 보호하는 기술 훈련을 받아야 한다.** 어떤 사회가 정신 질환이나 노숙 같은 사회적 이슈에 대응하기 위해 경찰에 의지하고 있을 경우 특히 중요하다. (경찰에게 이런 이슈에 대한 대응을 맡기는 일이 지혜로우냐 아니냐는 독립적으로 중요한 문제다.)

- 법은 경찰이 지역사회 주민들에게 반대하는 입장에 있지 않게 해야 한다. 미국에서는 수많은 지방자치 법률과 정책들이 사실상 주민 전체를 범인 취급한다. 예를 들어, 지방 정부의 자금 마련을 위해 사소한 위반에 벌금을 부과하고, 가난한 시민들이 벌금을 낼 수 없을 때 점점 가혹하게 그들을 처벌할 수 있다. 이러한 법체계에서는 모든 사람이 경찰에게 '범죄자'가 되고, 경찰은 가난한 모든 사람의 생계에 위협이 된다.
- 공공 정책과 경찰청 문화는 법을 어기거나 올바른 절차를 위반하는 경찰들을 덮어놓고 보호하지는 않되, 경찰관들에게 필요한 지원을 제공해야 한다. 경찰관들은 어떤 잘못된 판단을 하더라도 생계와 심지어 자유도 위태롭지 않을 것임을 신뢰하는 것이 중요하다. 그러나 심각한 잘못을 한 경찰관들이 그에 맞게 심판을 받고, 지역사회가 그들로 인한 더 이상의 위협으로부터 보호받는 것도 그만큼 중요하다.
- 경찰관들이 힘을 불법으로 사용했을 때 심판하는 책임을 독립된 관청이 맡아야 한다.

더 토론할 내용

- 경찰은 평소에 어떤 무기를 휴대하고 다녀야 하는가? 어떤 장소의 어떤 경찰들이 총기 없이도 임무를 수행할 수 있는가? 치명적이지 않은 어떤 대안이 가능하며 최선일까?
- 경찰관들에 대한 어떤 형태의 감시가 폭력 남용을 줄이는 데 도움이 될까? 경찰의 행동들을 파악하려면 어느 정도의 비디오카메라가 있어야 하는가? 그것은 얼마나 공유되어야 할까?

더 깊은 논의를 위한 자료

입문

Coates, Ta-Nehisi. "The Myth of Police Reform." *Atlantic*, April 15, 2015. http://www.theatlantic.com/politics/archive/2015/04/the-myth-of-police-reform/390057/. 코테스는 경찰 개혁에 관한 논의가 너무 편협하므로, 우리가 얼마나 많은 사회 문제를 폭력으로 해결하려 하는지에 관한 더 폭넓은 대화가 필요하다고 주장한다.

Friedersdorf, Conor. "Ferguson's Conspiracy against Black Citizens." *Atlantic*, March 5, 2015. http://www.theatlantic.com/national/archive/2015/03/ferguson-as-a-criminal-conspiracy-against-its-black-residents-michael-brown-department-of-justice-report/386887/. 이 글은 퍼거슨 사건에 관한 사법부의 설명과 통계를 조명하며, 특히 미국 흑인들에 대한 충격적 학대는 현재의 치안에 긴급한 의문을 제기한다고 강조한다.

Jennings, Willie James. "After Ferguson: America Must Abandon 'Sick Christianity' at Ease with Violence." *Religion Dispatches*, December 9, 2014. http://religiondispatches.org/after-ferguson-america-must-abandon-the-sick-christianity-at-ease-with-violence/. 제닝스는 퍼거슨 사건이, 그리스도인들이 '법과 질서'라는 이름으로 너무도 편하게 여기게 된 폭력에 관한 것이라고 주장한다.

Winright, Tobias. "Statement: Catholic Theologians for Police Reform and Racial Justice." *Catholic Moral Theology*, December 8, 2014. http://catholicmoraltheology.com/statement-of-catholic-theologianson-racial-justice/. 가톨릭 신학자들과 윤리학자들이 서명한 400쪽이 넘는 문서로, 특히 인종차별과 관련한 치안 유지의 개혁을 요구한다.

심화

Balko, Radley. *Rise of the Warrior Cop: The Militarization of America's Police Force*s. New York: PublicAffairs, 2013. 미국의 치안 활동에 관한 이 매력적인 역사서는, 무장화가 심화된 이야기를 하며 이 흐름을 어떻게 교정할지에 대한 제안으로 마무리된다.

Friesen, Duane K., and Gerald W. Schlabach, eds. *At Peace and Unafraid: Public Order, Security, and the Wisdom of the Cross*. Scottdale, PA: Herald, 2005. 평화주의에 헌신한 여러 교회 출신의 학자들이 공공 질서와 안보에 관한 신학적 질문들과 씨름한 2년간의 결과물이다.

Taylor, Mark Lewis. *The Executed God: The Way of the Cross in Lockdown America*. Minneapolis: Augsburg Fortress, 2001. '엄중한 감금 미국'에 대한 이 급진적인 신학적 비판은, 치안 유지 활동이 사법 제도에 관련된 더 광범위한 문제들에 연루되어 있는 모습을 다룬다.

* 그 밖의 참고 자료

장훈교, 『밀양 전쟁』(나름북스). 밀양 주민들의 오랜 투쟁은 국가 권력과 거대 자본을 상대로 한 내전이다. 체제 유지를 위해 치안과 안전을 분리시킨 기막힌 상황을 세밀하게 다루고 있다.

에티엔 발리바르, 『폭력과 시민다움』(난장). 발리바르는 폭력의 애매성을 주목하는 가운데, 폭력 안에서 폭력에 맞서는 반폭력의 정치를 이야기한다.

17
형벌

그리스도가 보응을 종식시키셨으므로, 형벌이 범죄에 대한 보복이어서는 안 된다. 범죄자에 대한 처벌은 사회를 위험으로부터 보호하며, 피해자는 물론 범죄자의 인격을 존중하고, 범죄자들을 사회에 통합시키는 것을 목표로, 범죄자와 피해자, 그들이 속한 지역사회 사이의 화해 가능성을 촉진하는 것이 되어야 한다.

미국은 세계에서 교도소 수감자가 가장 많다. 2013년 미국 감옥에는 220만 명이 감금되어 있었는데, 당시 전 세계 감옥에는 대략 1,020만 명이 감금되어 있었다. 미국에서는 10만 명당 716명이 죄수였다. 미국 감옥들이 이 재소자들을 성공적으로 '교화시키고' 있다고 말하기는 어렵다. 2014년의 연구는, 과거 수감자들 77퍼센트가 출감 후 5년 이내에 새로운 범죄로 체포됨을 보여 주었다. 수감자들은 투옥되어 있는 동안 종종 치욕스러운 대우를 받고 때로는 노골적 학대를 당하기도 한다. 지난해 소년원에 수감되었던 청소년 가운데 거의 10퍼센트는 다른 수감자나 직원에게 성적으로 괴롭힘당했다고 신고했다. 교도소 제

도는 흑인에게 충격적일 정도로 불균형한 영향을 미친다. 미국 성인의 12퍼센트가 흑인인 반면, 교도소 수감 인원의 40퍼센트가 흑인이다.[1] 이러한 상황은 사려 깊은 성찰과 신앙에 충실한 참여를 요구한다.

범죄와 형벌에 관한 성찰의 출발점으로, 당시에는 사형죄에 처해졌던 간음하다 잡혀 온 여인과 예수님의 이야기를 생각해 보자. 서기관과 바리새인들이 내놓은 시험에 예수님이 보이신 놀라운 반응은, 형벌에 대한 기독교적 이해의 중요한 특징들과 사회에서 그것의 자리를 조명해 준다. 그 이야기는 이렇다.

서기관들과 바리새인들이 음행중에 잡힌 여자를 끌고 와서 가운데 세우고 예수께 말하되 "선생이여 이 여자가 간음하다가 현장에서 잡혔나이다. 모세는 율법에 이러한 여자를 돌로 치라 명하였거니와 선생은 어떻게 말하겠나이까?" 그들이 이렇게 말함은 고발할 조건을 얻고자 하여 예수를 시험함이러라. 예수께서 몸을 굽히사 손가락으로 땅에 쓰시니 그들이 묻기를 마지 아니하는지라. 이에 일어나 이르시되 "너희 중에 죄 없는 자가 먼저 돌로 치라" 하시고 다시 몸을 굽혀 손가락으로 땅에 쓰시니 그들이 이 말씀을 듣고 양심에 가책을 느껴 어른으로 시작하여 젊은이까지 하나씩 하나씩 나가고 오직 예수와 그 가운데 섰는 여자만 남았더라. 예수께서 일어나사 여자 외에 아무도 없는 것을 보시고 이르시되 "여자여 너를 고발하던 그들이 어디 있느냐? 너를 정죄한 자가 없느냐?" 대답하되 "주여 없나이다." 예수께서 이르시되 "나도 너를 정죄하지 아니하노니 가서 다시는 죄를 범하지 말라" 하시니라. (요 8:3-11)

이 이야기에서 끌어낼 수 있는 첫 번째 요지는, 우리는 모두 온전한 의인이 아닌 죄인들로 범죄와 형벌에 대한 판단을 한다는 것이다. 그 여인 주위로 모여들었던 서기관들과 바리새인들과 마찬가지로 우리도 "죄 없는" 사람들이 아니다. 그런 사람은 아무도 없다. 우리도 심판 아래 있고, 정당하게 스스로 의롭다는 판사의 자세를 취하고 '저' 범죄자들을 어떻게 처리할지 결정할 수 없다. 모든 사람이 비난받아 마땅한 존재임을 인정하는 것은, 형벌에 대한 우리의 모든 생각의 기초가 되어야 한다.

둘째로, 예수님은 그 여인이 죽임당하기를 바라지 않으신다. 서기관들과 바리새인들은 예수님을 시험하고자 그 여인의 사건에 관해 질문한다. 그러나 그 질문은 예수님이 거룩한 율법책의 뜻에 따라 행동하고 싶어 하지 않는 건 아닌지 알아보려는 시험일 뿐이다. 그렇다면, 쉬운 답이 있고 시험은 없다. 그 답은 "그 여자를 돌로 쳐라. 그리고 가자"다. 율법에 따라 정의가 행해질 것이다. 그러나 서기관들과 바리새인들의 의혹은 정확하다. 예수님이 아무리 율법을 존중한다 해도, 그분은 여전히 이 여인이 처형당하는 것을 원하지 않으신다. 이는 간음이 범죄가 아닌 문화에서라도 명백해 보일 것이다. 그러나 예수님의 대답은 더 큰 요지를 보여 주신다. 그분은 죄인의 죽음을 즐기지 **않는**다. 사실 그분은 복음이 선포하듯, 죄인들을 구원하기 위해 죽으려고 오셨다. 우리도 동료 죄인들의 고난을 덜 즐겨야 하지 않을까!

셋째로, 예수님은 그 여인이 처형당하는 것을 바라지 않으셨지만, 여전히 실제로 그 여인이 분명 죄를 지었다고 생각하신다. 그 여인을 향한 그분의 마지막 말씀, 곧 "가서 다시는 죄를 범하지 말라"라는 말씀이 그것을 입증한다. 그 여인은 간음을 저질렀고, 이는 벌을 받아 마땅한 죄다. 그러나 이 마지막 말씀이 암시하는 바가 있다. 이야기 전체의 요지는 그저 재판하러 서 있던 이들의 자기 의를 드러내려는 것이 아니라, 벌을 받아 마땅한 범죄자들에게 베푸는 용서의 은혜를 보여 주는 것이며, 죄를 지은 여인이 과거의 죄에서 떠난 새로운 삶의 방식으로 옮겨 가게 하는 것이었다.

질서가 잘 잡힌 사법 제도는 범죄의 과거를 처리하고, 범죄자에게 새로운 미래의 가능성을 열어 준다. 국가의 법 제도는, 범죄를 되돌아보며 판결을 통해 **범법 행위를 지정해야 한다**. 국가가 궁극적 재판관이신 하나님의 지위를 찬탈해서는 절대 안 되지만, 그 대리자로서 잘못된 것을 능력껏 잘못되었다고 규명하는 것은 중요하다. 통탄할 만한 악행을 가리거나 완전히 무시하는 것은 범법 행위를 마치 잘못이 아닌 것처럼 다루고, 희생자들을 모욕하며, 공공 생활에 필요한 도덕 질서를 약화시키는 행동이다. 범법 행위를 지정하는 것은 그것에 대해 진실을 말하는 것이며, 사회가 그것을 용납하지 않음을 공개적으로 내보이는 것이다.

그러나 국가가 공개적으로 지정한 그러한 범법 행위를 저지른 이들은 어떤 벌을 받아야 하는가? 가장 일반적 대답은 응징이다. 응징은 '눈에는 눈, 이에는 이' 원리이거나, '눈과 이에는 눈과 이'와 대략 같은 정도의 원리다. 응징은 저울의 균형을 맞추고 빚을 갚기 위해 범죄자에게 정확한 보상을 받으려 한다. 응징은 적절한 조치인지에 대한 의식 없이 고통을 가하는 복수와만 대조되는 것이 아니라, 범죄자에게 맞서는 행동을 하지 않는 용서와도 대조된다. 그리고 그것이 기독교적 시각에서 볼 때 응징과 관련된 문제다. 예수님이 간음을 범한 여인에게 베푸신 용서는, 요한복음에서 하나님이 온 세상의 죄에 대해 예수 그리스도 안에서 하신 일을 은유적으로 보여 준다. 하나님의 어린 양이신 그분이 수치스러운 십자가에서 온 세상의 죄, 즉 지금까지 살았던 모든 사람 혹은 살아갈 모든 사람의 죄를 지셨다(요 1:29). 그러므로 더 이상 갚을 빚이 없고, 더 이상 균형을 맞추기 위해 올려놓아야 할 저울추가 없다. 하나님이 그리스도 안에서 용서하셨듯이 우리도 그래야 한다. 우리의 개인적 관계에서는 물론 사회에서도 말이다. 우리는 범법 행위를 지정하지만 범법자를 불리한 상황에 두지는 않는다. 그리스도는 보복을 종식시키셨다.[2]

그러나 그리스도가 모든 형벌을 종식시키지는 않으셨다. 용서와 양립할 수 있는 형벌들은 응징과는 대조적으로 미래를 내다본다. 일반적으로 '교정'이라 부르는 것이다. **형벌 제도에 대한 대안으로 교정 제도라는 용어를 사용할 때처럼** 말이다. 교정의 목표는 과거의 범법 행위로 망가진 사람을 더 좋은 사람으로 만들고, 더 좋은 세상을 만드는 것이다.

- **우리는 처벌을 통해 지역사회가 더 이상의 해를 입지 않도록 보호해야 한다.** 보통 하나의 죄를 범한 이들이 또 다른 죄를 범하지 않을까 하고 염려할 만한 이유가 있다. 형벌은 그럴 기회를 제한하는 형태로 이루어져야 한다. 특정 형태의 제지 역시 이 범주에 해당한다. 그렇다면 형벌은 속도위반 벌금과 같다. 응징이 아니라, 실제 범법자나 잠재적 범법자들이 더 이상의 죄를 짓지 않도록 하는 수단

인 것이다.

- 우리는 처벌을 통해 범죄자들이 교화되도록 해야 한다. 누군가에게 어떤 범죄에 대해 유죄 판결을 내리는 바로 그 행동은, 그에게 그 행동에 대한 책임이 있음을 시사한다. 그러나 보통 범죄자들이 책임 있게 행동할 수 있는 행위자로 (다시) 변하기 위해서는 물론이고, 옳고 그름을 분별하는 법을 (다시) 배우기 위해서도 시간과 도움이 필요하다. 처벌은 그러한 시간과 도움을 제공해야 한다.
- 우리는 처벌을 통해 화해가 이루어지게 해야 한다. 범죄로 인한 구체적 희생자가 있을 때, 처벌은 그 피해자와 범죄자 사이의 화해 가능성을 열어 주어야 한다. 화해를 강요하는 것은 옳지 않으며 불가능하기도 할 것이다. 하지만 그리스도인들은 그리스도 안에서 세상이 하나님과 화해했다고 믿으므로, 우리는 사람들 사이의 화해를 촉진해야 한다. 범죄는 어느 면에서든 지역사회에 해를 끼치므로, 지역사회와 범죄자 사이의 화해도 항상 필요하다.

역사를 통틀어, 사법 제도는 이러한 처벌의 목적과 방식의 이상에 전혀 부합하지 못했다. 주로 처벌을 응징의 문제로 다룸으로써 왜곡시켜 왔다. 우리는 사람들을 감옥에 보냄으로써 그들의 범죄에 대해 '대가를 치르게 했다'고 생각한다. 심지어 우리는 '의로운' 이들인 양 범법자들의 고통과 죽음을 즐기기까지 한다. 처벌에 대한 기독교적 이해에 함축된 내용은, 우리는 무엇보다 우리 문화와 사법 기관에 내면화된, 고통을 가해야 한다는 집착과 응징을 근절하려 해야 한다는 것이다.

또 다른 함축된 내용은 이런 것들이다.

- **사형 제도를 폐지해야 한다.** 사형은 형벌에 대한 기독교적 시각에 가장 부합하지 않는 제도다. 감옥 체계가 안전한 나라들에서는, 사형이 지역사회를 더 잘 보호하는 데 거의 아무런 기여도 하지 못한다. 더욱이 사형은 교화나 화해를 촉진한다고 보기 어려우며, 오히려 그것을 불가능하게 한다. 응징을 하려는 것이 아니라면 사형을 할 만한 강력한 이유가 없다. 따라서 그리스도인들은 사형에 강력하게 반대해야 한다. 그러나 사형이 원리적으로만 나쁜 것이 아니다. 그것은 실제로 집행될 때에도 불공평하다. 인종적으로 편향되어 있고, 가난한 이들을 좋지 않게 보는 편견도 있다. 따라서 우리는 무고한 사람들이 사형에 처해진다고 거의 확신할 수 있다.[3]
- **가석방 없는 종신형은 폐지해야 한다.** 특정 수감자는 평생 수감되어야 할지도 모르지만, 범죄자에게 가석방 없는 종신형을 선고하는 것은 그 범죄자가 교화될 수 없다고 미리 결정하는 것이거나, 수감자의 교화는 그의 수감과 관련이 없다고 전제하는 것이다.
- **입법부터, 재판, 처벌까지 형벌 제도가 공정해야 한다.** 공정성이 없다면 범법 행위에 정직하게 이름을 붙일 수 없을 것이고, 사법 제도가 정의를 왜곡하며, 범죄자와 희생자와 사회에 도움이 되지 못할 것이다. 공정하지 못한 모습은 사회마다 다르다. 오늘날 미국에서 세 가지 가장 잘못된 행태는 (1) 심히 극악하고 폭력적인 범죄를 저질렀음에도 불구하고, 재정에 여유가 있는 아주 부유한 이들이 거의 처벌을 받지 않는 것, (2) 노숙을 금하는 법률의 경우처럼 가난을 죄로 만드는 것, (3) 법을 제정할 때(예를 들어, 마약 소지에 대한 불균형적 의무 형량 선고),[4] 법을 집행할 때(예를 들어, 경찰이 흑인들에게 총격

을 가하는 것 같은, 피부색과 인종을 기반으로 용의자를 추적하는 혐오스러운 모습),[5] 배심원단 사이에서(예를 들어, 흑인 피고의 유죄 판결 비율이 더 높은 현상),[6] 판사들 사이에(예를 들어, 같은 범죄인데 흑인 피고들이 더 높은 형량을 선고받는 경우)[7] 만연해 있는 인종적 편견이다.

- 형량은 소위 복수가 될 만한 수준이 아니라, 수감자가 그 지역사회에 초래할 위험, 교화에 가장 도움이 되는 정도, 화해를 촉진할 수 있는 정도에 기초를 두고 정해야 한다. 이러한 체제를 가능하게 하려면 유의미한 경험적 연구 조사가 상당량 필요하다.
- 교도소 체계는 재범을 유발하지 않고 교화를 촉진하는 방향으로 조정되어야 한다. 대부분의 교도소 체계에는 인간성을 말살하는 처우가 아주 많다. 이는 범죄자들의 뉘우침과 교화를 촉진하기보다는 상실하게 만들어, 결국 지역사회도 보호하지 못한다. 오늘날의 투옥은 보통 범죄자들이 차후에 다른 범죄를 범할 가능성을 높이고 있다.[8] 교도소에서는 범죄자들이 교화될 수 있도록 더 나은 기회를 주는 프로그램과 정책들을 채택해야 한다.[9]
- 가석방 규정들과 공공 정책들은, 범죄자들을 사회에 성공적으로 통합시킬 수 있어야 한다. 범죄자들이 형량을 다 마치기 전에 일자리를 얻거나, 집을 찾거나, 다른 기본 필요를 충족시킬 기회를 갖게 하는 일들은, 교화와 화해를 촉진하려는 처벌의 목표에서 나온다.[10]
- 감옥은 사기업이 소유하거나 운영해서는 안 된다. 사설 감옥은 재소자들이 많을수록 수익이 나기 때문에 수를 늘리는 데 관심이 있다. 어떤 산업도 그러한 비뚤어진 동기에 기초해서는 안 된다. 모든 교도소 체계가 이러한 동기에서 운영된다면 모두 비뚤어질 것이다.

범죄자들에게 부과한 벌금을 지방 정부의 예산으로 쓰겠다는 전략은 받아들일 수 없다. 국정 운영 기금을 마련하는 것이 처벌의 목적 가운데 하나가 아니라는 사실은 말할 필요도 없다. 그러나 예를 들어, 미주리 주 퍼거슨의 경우 그 도시 총 수입의 21퍼센트가 법정 벌금으로 이루어져 있다. 인근 도시들은 그 수치를 40퍼센트 정도로 잡고 있다.[11] 이러한 전략은 가난한 이들에게 해를 끼치고, 공무원들에게 시민을 괴롭히도록 자극하고, 결국 민주주의 정부의 대표가 되어야 하는 바로 그 시민들을 범죄자로 만드는 일에 의존할 수밖에 없다.

더 토론할 내용

그리스도인들은 처벌에 대한 비보복적 시각을 가지고 다음과 같은 질문들을 논의해야 한다.

- 투옥 대신에 실행 가능한 대안은 무엇이며, 언제 사용되어야 할까? 이 제안에 관해 논의하다 보면, 아마 범죄자들로부터 지역사회를 지키려는 목표와 범죄자들의 교화와 화해를 촉진하려는 목표가 서로 충돌할 때 균형을 잡는 최선의 방법은 무엇인가라는 질문을 하게 될 것이다.
- 교도소 체계가 범죄자들의 교화와, 지역사회 및 희생자들과 그들의 화해에 더 도움이 되려면 어떤 체제와 정책이 필요할까? 창의적 대안들이 필요하다. 또 이러한 제안들의 효율성은 시도해 보지 않고는 측정하기 어려우므로, 어떤 제안들이 탐구할 만한 가치가 있는지에

대한 어려운 판단을 하기 위해 논의가 필요하다.

- 죄수를 줄이기 위한 최선의 방법은 무엇인가? 아주 다양한 사회 정책 및 다른 요인들과 함께, 선고 원칙들이(삼진아웃법, 최소 의무 형량 등) 영향을 미친다. 어떤 접근들을 조합해야 더 많은 사람을 감옥에 들어가지 않게 하고, 사람들을 필요 이상으로 더 길게 수감되지 않게 할까?

더 깊은 논의를 위한 자료

입문

Bottum, Joseph. "Christians and the Death Penalty." *First Things*, August 2005. http://www.firstthings.com/article/2005/08/001-christians-and-the-death-penalty. 보텀의 주장에 따르면, 기독교는 국가를 우상화하지 말라고 가르쳐야 한다. 국가가 살인자들을 처형하여 '혈채'(blood debt)를 받으려 하는 것을 허용해서는 안 된다.

Dulles, Avery Cardinal. "Catholicism and Capital Punishment." *First Things*, April 2001. http://www.firstthings.com/article/2001/04/catholicism-amp-capital-punishment. 덜레스 추기경은 이 사려 깊고 암시적인 글에서 사형 제도를 둘러싼 수많은 미심쩍은 문제와 씨름하고 나서, 모든 것을 감안할 때 그리스도인들은 현대 사회에서 이 제도를 지지해서는 안 된다고 결론 내린다.

Prunés, Lani. "Mass Incarceration: The Politics behind the Bars." *Sojourners*, June 2015. http://sojo.net/magazine/2015/06/mass-incarceration-politics-behind-bars. 이 인포그래픽 하나가 미국 형사법 제도의

여러 문제들을 잘 보여 준다.

Stillman, Sarah. "Get Out of Jail, Inc." *New Yorker*, June 23, 2014. http://www.newyorker.com/magazine/2014/06/23/get-out-of-jail-inc. 벌금 사용을 둘러싼 폐해, 형사법 제도의 여러 측면이 점점 민영화되고 있는 현상을 오싹할 정도로 상세히 기록하는 글이다.

심화

Alexander, Michelle. *The New Jim Crow: Mass Incarceration in an Age of Colorblindness*. New York: New Press, 2010. 깊은 연구에서 나온 이 영향력 있는 책에서, 알렉산더는 오늘날 형사법 제도가 반세기 전 흑인 차별법과 거의 똑같은 기능을 한다고 주장한다.

Hauerwas, Stanley. "Punishing Christians." In *Performing the Faith: Bonhoeffer and the Practice of Nonviolence*, pp. 185-200. Grand Rapids: Brazos, 2004. 하우어워스에 따르면, 그리스도인들이 제안하는 형법 개혁은 형벌 이론이 아니라 용서와 화해를 위해 처벌을 시행하는 한 공동체의 증언이어야 한다.

Logan, James Samuel. *Good Punishment? Christian Moral Practice and U.S. Imprisonment*. Grand Rapids: Eerdmans, 2008. 로건은 기독교적 처벌에 대한 하우어워스의 글을 기초로, 미국의 형사법 제도를 평가하고 변화시키려 한다.

O'Donovan, Oliver. "Punishment." In *The Ways of Judgment*, pp. 101-124. Grand Rapids: Eerdmans, 2005. 이 장은 처벌이 사람이나 재산, 혹은 죄수의 석방에 대한 법제화된 판단이라는 설명을 지지한다.

* 그 밖의 참고 자료

루크 홀스만, 『사형제 부활이냐 형벌제도 폐지냐』(사람소리). 저자는 지금의 형벌제가 범죄를 구성할 뿐 아니라 유지하고 있다고 판단하여, 검찰, 법원, 교도소 등의 폐지를 제안한다.

빈프리트 하세머, 『범죄와 형벌』(나남출판). 독일 헌법재판관을 지낸 저자는, 사법 체계에 대한 질문의 연장선상에서 국가의 폭력 문제에 대한 고찰로 나아간다.

18
전쟁

우리는 국가 내에서뿐 아니라 국가들 사이에서도 평화를 추구해야 한다. 전쟁은 절대, 혹은 거의 절대 정당화할 수 없다. 성공적으로 정당화하려면, 어떤 특정 전쟁이 이웃을 사랑하고 원수를 사랑한 사례임을 보여 주어야 하는 무거운 짐을 져야 한다.

20세기에 일어난 전쟁과 물리적 충돌로 2억 3,100만으로 추정되는 사람들이 죽었다.[1] 21세기 초반에는 실제로 전쟁에서 목숨을 잃는 일이 줄어들었지만, 전투는 과거의 일이라 할 수 없다. 사실, 아주 많은 나라에서 전쟁은 거의 항상 존재하는 실재다. 미군은 1986년에서 2015년까지 30년 동안 스물여덟 번 전투에 참여했다. 영국군은 1914년에서 2014년 사이에 매년 세계 어딘가에서 전투 중이었다.[2] 2016년 초반에도 전 세계에서 여전히 수십 건의 무력 충돌이 있었다. 어떤 충돌은 시리아의 경우처럼 격렬했고, 어떤 충돌은 카슈미르의 경우처럼 폭발 직전이었지만 끓어넘칠 조짐을 보였다. 2014년 전 세계 군비 지출은 총 1조 7,000억 달러가 넘었다.[3] 전쟁과 평화 추구는 공적 참여에서 여전히 긴급한 이슈다.

그리스도인들은 이렇게 계속되는 여러 전쟁들에 참여하기도 하고 그 전쟁들을 지원하기도 한다. 전혀 특이한 일이 아니다. 백년전쟁 때의 프랑스와 잉글랜드의 기사들로부터 2010년대의 러시아와 우크라이나의 민족주의자들에 이르기까지, 역사 내내 그리스도인들은 자신의 신앙보다 나라를 더 중요시하는 비참한 경향을 보였다. 미국의 그리스도인들도, 적어도 처음에는 미국이 참여하는 모든 전쟁을 전반적으로 지지했다. 우리는 우리의 전쟁들이 옳다고 생각했고, 모든 군대 동원을 비판적으로 평가할 우리의 책임을 저버렸다.

하나님은 "평강의 하나님"(롬 15:33; 히 13:20)이시다.[4] 우선 하나님의 존재 자체에서 그 점이 나타난다. 삼위일체이신 하나님은 세 '위격' 사이의 화해로운 상호 관계시다. 성부와 성자와 성령 사이에는 적대감도 없고 충돌도 전혀 없다. 평화의 하나님이 세상을 창조하셨으므로, 세상은 평화의 세상이어야 한다. 신학자이자 윤리학자인 올리버 오도너번(Oliver O'Donovan)이 주장하듯, 평화는 창조 세계의 기본 **사실**이며, 폭력이 만연해 있음에도 불구하고 세상의 가장 심오한 실재인 동시에, 폭력이 만연해 있기 때문에 만물이 갈망하는 역사의 **목표다**.[5]

전쟁터가 즐비한 세상에서 평화의 하나님께 신실하려면 우리는 "화평을 찾아 따"라야(시 34:14) 한다. 전쟁을 그저 현실로 받아들일 수는 없다. 그리스도인은 모두, 적어도 평화를 추구하고 이루어 낸다는 의미에서 '평화주의자'여야 한다.[6] 예수님이 팔복 가운데 하나로 말씀하셨듯이, "화평하게 하는 자는 복이 있나니 그들이 하나님의 아들이라 일컬음을 받을 것"(마 5:9)이다. 평화를 이루는 일을 위한 지조 있는 헌신은, 개인 사이의 말다툼에서부터 국제 전쟁에 이르기까지 어떤 유형의 충돌이든, 그것에 대한 모든 기독교적 성찰에 영향을 미쳐야 한다.

평화의 하나님께 신실한 가운데 평화를 추구한다는 것은 어떤 의미인가? 가장 중요한 것으로, 평화는 동료 시민들, 동료 신자들, 문명화된 지역에서 온 사람들 같은 친구들에게만 유지하는 것이 아닌 반면, 전쟁은 적들과만 한다. 그리스도는 전 세계적인 평강의 왕으로 오셨다(사 9:6; 눅 2:14). 따라서 그리스도인들은 "**모든 사람과** 더불어 화평"(히 12:14, 저자 강조)을 추구해야 한다. 예수님은 우리 이웃을 사랑하라는 레위기의 명령(레 19:18)을 아주 멋지게 급진적으로 바꾸셨다. 산상수훈에서는 이렇게 말씀하신다. "또 네 이웃을 사랑하고 네 원수를 미워하라 하였다는 것을 너희가 들었으나 나는 너희에게 이르노니 너희 원수를 사랑하며 너희를 박해하는 자를 위하여 기도하라. 이같이 한즉 하늘에 계신 너희 아버지의 아들이 되리니 이는 하나님이 그 해를 악인과 선인에게 비추시며 비를 의로운 자와 불의한 자에게 내려 주심이라"(마 5:43-45). 이웃을 사랑하라는 명령은 예외 없이 **모든 사람**을, 동료 시민과 마찬가지로 원수도 사랑하라는 명령이다.

사랑하라는 명령에는 예외가 없으므로, 전쟁을 지원하는 일이 기독교적 근거에서 정당화될 수 있으려면, 그 전쟁이 공격당하는 이웃들뿐 아니라 공격하는 적들도 사랑하는 한 방식임을 보일 수 있어야 한다. 흔히 말하는 '정당한 전쟁론'을 펼친 핵심 인물인 토마스 아퀴나스(Thomas Aquinas)는, 심지어 전쟁을 결정할 때에도 사랑이 기준임을 인정한다. 그는 사랑이라는 덕목에 관한 논의에서 전쟁이 정당할 수 있는지를 고찰한다.⁷ 전쟁과 사랑에 관한 논의에서, 그 사랑은 어떤 따뜻한 느낌이라기보다는 오히려 적극적 자애와 자선과 관련 있는 것임은 두말할 필요도 없다. 우리는 원수를 사랑해야 하므로, 우리의 유익뿐 아니라 원수의 유익도 위한 전쟁만이 정당화된다.

기독교 사상가들은 아퀴나스와 그 이전 아우구스티누스의 작업을 기반으로 하여, 전쟁의 부당함과 정당함을 판단할 때 지침으로 삼을 기준을 발전시켰다. 원칙적으로, 그들은 전쟁을 일으키는 것이 정당한 때를 결정하는 기준(ius ad bellum)과 전쟁의 정당한 수행을 결정하는 기준(ius in bello)을 구분한다. 먼저 가장 일반적으로 인정되는 '정당한 명분'은 다음과 같다.⁸

- **적법한 권한.** 전쟁은 개인이나 그룹이 아니라 적법한 통치 권한을 가진 자들만이 수행해야 한다.
- **정당한 이유.** 전쟁은 부당한 공격으로 고통당하는 무고한 주민을 방어하기 위해서만 수행되어야 한다. 무고한 주민들을 방어하는 것이 이유라 해도, 엄밀하게 말해서 정당방위는 전쟁을 하는 타당한 이유가 아니다.
- **올바른 의도.** 정당한 전쟁은 그저 우월한 힘으로 적을 진압하려는 목표가 아니라, 정당한 평화를 목표로 삼아야 한다.
- **마지막 수단.** 전쟁은 불의를 처리하는 다른 모든 가능한 수단이 고갈될 때에만 일으킬 수 있다.
- **성공할 적당한 기회.** 정당한 전쟁은 실제로 처리할 승산이 있는 불의를 처리하려 한다.

전쟁을 정당하게 수행하려면 보통 다음 두 가지 규칙이 필요하다.

- **구별**. 정의로운 군인들은 일반 시민의 죽음을 막으려고 적극적으로 노력한다. 이는 의도적으로 인구 밀집 지역에 융단 폭격을 하지 않으리라는 의미일 뿐 아니라, 군사적 공격 목표만 공격하고, 지뢰와 생물학적 무기처럼 본질적으로 무차별적인 무기 사용은 삼가고, 민간인들을 위험에 빠뜨릴 가능성이 있는 전략을 피하며, 군사 시설을 가능한 한 민간인들에게서 멀리 떨어뜨리는 것을 의미한다.
- **과잉 조치 금지**. 특정한 전략이든 더 포괄적 전략이든 손실이 예상된다면, 정당한 전쟁의 목표를 제한해야 한다. 여기서 손실은 금전적으로만 측정되는 것이 아니라, 자연환경, 삶을 유지시켜 주는 공공 기반 시설, 귀중한 문화 유물의 파괴, 그리고 무엇보다도 하나님이 창조하셔서 사랑하시는 독특한 인간, 곧 예수님이 구원하시기 위해 죽은 그 사람들의 고통과 죽음까지 포함하여 측정된다.

우리는 원수를 사랑하라는 명령에 비추어 이 모든 기준들을 해석해야 한다. 어떤 행동이 이웃을 사랑할 수 없다면, 그것은 기독교적 시각에서 정당화될 수 없다. 예를 들어, 이웃 사랑은 그 이웃을 죽이려 하는 것과 양립할 수 없다. 따라서 정당한 전쟁을 할 때에는 죽이려는 의도가 없어야 한다. 적을 죽이는 경우도, 오로지 그가 부당한 공격을 중단하도록 무력화시키지 못한 유감스러운 결과여야 한다. 아우구스티누스가 말했듯이, "당신과 싸우고 있는 적을 죽이는 것은 불가피한 일이어야지, 당신의 뜻이어서는 안 된다."[9] 사실, '적'이 죽임을 당할 때마다 우리는 그의 공격을 멈추게 할 치명적이지 않은 수단을 찾을 수 없었다는 사실을 비통해해야 한다. 이러한 태도가 비현실적으로, 심지어 터무니없게 들린다 해도 놀랍지 않다. 정당한 전쟁이 원수에 대한 사랑의 표현이어야 한다는 요구는 **엄청나게 높은 기준**이다. 그래서 몇몇 그리스도인들은, 실제로 전쟁은 기독교적 근거에서 절대 정당화될 수 없다고 생각한다.[10]

적을 사랑하면, 분명 그들에 대항한 전쟁에 이기기가 더 어려워진다. 심지어 그것이 승패를 좌우할 수도 있다. 또 적을 사랑하면 그들과 싸우지 않으려 할 수도 있고, 침략에 대한 무력 저항에 반대할 수도 있다. 기독교 신앙은 그러한 대가를 기꺼이 지불하라고 요구한다. 대니얼 벨(Daniel M. Bell Jr.)이 말했듯이, "정의로운 군인은 불의하게 싸우기보다는 패배하거나 항복할 것이다. 이는 기독교 제자도의 한 형태인 정당한 전쟁 전통은, 무엇보다 십자가를 지는 희생과 고통을 본받게 된다는 의미다."[11] 부당하게 싸우는 것은 악을 행함으로써 선을 얻으려는 것이다.

우리는 이미 평화와 전쟁에 대한 기독교의 입장에 담긴 다소 급진적인, 아마도 심란한 의미들을 언급했다. 결론적으로 우리의 특정 상황에 적절해 보이는 몇 가지를 더 제안하고자 한다.

- **일반적으로 예방 전쟁이나 선제공격은 정당한 이유가 입증되지 못하거나, 최후의 수단으로 여겨지지 않는다.** 예상되는 적이 실제로 공격할 때까지는 정말 공격하리라는 보장이 없다. 적의 의도를 잘못 해석하거나, 그들이 계획한 공격을 재고할 여지는 항상 남아 있다.

자기방어의 방아쇠를 먼저 당기기보다는 그들에게 그렇게 재고할 기회를 가능한 한 많이 주는 것이 정당하고 그들을 사랑하는 것이다. 그 의미는, 우리가 테러 공격을 모의하는 사람들을 저지하기 위해 강압적 수단을 사용해서는 안 된다는 말이 아니다. 우선, 전쟁은 이런 경우에 고려할 만한 올바른 틀이 아니다('테러와의 전쟁'은 문자 그대로의 전쟁이라기보다는 '빈곤과의 전쟁'에 더 가깝다). 또 예방 전쟁의 경우, 가상의 적이 실제로 공격하기 전에 사용하는 폭력이 치명적이겠지만, 저지가 적어도 가장 덜 강압적이 되도록 노력해야 한다.

- 대량 살상을 막기 위해서나 한 민족을 적의 침략으로부터 보호하기 위한 제3자의 개입이, '국익'에 호소하여 정당화하는 군사 행동보다는 덜 의심스럽다. 국익은 정의에 대한 시각을 왜곡시켜, 평화에 도움이 되지 않는 충돌을 하게 하고, 적은 고사하고 우리 이웃도 사랑하지 못하게 하는 경향이 있다. 인도주의적 개입은, 적어도 고통당하는 우리 이웃에 대한 사랑에서 나오는 그들을 보호하겠다는 목표임을 보여 준다. 그렇긴 해도, 더 야비한 동기라는 치부를 가리기 위해 인도주의를 거론하는 것을 경계해야 한다.

- 정당한 전쟁이 가능함을 믿는 그리스도인들은 선택적인 양심적 병역 거부를 허용하는 정책을 옹호해야 한다. 군대 규율은 보통 전쟁의 목적과 상관없이, 또 어떤 행동이든 상관없이(전쟁 범죄라 인정된 경우를 제외하고) 상관의 명령을 따르라고 요구한다. 군인들에게 특정 군사 작전에 양심적 병역 거부를 하거나, 부당하다고 확신하는 특정 명령을 거부하도록 허용하는 일은, 실제로 대가가 아주 크고 아주 비현실적인 정책일 수 있다. 그러나 여기서 현실성은 이슈가 아니다.

군대는 군인들을 독자적인 도덕적 행위자로 인식하려 하지 않음으로써, 그들을 기능적으로 무인 항공기나 순항 미사일 같은 생명 없는 도구와 동일하게 다룬다.

더 토론할 내용

그리스도인들이 정당하게 전쟁을 지지하거나 전쟁에 참여할 수 있느냐에 대해서는 유서 깊은 논의의 역사가 있다. 최선의 논의는 다음과 같은 질문에 집중한다. **현실적으로 상상 가능한 어떤 전쟁이 그 명분과 수단 면에서 이웃과 적을 사랑하는 전쟁일 수 있을까?** 이는 그리스도인 평화주의자들과 정당한 전쟁론자들 사이의 논의에서 결정적인 질문이다. 그 대답이 '아니다'라면, 그리스도인들은 모든 전쟁에 반대할 수밖에 없다. 그러나 심란한 결론은, 우리는 최악의 침략자들에 대해서도 무력 저항은 자제하도록 옹호하거나, 아니면 미로슬라브가 『배제와 포용』에서 이야기하듯 무고한 이들의 학살을 허용하는 것 외에 다른 길이 없다면, 기독교적 기반에서 정당하지 않은 폭력 행동을 감행하자고 주장해야 하리라는 것이다.

기독교적으로 전쟁을 정당화할 수 있다고 확신하는 그리스도인들은 최소한 다음 두 가지 질문에 설득력 있는 대답을 찾아야 할 것이다.

- 어떤 상황들이 전쟁을 일으키는 것을 정당화할 가능성이 좀더 많은가? 결국 우리는 각각의 특수한 상황에 기초하여 구체적 사안들을 판단하겠지만, 예컨대 다음과 같은 질문들을 논의하면 유용한 연습이 될 것이다. 우리는 군사력을 보유한 폭력적 정부에 정당하게 저

항할 수 있는가? 그렇다면, 누가 어떤 상황에서 그러한 저항을 할 수 있는가? 대량 살상을 막기 위한 군사적 개입을 정당화해 주는 조건은 무엇인가? 어떤 경우에 우리의 기도, 애통, 비군사적 개입으로 충분한가?

- **정당하지 않은 전쟁 참여 방법은 무엇인가?** 현대 전쟁은 신무기와 새로운 전략을 끊임없이 내놓는다. 정당한 전쟁의 가능성을 믿는 사람이라면 이런 것들을 평가해야 한다. 예를 들어, 무인 항공기 공격은 과잉 조치를 취하지 않고 군인과 민간인을 제대로 구별할 수 있을까? 그 방법은 죽이기보다는 무력하게 하려는 의도를 충족시킬 수 있을까?

괴로울 만큼 자주 전쟁을 치르는 나라에 있는 그리스도인이라면 다음의 질문을 해야 한다.

- **전쟁 중에 우리의 친구와 적, 이웃들을 어떻게 최선을 다해 사랑할 수 있을까?** 그리스도인들은 경제적으로든 아니든 전쟁 물자를 지원해야 하는가? 이의 제기를 해야 하는가? 전투 중에 죽은 군인들의 가족과 참전 군인들의 명예를 지키면서, 어떻게 정당하지 않은 전쟁을 정당하지 않다고 말할 수 있을까?
- **특정 전쟁의 어떤 구체적 지점에서, 어떤 정책들이 정의와 사랑에 가장 도움이 되는가?** 전쟁이 시작되었다면, 전쟁 수행 방식에서 정의와 사랑이 잘 드러나도록 취할 수 있는 조치는 무엇인가?

더 깊은 논의를 위한 자료

입문

Albright, Madeleine, with Bill Woodward. "The Question of Conscience." In *The Mighty and the Almighty: Reflections on America, God, and World Affairs*, pp. 47-64. San Francisco: Harper-Collins, 2006. 미국의 전 국무장관이었던 올브라이트는, 정책 입안자로서 전쟁과 평화에 관한 논증이 심히 복잡함을 되돌아본다. 또 정당한 전쟁의 가능성을 주장하며, 가능한 예로 코소보에서의 나토 군사 작전을 고찰한다.

Bell, Daniel M., Jr. "Just War as Christian Discipleship." Pamphlet 14 in the Renewing Radical Discipleship series, Ekklesia Pamphlets, edited by Daniel M. Bell Jr. and Joel Shuman. Eugene, OR: Wipf & Stock, 2005. http://www.ekklesiaproject.org/wp-content/uploads/2011/05/Ekklesia-14.pdf. 벨은 그리스도인들에게, 진심으로 정당한 군인이 되려면 어떤 제자가 되어야 하는지 마음속에 그려 보라고 도전한다. 같은 제목인 그의 책도 보라(Grand Rapids: Brazos, 2009).

Hauerwas, Stanley. "Why War Is a Moral Necessity for America." *ABC Religion and Ethics*, October 29, 2010. http://www.abc.net.au/religion/articles/2010/10/28/3050927.htm. 하우어워스는 남북전쟁에 관해 이야기하면서, 미국의 '정당한 전쟁' 전통의 난제 중 하나는 미국 정치에서 전쟁 희생자들을 제의적 역할로 바라보는 것이라고 주장한다.

Johnson, James Turner. "Just War, as It Was and Is." *First Things*, January 2005. http://www.firstthings.com/article/2005/01/just-war-as-it-was-and-is. 존슨은 그리스도인들에게 진정으로 정당한 전쟁의 비전을

품으라고 요청하기 위해, 정당한 전쟁 전통에서 일어난 변화들을 통찰력 있게 탐구한다.

심화

Anscombe, G. E. M. "The Justice of the Present War Examined." In *Ethics, Religion, and Politics: Collected Philosophical Papers*, pp. 72-81. Vol. 3. Minneapolis: University of Minnesota Press, 1981. 1939년에 영국에서 출판되어 영국의 제2차 세계대전 참여를 비판한 이 책은, 정당한 전쟁 전통에 헌신한 이들이 요구하는 엄격함에 대한 탁월한 본을 보여준다.

O'Donovan, Oliver. *The Just War Revisited.* Cambridge: Cambridge University Press, 2003. 오도너번은 정당한 전쟁이 전쟁을 승인하는 방법이나 전쟁을 위한 일련의 규칙들이 아니라, 국내의 일상적 범위 너머에서 정치적 판단이 이루어져야 하는 상황들에 대한 성찰의 역사라 주장함으로써 정당한 전쟁 전통을 옹호한다.

Stassen, Glen. *Just Peacemaking: Transforming Initiatives for Justice and Peace.* Louisville: Westminster John Knox, 1992. 『평화의 일꾼』(한국장로교출판사). 스타센은 전쟁의 정당성에서 평화를 이루는 활동으로 초점을 옮김으로써, 정당한 전쟁과 평화주의라는 두 가지 전통적 기독교의 대안을 제시하는 것을 목표로 삼는다.

Yoder, John Howard. *When War Is Unjust: Being Honest in Just-War Thinking.* Eugene, OR: Wipf & Stock, 1996. 위대한 평화주의 신학자 존 하워드 요더는 정당한 전쟁 전통에 엄격하고 분석적인 사고방식으로

접근하여 그 다양한 특징을 탐구하고 조사한 다음, 그것이 더 이상 실행 가능하지 않을 가능성을 제기한다.

* 그 밖의 참고 자료

리처드 헤이스, 『신약의 윤리적 비전』 14장 '정당방위를 위한 폭력', 존 스토트, 『현대 사회 문제와 그리스도인의 책임』 4장 '전쟁과 평화'. 폭력, 의로운 전쟁, 평화주의, 테러리즘 등의 문제를 간략하게 살피고, 이에 대한 성경적, 신학적, 윤리적 성찰을 통해 화평케 하는 자로 부르심을 받은 그리스도인과 교회의 존재론적 의미를 탐구한다.

마이클 왈저, 『전쟁과 정의』(인간사랑). 저자는 전쟁에 대한 이론적 논의와 더불어 현대에 벌어진 전쟁들을 개별적으로 평가한다. 인도주의적 개입의 맥락에서 정당한 전쟁론을 지지하며 미국의 역할을 인정한다.

이언 모리스, 『전쟁의 역설』(지식의날개). 고대사 연구자인 저자는 미시적으로는 파괴적 결과를 초래하는 전쟁이 거시적으로는 외려 평화를 가져왔다는 도발적 주장을 전개한다. 하지만 이와 동시에 앞으로는 전쟁의 순기능이 사라질 것이라고 전망한다.

제임스 윌, 『평화의 그리스도』, 울리치 모서, 『평화의 복음』, 페리 요더 외 『평화의 의미』, 폴 틸리히, 『평화 신학』(이상 한국장로교출판사). 평화와 기독교의 관계를 신학적·실천적 차원에서 조명하고 이를 복음의 본질과 의미에서 재정의함으로써, 세상과 다른 기독교의 대안적 삶이 가능함을 제시하는 주목할 만한 시리즈다.

제임스 힐먼, 『전쟁에 대한 끔찍한 사랑』(도솔). 저자는 융 심리학의 관점에서 신화와 종교 등을 통해 심층심리를 읽어 내고, 그에 대한 분석으로 전쟁의 근본적인 속성과 원인 및 동기를 도출한다.

존 하워드 요더, 『그럼에도 불구하고, 평화』, 『비폭력 평화주의의 역사』(이상 대장간). 존 하워드 요더를 빼고 기독교 평화주의를 이야기할 수 없다. 그의 책 모두가 이 주제를 다루고 있지만, 특히 이 두 권은 평화, 자유, 안보에 관한 연구에 있어 필수 자료로 평가받는다.

19
고문

우리는 절대 고문을 용납해서는 안 된다. 고문은 피해자와 고문자 둘 다의 인간성을 말살시킨다. 피해자의 존엄성을 훼손하고, 고문자의 고결한 인격을 망가뜨리며, 고문을 허용하는 사회의 도덕성을 무너뜨린다.

고문은 인간의 고결함과 고문자의 뜻에 저항할 능력을 무너뜨리려는 목적으로, 상당하고 보통 지속적인 육체적·정신적 해를 의도적으로 가하는 것으로 정의할 수 있다.[1] 17세기 오스트리아 군주국의 관리들은, 개신교 재세례파 교도들이 평화주의와 신자에게 세례를 주는 '이단'을 버리도록 하려고 심한 고통을 가했다. 이것이 고문이었다. 칠레의 아우구스토 피노체트 독재 정권은, 적이라 추정되는 이들이 존재하지도 않는 범죄를 자백할 때까지 그들을 불로 지지고, 전기 충격을 가하고, 때렸다. 이것이 고문이었다. 미국 수사관들은 '테러와의 전쟁'에서 구금된 이들에게 물고문을 하고, 잠을 못 자게 하고, 발가벗기고, 귀청이 떨어질 듯한 소음을 계속 듣게 하고, 관 크기의 상자에 감금했다. 이것 역시 고문이었다. 마지막 예가 시사하듯, 고문은 과거의 일이 아니다. 아제르바이잔으로부터 짐바브웨에 이르기까지, 소위 이슬람 국가로부터 제타 마약 조직에 이르기까지, 여러 국가와 비국가 활동 세력들이 놀라울 정도로 자주, 계속해서 고문을 활용하고 있다.[2] 따라서 기독교 신앙이 고문에 대해 어떤 태도를 가질지 이해하는 일은 여전히 중요하다.

이 책의 11, 13, 14, 24장에서 논하듯이, 하나님은 가치를 부여하는 급진적 사랑으로 인간들을 사랑하신다. 하나님은 또한 사랑으로, 인간에게 어떤 역량들을 주셨다. 어떤 한 능력이나 일련의 능력들이 인간성의 표준이 되거나 최고의 능력이 되지 않도록, 다양한 사람들에게 다양한 역량들을 주셨다. 대부분의 경우 인간들은 그 능력으로 어떤 행위자가 되어 판단하고, 뜻을 정하고, 그 뜻에 따라 행동한다. 이렇게 하나님의 사랑을 받는 피조물에게 의도적으로 극심한 고통을 가하는 일은, 인간을 사랑하시는 하나님을 공격하는 것이며 하나님의 사랑이 부여하는 가치를 무시하는 행위다. 그 사람에게 가치가 없음을 입증하고 그가 가진 행위의 능력은 무엇이든 없애려는 목적으로 그렇게 하는 것은, 죄 위에 또 죄를 쌓는 것이다.

앞에서 고문이 피해자의 인간성을 말살시킨다고 말했다. 그러나 중요한 의미에서 그 말은 완전히 옳지는 않다. 어떤 인간도 그렇게 할 수 없다. 그것은 인간이 범할 수 있는 죄도 아니고, 인간이 입을 수 있는 해도 아니다. 실제로 어떤 인간도, 하나님이 각 사람에게 부여하신 인간성이라는 선물을 없앨 수 없다. 엄밀히 말해, 그 무엇도 인간성을 말살시킬 수 없다. 그러나 고문자가 인간성을 말살시킨다는 혐의를 받을 만한 이유가 있다. 고문자들은 마치 피해자가 인간이 아닌 듯, 그저 무가치한 쓰레기인 듯, 비틀고 구부려 자신의 용도에 맞게 만들어야 하는 잘못 만들어진 도구인 듯이 고문을 가한다. 고문이 '행해질' 때에는, 인간성의 흔적 따위는 사라진다. 그러면 피해자들은 '모양도 풍채'도 없이, '멸시를 받아' 모든 사람에게 '버림받는' 피조물이 된다. 초기 그리스도인들이 십자가에 못 박힌 예수 그리스도에게 적용했던 본문인 이사야 53장의 고난받는 종처럼 말이다. 고문은 또한 피해자의 능력을 약화시키거나 완전히 무능력하게 만들어, 자신을 그런 인간이라 인식하게 하거나 그렇게 알고 행동하게 한다. 우리에게 인간성을 주셨고 그 인간성을 제거하실 수 있는 유일한 분인 하나님이 보시기에는, 고문이 그 피해자의 인간성을 말살시킬 수 없다. 그러나 인간의 눈으로 보기에는, 고문자들의 눈에도 또 종종 피해자들의 눈에도, 고문은 그들의 인간성을 말살시키는 행위다.

그러나 고문을 당하는 이들만이 고문의 희생자는 아니다. 고문은 고문자들에게도 해를 입힌다. 그들은 고문으로 인해 우리의 인간성과 모든 선의 원천이신 하나님과 멀어진다. 아이를 고문하면 고문자와 아이의 부모가 반목하게 되는 것과 똑같다. 또한 그들은 고문으로 인해 그들 자신과 멀어진다. 고문을 하다 보면 감정이 무뎌지고, 공공선을 도모한다는 구실로 그들의 비열한 본능이 더 우세해진다. 내적으로는 그들의 마음이 분열된다. 당신이 둘로 분열되지 않고, 어떻게 고문자이자, 아버지나 친구나 이웃을 사랑하는 사람이 될 수 있겠는가? 당신은 타당한 이유, 이를테면 자녀와 친구와 이웃을 사랑하기 때문에 고문을 해야만 한다는 이유를 내놓을 수 있지만, 꺼림칙한 양심의 소리를 좀처럼 잠재우기 어렵다. 피해는 고문 행위 자체와도 밀접한 관련이 있지만, 고문을 허용한 지역사회 전체에도 영향을 미친다. 관계자들의 고문을 허용한 나라는 그 나라 자체가 도덕적으로 둘로 분열되며, 일반적으로 인간 생명에 대해 냉담해지기 쉽다. 고문자들과 그들의 고문 행위를 찬성한 이들이 다른 사람들을 인간 이하인 듯이 대한다면, 그들 자신도 인간 이하로 대하게 된다. 그들이 다른 사람들을 모욕할수록 그들도 모욕을 받는다.

오늘날 대부분의 고문은 심문할 때 행해진다. 심문은 보통 안보 업무의 중요한 한 가지 측면이므로, 고문과 정당한 심문을 구분하는 것이 중요하다. 강압이 변화를 일으키고, 고문은 강압적인 반면 심문은 그렇지 않다고 생각할 수 있다. 그러나 그 말이 전적으로 옳지는 않다. 심문은 **구금된** 이들에게 따져 묻는 것이므로, 본질적으로 어느 정도의 강압이 들어 있다. 심문은 자원해서 받는 것이 아니다. 구금된 이들은 자유롭게 떠나지 못한다. 질문에 대답할 필요는 없지만 질문받는 것을 피할 수는 없다. 적어도 이런 종류의 강압은 필연적으로 있어야 하고, 또 심문은 원칙적으로 정당하므로, 심문할 때의 강압이 고문이 될 수는 없다. 어떤 특정 행위가 고문인지 아닌지 검증하려면, 그 행위가 심문받는 이들을 인간 이하로, 단순한 처리 대상으로 취급하고 심각하고 반복되는 해를 가했는지 물어봐야 한다.[3]

과거에 그리스도인들은 고문을 찬성하기도 했고 행하기도 했다. 예를 들어, 그리스도인 로마 황제 테오도시우스 1세(Theodosius I)는 성직자는 고문하지 말고 하층 계급 평신도의 고문은 허용하라고 명령했고, 교황 인노켄티우스 4세(Innocent IV)는 어떤 교회 법정 소송에서 고문의 사용을 승인했다.⁴ 오늘날 많은 그리스도인들도 특히 테러와 싸우는 경우 고문을 찬성한다.⁵ 그러나 그리스도께 신실한 정치사회를 바라본다면 고문의 여지는 없다. 기독교 가르침의 특징 가운데 하나가 예수 그리스도 안에 계시된 바로 그 하나님의 성품에서 나오는 명령, 곧 원수를 사랑하라는 명령이다. 우리의 이름으로 고문을 허용한다면, 우리는 공적 삶에서 예수 그리스도의 복음에 신실하지 못한 것이다. 그리스도는 인간을 구원하시기 위해 고문당하시고 죽으셨는데, 그리스도를 따르는 자들이 고문에 찬성하고 심지어 환호하기까지 하는 것은 전혀 어울리지 않는다! '향상된 심문 기술'로 통하든, 다른 어떤 관료주의적 완곡어법으로 표현되든, 그리스도인들은 고문 프로그램에 저항해야 한다. 그렇게 하면 인기가 없을 가능성이 아주 높지만, 그것이 옳은 일이다. 또 최근에도 고문을 시행하는 나라에서 사는 우리는, 이러한 관행을 공적으로 시인하라고 주장할 뿐 아니라, 고문 정책이 실행되도록 계획하고 명령하여 국내법과 국제법을 위반하는 지도자들을 기소하라고 주장해야 한다.

국가가 승인한 고문을 폐지하면 우리는 덜 안전해질 가능성이 있다. 그러나 모든 가능성이 현실이 되지는 않는다. 고문을 지지하는 이들이 주로 주장하는 바는, 테러와 지역사회를 향한 다른 형태의 상당한 피해를 막을 필수적 정보를 얻는 데 고문이 필요하다는 것이다. 그러나 증거에 따르면 그 주장은 거짓이다. 고문은 심문에 도움이 되지 않을뿐더러 오히려 해를 끼칠 수도 있다. CIA의 심문 프로그램에 대한 미국 상원정보위원회의 보고서에도 고문의 무익함이 실려 있다.⁶ 이 증거가 옳다면, 그것은 좋은 소식이다. 그러나 증거가 거짓이라도 고문에 반대하는 논거를 약화시키지 않는다. 옳은 일을 행하는 데 대가가 따른다면 마땅히 그 대가를 지불해야 한다. 위험할 때에도 옳은 일을 하는 것이, 예수 그리스도의 이야기에 분명히 예시된 기독교적 (그리고 소크라테스와 칸트 같은 수많은 위대한 옛 도덕 교사들이 가르친) 삶의 방식의 가장 중요한 특징이다. 고문 외의 다른 수단으로는 우리 사회를 상당한 피해로부터 구하지 못하는 예상 밖의 상황이 생긴다면, 우리는 잘못을 범하기보다는 피해를 입어야 한다. 인간성을 안전과 맞바꾸는 것은 손해 보는 거래다.

우리는 이 책의 다른 장들에서, 도덕적 질문과 법적 질문을 구분하고, 도덕적 질문에 대한 대답이 자동으로 법적 질문에 대한 답이 되는 것은 아니라고 말했다. 합법적이지만 비도덕적인 것들이 있다. 우리는 그중 일부에 대해서만 합법이 되지 않도록 애쓰고(예를 들어, 20세기 미국에서는 가정 내 폭력이 사실상 합법이었다), 어떤 것들은 합법인 채로 두어야 한다(예를 들어, 어떤 종교를 모욕하는 것). 고문은 비도덕적이지만 여전히 법률적으로 허용해야 하는 것들 가운데 하나일 수 있을까? 당연히 아니다. 고문은 기본 인권을 침해한다. 개인 시민이든 정부 관료든, 누가 해도 불법이어야 한다. 더욱이 민주주의 정부가 국민의 이름으로 고문을 자행할 때, 국민들은 고문이라는 엄청난 불법 행위에 연루된다. 따라서 국민들이 고문이 도덕적으로 옳지 않다고 여길 뿐 아니라, 정부가 고문을 하지 못하도록 애쓰는 일은 아주 중요하다.

더 토론할 내용(없음)

그리스도인들이 고문을 받아들일 수 있느냐에 대해서는 토론의 여지가 없다. 그러나 정확히 무엇이 고문인지와, 심문할 때 용인되는 강압과 고문을 어떻게 구분하느냐에 관해서는 토론의 여지가 있다. 포로들에게 또는 심문을 위해 행해지는 성폭행, 상해, 절단 같은 행위들은 분명 고문이다. 반면 어떤 행위들은 좀더 어려운 질문들을 제기한다. 신체적 고통을 가하는 것은 용인되는가? 그렇다면 어떤 상황에서 그것이 고문으로 바뀌는가? 구금된 이들의 정신을 혼미하게 하는 방법은 타당한가? 예를 들어, 한밤중에 구금자를 깨운 다음 곧바로 질문을 퍼붓는 것은, 계획적으로 잠을 못 자게 하여 완전히 다른 도덕적 상태를 갖게 하는 것인가? 미국 교도소에서 독방 감금을 점점 늘리는 것은, 수감자의 인간성을 무너뜨리고 그들을 고분고분한 상태로 만들려는 계획적인 시도인가?

실제 사용되는 심문 방법들은 비밀의 장막에 가려져 있기 때문에, 평범한 사람들 대부분은 나중에야 구체적 '기술들'에 대해 들을 것이다. 그럼에도 불구하고, 무엇이 적법한 심문이거나 아닌지, 어떤 근거에서 그런지 지침을 논의하는 일은 중요하다. 그래야 제대로 판단할 수 있고, 그 문제에 관해 잘 아는 상태로 도덕적으로 책임 있는 입법 행위를 지지할 수 있다. 고문에 관한 논의에서 핵심 이슈들은, 심문 방법이 인간을 그저 조작할 수 있는 대상으로 다루느냐, 그 방법이 심문받는 이의 인간성을 비하하는 것이냐 등이다. 심문과 관련한 정책 수립에 목소리를 낼 수 있는 그리스도인들이라면, 제안된 방법이 고문인지 깊이 숙고하고, 만약 그렇다면 가능한 한 강력하게, 필요한 만큼 공개적으로 그것을 고발할 특별한 책임이 있다.

더 깊은 논의를 위한 자료

입문

The Editors. "The Truth about Torture? A Christian Ethics Symposium." *First Things*, January 6, 2010. http://www.firstthings.com/blogs/firstthoughts/2010/01/the-truth-about-torture-e28094-a-christian-ethics-symposium. 고문의 도덕적 필요성을 옹호한 찰스 크라우트해머(Charles Krauthammer)의 글에 여덟 명의 기독교 윤리학자가 응답한 글이다.

Gushee, David. "5 Reasons Torture Is Always Wrong: And Why There Should Be No Exceptions." *Christianity Today*, February 1, 2006. http://www.christianitytoday.com/ct/2006/february/23.32.html. 한 주요한 복음주의 윤리학자가, 고문은 인간의 존엄성을 훼손시키고 정의의 요구를 저버리며, 고문을 지지하는 사회와 고문자 모두를 타락시키고 인간성을 말살시킨다고 주장한다.

Meilaender, Gilbert. "Stem Cells and Torture: What a Society Can and Cannot Afford to Do When Its Survival Is at Stake." *Weekly Standard*, June 8, 2009. http://www.weeklystandard.com/article/17649. 메일랜더는 포로로 잡힌 테러범들을 포로로 잡힌 군인들과 같은 기준으로 대해서는 안 된다고 주장하지만, 그럼에도 '테러와의 전쟁'의 일환으로 고문을 시행하는 것은 거부한다.

National Association of Evangelicals. "An Evangelical Declaration against Torture: Protecting Human Rights in an Age of Terror." 2007. http://nae.net/an-evangelical-declaration-against-torture/. 복음주의

협회에서 채택한, 고문에 반대하는 강력한 선언이다.

Waldron, Jeremy. "What Can Christian Teaching Add to the Debate about Torture?" *Theology Today* 63 (2006): 330-343. 세속적인 법률 이론가이자 철학자인 월드론은, 고문에 관한 공개 토론에 교회들의 목소리가 필요하다고 주장한다.

심화

Biggar, Nigel. "Individual Rights versus Common Security? Christian Moral Reasoning about Torture." *Studies in Christian Ethics* 27 (2014): 3-20. 비거는 공격적 심문이 고문이라는 생각에 이의를 제기하지만, 여전히 그것을 도덕적으로나 법적으로 용인해서는 안 된다고 결론짓는다.

Gordon, Rebecca. *Mainstreaming Torture: Ethical Approaches in the Post-9/11 United States*. Oxford: Oxford University Press, 2014. 고든은 고문을 고립된 행위로 다루는 고문 윤리의 일반적 설명에 반대하며, 사회적 행위라는 근거에서 고문을 평가한다.

Hunsinger, George, ed. *Torture Is a Moral Issue: Christians, Jews, Muslims, and People of Conscience Speak Out*. Grand Rapids: Eerdmans, 2008. 기독교, 유대교, 이슬람교 지도자들이 모두 고문의 정당화에 반대 의견을 제시한다. 2부에는 고문을 완벽하게 금해야 한다는 강력한 기독교의 항변이 담겨 있다.

Porter, Jean. "Torture and the Christian Conscience." *Scottish Journal of Theology* 61, no. 3 (August 2008): 340-358. 포터는 그리스도인들을 향한 제러미 월드론의 도전을 받아들여, 일차적으로 고문이 하나님의 형

상에 대한 직접적 공격이라는 근거에서 고문 사용의 완전 금지를 주장한다.

* 그 밖의 참고 자료

국제고문피해자재활협회, 『정의를 찾아서』(건강미디어협동조합). 고문 피해자들의 경험과 그들에 대한 지원 사례를 모은 보고서다. 재판 과정 중 고문 피해자에게 심리적 지원이 필요하다는 점을 강조한다.

티에리 크루벨리에, 『자백의 대가』(글항아리). 저자는 고문으로 자백을 받아내는 전문가였던 S-21 교도소의 최고 책임자에 대한 전범 재판 과정에 참석하여 보고 들은 내용을 기록했다.

20
종교와 무종교의 자유

모든 사람은 자기 삶의 기본 방향을 스스로 정해야 하고, 자신의 깊은 신념에 따라 삶을 자유롭게 이끌어야 한다. 그들은 어떤 고통스러운 차별도 받지 않고, 자유롭게 옛 신앙을 버리고 새로운 신앙을 받아들일 수 있어야 한다. 또 각자의 시각에서 공적 삶에 영향을 미치되, 다른 모든 사람과 동등하게 그렇게 할 자유가 있어야 한다.

세계 인구의 4분의 3 이상이 정부가 아주 높은 수준으로 종교의 자유를 규제하는 나라에서 살고 있다. 예를 들어, 인도의 몇몇 주에는 누군가를 다른 종교로 개종시키려고 '설득'하거나 '유인'하는 행위를 금하는 법이 있다. 심지어 정부의 규제 수위가 낮은 나라들에서도, 종교 활동은 여전히 상당한 제한을 받기도 한다. 예를 들어, 프랑스 공립학교에서는 '눈에 띄는 종교적 상징물'을 부착하는 것이 불법이며, 공공장소에서 무슬림 여인들이 얼굴 전체를 가리는 베일인 니카브(niqab)를 착용하는 것이 금지되어 있다. 더 심하게는, 최근 전 세계 약 3분의 1의 국가에서 사람들이 종교 행위를 한다는 이유로 공격당하거나 그 나라에서 쫓겨났다. 2006년에서 2009년 사이에, 정부나 적대적 사회 단체들은 전 세계 59퍼센트 나라에서 무슬림을, 66퍼센트 나라에서 그리스도인들을 괴롭혔다.¹ 수많은 나라의 헌법이 보장하긴 하지만, 종교의 자유는 당연한 일로 여겨지지 않는다.

종교의 자유를 제한하는 일은 최근의 현상이 아니다. 세계의 모든 종교 추종자들은, 그들 종교 역사의 대부분 시기에 박해를 받기도 하고 다른 이들을 박해하기도 했다. 기독교는 박해받는 종교로 출발해서 두 세기 동안 널리 퍼졌다. 당시의 종교와 정치 지도자들은 신성모독과 폭동 선동을 이유로 예수를 십자가에 못 박았다. 초기 그리스도인들은 문화적 차이와 정치적 배신을 두려워한 이들에게서 박해를 받았다. 그들의 동시대 사람들은, 예수 그리스도 안에 계시된 한 분이신 하나님께 충성하는 일이 용인된 문화적 관습과 카이사르의 통치를 약화시킨다고 믿었던 것이다. 그러나 기독교가 제국의 공식 종교가 되고 얼마 되지 않아, 바로 그리스도인들이 다른 이들을 박해하기 시작했다. 수 세기 동안, 대략적으로 말해 기독교 신앙과 정치사회가 제도적·관념적으로 뒤얽혀 있던 기간과 장소에서, 그리스도인들은 진실한 신자들이 자유를 누려야 한다고 주장했지만, 다른 종교의 추종자들은 물론이고 이단과 변절자로 여겨진 이들에게는 자유를 주면 안 된다고 주장했다. 주요 기독교 사상가들은 다양한 종류의 종교적 강압을 옹호했다.² 그와 동시에 그리스도인들은, 식민지 미국에서 로저 윌리엄스(Roger Williams)의 사례가 충분히 실증해 주듯, 종교의 자유를 위한 투쟁의 선두에 있었다.³

그리스도인들이 종교의 자유를 확고하게 주장해야 하는 이유를 제시하기 전에 – 우리는 여기에 종교를 가지지 않을 자유까지 포함하고자 한다 – 그리스도인들의 박해에 관한 성경의 가르침을 돌아보는 것이 중요하다. 신약성경에 따르면, 그리스도인들은 박해를 받으리라 **예상해야** 한다. 예수님은 제자들에게 이렇게 경고하셨다. "사람들이 나를 박해하였은즉 너희도 박해할 것이요"(요 15:20). 서신서들에는 "무릇 그리스도 예수 안에서 경건하게 살고자 하는 자는 박해를 받으리라"(딤후 3:12)라는 말씀이 나온다. 예수님은 심지어, "의를 위하여 박해를 받은 자는" 복이 있다고까지 선언하셨다(마 5:10).

그럼에도 불구하고 그리스도인들은 박해를 추구해서는 안 된다. 예수님은 우리가 **의를 위해, 그분을 위해** 학대를 받을 때 복을 받는다고 하셨다. 우리는 박해를 받기 때문이 아니라, 그리스도와 하나님 나라의 의를 우리의 안위보다 중요하게 여기기 때문에 복을 받는다. 그리스도인으로서 우리가 박해를 받지 않거나 사회적 불이익을 당하지 않는다면, 복음을 타협하고 있는 것은 아닌지, 그리스도를 신실하게 따르지 못하는 것은 아닌지 점검해 보아야 한다. 만약 박해를 받고 있다면, 정말 그리스도를 위한, 의를 위한 박해인지 점검해 보아야 한다. 1970년대에 미국 국세청(IRS, Internal Revenue Service)은 밥 존스 대학교가 인종 간 연애를 금한다는 이유로 그 대학교의 면세 지위를 박탈했다. 그러나 이는 의를 위해 박해를 받는 사례가 **아니었다!**

신뢰할 만한 보고서에 따르면, 오늘날 2억 5,000만 명의 그리스도인들이 박해를 받고 있다. 그리스도인들이 계속 이렇게 여러 지역에서 박해를 받고 있기 때문에, 우리는 종교의 자유를 주장하는 데 관심이 있다.⁴ 그러나 그리스도인들이 수 세기 동안 다른 종교들을 박해한 전력이 있는데, 실제로 우리가 단호하게 우리의 종교만이 아니라 모든 종교의 자유를 주장할 수 있을까? 우리는 할 수 있고, 해야 한다. 어떤 생활 방식을 택하여 이끌고 갈 수 있는 자유는 인간의 가장 근본적 자유다. 우리가 어떤 생활 방식을 취하느냐에 따라 우리 존재의 모든 면이 형성되기 때문이다. 이는 예수님이 사역을 시작하실 때에도 전제되어 있던 자유다. 즉, 예수님은 세례를 받을 때 들려온 하나님의 음성에 반응하여 죽음과 부활로 이어진 그 사역을 시작하셨다. 또 이 자유는 예수님이 제자들에게 자신을 따르라고 요청하실 때에도 전제되어 있었다. 예수님은 베드로와 열한 제자가 그들의 유대 신앙대로 살아갈 수 있는 새로운 삶의 방식으로 부르셨다.

사도 바울은 인간이 하나님의 부르심에 어떻게 반응하는지를 성찰하며 "사람이 마음으로 믿어"(롬 10:10)라고 썼다. 사람들은 주변의 영향력에 그저 표면적으로 순응하거나 강압적 요구에 말없이 동의함으로가 아니라, 그 존재의 가장 중심부에서 어떤 삶의 방식을 받아들임으로 그리스도인이 된다. 초기 교회의 교부 테르툴리아누스(Tertullian)는 고대 로마에서 일어났던 기독교 박해에 반대하며, 일반 원리로 자신의 입장을 분명히 표현했다. "자유인에게 자신의 의지에 반하여" 종교 의식들에 참여하도록 "강요하는 것은 부당하다." 신들은 "싫어하는 이들의 봉헌을 받을 마음이 없기 때문이다."[5]

이러한 초기 그리스도인을 비롯하여, 오늘날 훨씬 더 많은 그리스도인들이 종교의 자유, 곧 신앙을 받아들이고 버릴 자유, 개인적·공적으로 신앙에 따라 살아갈 자유를 주장한다. 하나님은 존재의 근원과 목적에 맞게 신앙을 가지고 살아가라고 우리 각자를 부르신다. 여기에는 그렇게 맞추는 일이 마음의 문제라는 확신과 함께, 하나님의 부르심에 그렇게 반응하는 자유는 의문의 여지 없이 타당하다는 전제가 깔려 있다. 그리스도인들은 이러한 자유를 자신들에게만 국한시킬 수 없다. 자신은 그리스도인이 되어 그렇게 살 자유를 요구하면서, 다른 사람이 비그리스도인이 되어 그렇게 살 자유를 부인할 수는 없다. 기독교 신앙을 육성하려고 정부의 강압적 권력에 의지하는 것은 용기가 아니다. 하나님은 법적 술수를 쓰지 않고도 잘하실 수 있다.[6]

우리는 적절한 제도가 자리 잡지 않은 곳에서는 종교의 자유와 동등한 존중을 구현하는 정치 제도를 육성하고, 적절한 제도가 있는 곳에서는 그 정치 제도를 육성하기 위해 애써야 한다. 역사적으로, 그리스도인 인구가 다수인 나라들에서는 그리스도인들이 다른 신앙들을 '이질적인' 것으로 여겨 그들의 종교 활동을 거부하고 제한하려는 유혹을 받는다. 그러나 그리스도인들은 이러한 유혹에 맞서서 다른 사람들이 신앙의 자유를 누릴 권리를 옹호해야 한다. 예를 들어, 그리스도인들은 다음과 같은 권리들을 지지해야 한다.

- 무슬림들이 자신들이 사는 지역에 회교 사원을 지을 권리.[7]
- 공직에 올라 취임 선서를 하는 등의 공적 의식 때, 다른 신앙을 가진 이들이 그들의 종교 경전을 사용할 권리와, 종교가 없는 사람들이 종교 경전을 사용하지 않을 권리.
- 그리스도인들이 십자가를 지닐 수 있는 권리와 마찬가지로, 무슬림들이 머릿수건(과 전신 베일)을 쓸 권리, 유대인들이 '키파'를 쓸 권리, 시크교도들이 공공장소에서 터번을 쓸 권리.

- 종교적 이유로 동성 결혼의 합법화를 지지할 수 없는 목사들이 동성 결혼식을 거행하지 않을 권리와, 종교적 이유로 낙태를 비윤리적이라 생각하는 전문 의료진이 낙태 시술을 행하지 않을 권리.

다원적 민주주의 사회라는 환경에서는, 모든 사람이 자신의 신앙이나 철학에 따라 인류 번영과 공공선에 대한 비전을 가지고 그 비전을 공적 삶에 내놓을 권리, 다른 모든 사람과 동등하게 그렇게 할 권리를 옹호하는 것이 아주 중요하다. 실제로 우리는 그들의 기여를 존중하는 마음으로 받아들이고 진지하게 비판적으로 검토해야 한다(이는 반드시 동의를 의미하지는 않는다!).

더 토론할 내용
- 신앙의 자유와 동등한 존중이라는 도덕 원리는 어떻게 제도화되어야 하는가? 미국에는 정교분리, 그리고 아마도 정도는 좀 덜하지만, 종교인이든 비종교인이든 모든 사람의 중요한 인생관에 대해 국가가 중립을 지키는 오랜 전통이 있다. 이는 종교의 자유와 동등한 존중이라는 도덕 원리를 위해 설계된 실현 방식이다.[8] 간혹 미국 못지않게 사회적으로 다원적인 다른 나라들에는 종교와 정치가 훨씬 더 밀접하게 연결된 제도적 장치가 있다. 어떤 제도를 취하느냐는 토론 대상이지만, 도덕 원리는 그래서는 안 된다.
- 종교 활동이 다른 공익과 충돌할 때 어떻게 결정해야 하는가? 정치적 문제들이 종종 그렇듯이, 종교의 자유라는 가치는 다른 가치들과 충돌하곤 할 것이다. 어떤 경우, 그 충돌은 종교의 자유나 다

른 가치를 제대로 이해하지 못한 결과다. 예를 들어, 다른 죄수들에게 선택권이 없다면 불교도 죄수가 채식할 권리도 부인해야 한다고 주장하는 것은, 법 아래 평등한 대우에 관한 오해일 것이다.[9] 그러나 다른 경우, 예를 들어 수혈을 금하는 여호와의 증인 신도 아이에게 병원이 목숨을 구할 수혈을 하기로 결정한 경우에는, 진심 어린 타협의 여지가 있을 것이다.[10] 경우마다 다를 것이므로, 각 사안에 따라 숙고하고 분별해야 할 것이다.

- 종교의 자유라는 원칙 아래 보호받을 자격이 있는 것은 무엇인가? 이는 가치들이 상충하는 문제 중에서도 특히 어려운 사례다. 이는 어떤 생활 방식이 중요하게 여기는 행위를 할 자유를 제한하는 것을 용인할 수 있는 때가 언제인지 묻는 질문이다. 어떤 종교 활동이 보호받을 만하고 어떤 것은 불법화하는 것이 타당한지 사이에서 분명한 선을 긋기는 어렵다. 아니, 아마도 불가능할 것이다. 분명한 경우들도 있다. 예를 들어, 제사를 드릴 수 있는 권한은 보호받아야 하지만, 그 제사에서 아이를 제물로 바치는 일이 보호받아서는 안 된다. 하지만 많은 경우들이 분명하지 않고, 그럼에도 선은 그어야 한다. 우리는 항상 도덕적 신념들에 기초하여 이 선을 그을 것이다. 그러나 그 신념들은 우리가 강제력을 행사하려는 대상인 사람들이 우리와 공유하지 못하는 신념이다. 그러므로 이 질문은 사려 깊은 숙고를 요구한다.

더 깊은 논의를 위한 자료

입문

Galston, William A., Michael P. Moreland, Cathleen Kaveny, Douglas Laycock, Mark Silk, and Peter Steinfels. "The Bishops and Religious Liberty." *Commonweal*, May 30, 2012. https://www.commonwealmagazine.org/bishops-religious-liberty. 미국에서 종교의 자유에 대한 '사상 초유의 위협'에 맞선 경고인 "우리의 첫 번째이자, 가장 소중한 자유"(Our First, Most Cherished Liberty)라는 2012년 미국 주교들의 선언에, 여섯 명의 가톨릭 학자들이 응답하고 있다.

Garvey, John H. "The Real Reason for Religious Freedom." *First Things*, March 1997. http://www.firstthings.com/article/1997/03/001-the-real-reason-for-religious-freedom. 가비는 "우리가 왜 종교의 자유를 지키는가?"라고 질문한다. 결국 보기보다 훨씬 복잡해진 그 대답은, 종교는 좋은 것이라는 것이다.

Volf, Miroslav. "Exclusion or Saturation? Rethinking the Place of Religion in Public." *ABC Religion and Ethics*, March 11, 2014. http://www.abc.net.au/religion/articles/2014/03/11/3960854.htm. 미로슬라브의 주장에 따르면, 공적 영역에서 종교의 자리는 신앙의 중심 내용에 의해 결정되어야 한다. 그는 이것이 기독교에 의미하는 바를 여섯 가지 요지로 묘사한다.

_____. "Public Engagement." In *A Public Faith: How Followers of Christ Should Serve the Common Good*, pp. 119-137. Grand Rapids: Brazos, 2011. 이 장은 종교적 차이라는 이슈에 특별히 주의를 기울이며,

정치에 참여할 때 존중이 필요하다는 사실에 초점을 맞춘다.

심화

Audi, Robert, and Nicholas Wolterstorff. *Religion in the Public Square: The Place of Religious Convictions in Political Debate*. Lanham, MD: Rowman & Littlefield, 1997. 아우디와 월터스토프는 이 지적이고 통찰력 있는 책에서, 공적 영역에서 종교의 역할에 관한 상충하는 두 가지 의견에 대해 논의한다.

Maclure, Jocelyn, and Charles Taylor. *Secularism and Freedom of Conscience*. Translated by Jane Marie Todd. Cambridge, MA: Harvard University Press, 2011. 세속주의는 무엇이며, 그것은 종교적 다양성과 어떤 관련이 있는가? 매클루어와 테일러는 구체적인 사례들에 주의를 기울이며, 이 질문들에 대한 간단하지만 설득력 있는 논의를 제공한다.

Paul VI, Pope. "*Dignitatis Humanae*: Declaration on Religious Freedom." December 7, 1965. http://www.vatican.va/archive/hist_councils/ii_vatican_council/documents/vat-ii_decl_19651207_dignitatis-humanae_en.html. 제2차 바티칸 공의회에서 나온 문서로, 가톨릭교회가 종교의 자유를 공식적으로 지지함을 분명히 알렸다.

Volf, Miroslav. "Mindsets of Respect, Regimes of Respect." In *Flourishing: Why We Need Religion in a Globalized World*, pp. 97-136. New Haven: Yale University Press, 2016. 이 장은 우리가 다른 종교들의 주요 주장에 동의하지 않더라도, 다른 종교의 지지자들뿐 아니라 조건부로 그 종교들 자체를 존중하는 것이 어떤 의미인지 논의한다. 또한 '존중

의 문화'를 조성하는 것에 더하여, 그에 상응하는 '존중의 통치 방식'이 우리에게 필요하다고 주장한다.

* 그 밖의 참고 자료

존 위티 주니어, 『권리와 자유의 역사』(IVP). 칼빈주의의 인권과 종교 자유에 관한 담론을 역사적으로 개관한다.

3부 **성품**

21
용기

스탄 신부

1981년 7월 28일 어두운 밤, 그들은 결국 스탄 신부(Father Stan)를 '없 앴다.' 스탄 신부가 조용히 그들을 따라가려 하지 않자, 그곳 사제관에서 그를 쏴 죽인 것이다. 바로 7개월 전만 해도, 스탠리 로더(Stanley Rother)는 망설이다 과테말라의 산티아고 아티틀란 마을을 떠나 본국인 미국으로 돌아갔었다. 군부 독재 정권과 그 추종자들이 적들을 파악하여 죽이려고 살생부를 작성했는데, 그 목록에 자신의 이름이 있다는 사실을 알고 난 후의 일이었다. 스탄 신부가 산티아고의 가난한 이들과 무력한 이들을 지원한 일이 그 정부의 분노를 산 것이다. 그는 그 도시에서 최초의 병원과 장인 협동조합을 세우는 일을 도왔다. 지역 아이들의 교육을 위해 씨름하기도 했다. 또 그 도시의 빈약한 공공 기반 시설이 개선되도록 애썼다. 개인적으로 몇몇 집에 전기를 설비하는 일을 돕기도 했다. 그는 성경을 가르치고 성경을 그 지역 언어인 추투힐어로 번역했다. 그러나 무엇보다 정부의 비위를 거스른 일은, 피할 곳을 찾아 군대에서 도망친 이들이 자기 집에서 은밀히 납치되지 않도록 교회 문을 연 것이었다.[1]

스탄 신부는 오클라호마로 되돌아가서 그곳 삶에 적응하려고 노력했지만, 산티아고 사람들을 너무 사랑했기에 그들의 투쟁과 고난에 함께하고 싶은 마음이 간절했다. 위험하다는 것을 아주 잘 알았지만, 결국 그는 성(聖)주간에 그의 회중과 함께 그리스도의 죽음과 부활을 기념하려고 늦지 않게 과테말라로 돌아갔다. 그러고 나서 4개월도 채 되지 않아, 그 회중은 그의 죽음을 애도해야 했다. 그와 아주 많은 다른 생명을 앗아 간 전쟁은 그 뒤에도 15년이 지나서야 끝났다. 그 상흔은 여전히 산티아고를 망가뜨리고 있었다. 가난과 폭력, 알코올 중독과 외상 후 스트레스 장애, 그리고 사제관 마룻바닥의 총알구멍도 여전했다. 그러나 스탄 신부가 주도했던 사랑의 수고 역시 계속해서 열매를 맺고 있었다. 그가 세운 병원이 여전히 운영되고 있었다. 그가 지원한 장학금을 받고 학교에 다녔던 가난한 가정 출신의 학생들이 교사, 인권 변호사, 산티아고 시장이 되기 시작했다. 또 사람들이 여전히 예배를 드리고 기도하려고 총알구멍이 있는 작은 방을 찾아왔다.

스탄 신부는 정치 세계에서 가져야 할 용기를 몸소 보여 주었다. 목숨이 위험했음에도, 하나님 나라의 비유를 자신의 삶으로 썼다. 그는 각 개인에게 그리고 공공선에 적합한 일이 무엇인지 알고 행한, 그리스도를 닮은 용기를 지닌 사람이었다.

용기와 사랑

각종 덕목들 가운데 용기는 공적 삶에 가장 확실하게 어울리는 것 같다. 용기는 영웅적으로 들리고, 엄청나고 중요한 시도에도 적합해 보인다. 사실 너무 적합해 보여서, 공적 무대에서 보여지는 비범한 용기의 행동으로 인해 용기의 진짜 성격에 대해 오해할 수도 있다. 우리는 용기를 주로 용맹으로, 두려움을 모르는 것으로 생각하기 쉽다. 앨프리드 로드 테니슨(Alfred Lord Tennyson)의 "경기병대의 돌격"에 나오는 기병들처럼, 압도적으로 불리한 상황에도 개의치 않는 듯 전투에 뛰어드는 군인들을 상상한다. 이 이미지가 틀리지는 않지만, 정확하게 옳지도 않다. 적어도 기독교적으로 볼 때, 이는 용기의 필수적 측면을 놓치고 있다. 바로 용기가 사랑과 연결되어 있다는 점이다. 리베카 코닌디크 드영(Rebecca Konyndyk DeYoung)은 북아프리카의 교부 아우구스티누스를 따라, "사랑하는 대상을 위해 기꺼이 모든 것을 견디는 사랑"으로 용기를 정의한다.[2] 이러한 견지에서 보면, 용맹만으로는 용기라 할 수 없다. 드영은 "사랑이 없다면 세상의 모든 용맹은 그저 이를 악무는 것일 뿐이다"라고 썼다.[3] 만약 사랑 없는 용맹이 '단순한 담력', 심지어 허영심 가득한 담력이라면, 사랑의 용기는 '진짜 담력'(true grit)이라 부를 수 있을 것이다.[4] 바로 예수님이 그러한 용기를 드러내 보이셨다. 예수님은 영향력 있는 종교 지도자들이 사람들에게 부과한 짐에 대해 그들을 꾸짖으셨고(눅 11:45-46), 예루살렘에서 무엇이 자신을 기다리는지 아셨음에도 하나님과 자신의 백성을 사랑하여 "예루살렘을 향하여 올라가기로 굳게 결심"하셨다(눅 9:51). 스탄 신부의 용기 역시 사랑에서 나온 것이었다. 그가 왜 박해를 당하고 살해당했는지에 대한 질문에, 그의 교구민 두 사람은 이렇게 대답했다. "이곳 사람들을 사랑하고 가난한 이들을 도와주려 했기 때문입니다."[5] 사랑하는 사람들을 위해 위험을 감수할 때, 우리는 용감해진다.

사랑은 용기의 목표일 뿐 아니라 용기의 원천이다. 요한일서 4:18은 "온전한 사랑이 두려움을 내쫓나니"라고 말한다. 용기 있는 사람이 두려움을 느끼지 않는다는 말이 아니다. 위험에 맞닥뜨리면 심장박동이 빨라지고 손에서 땀이 나기 시작한다. 그러나 그럼에도 불구하고, 사랑이 시키는 대로 하면 용기가 생긴다. 우리가 두려움에 빠져 두려움에서 행동한다면, 또 두려움이 세상에 대한 우리의 태도 안에 몰래 숨어들어 심지어 두려움을 느끼지 않는데도 두려움에서 행동한다면, 우리는 용기뿐 아니라 사랑도 잃어버린다. 혹은 사랑이 무용지물이 되어 행해야 하는 선을 행할 수 없다. 그러나 사랑이 강해지고 자라 가면 용기도 사랑과 함께 자라나서, 두려움의 감정도 서서히 사라지기 시작한다. 다른 사람들에 대한 진심 어린 배려에서 우리의 위험을 받아들일 때, 두려움은 이전처럼 자주, 혹은 견고하게 우리를 움켜잡지 못한다. 사랑이 우리를 용기 있게 만든다.

행동하는 용기

과테말라의 내전 같은 끔찍한 상황들은 공적 참여에서 용기의 필요성을 극명하게 보여 준다. 그러나 우리는 주로 더 일상적인 상황에서 용기가 필요하다.

- 옳은 판단이 우리가 희생을 감수해야 하는 어떤 정책의 시행으로 이어져야 함을 알 때, 용기가 필요하다. 당신이 어떤 부당한 학군 개편으로 이익을 얻고 있다고 생각해 보라. 그로 인해 부유한 인근 지역의 아이들은 모두 학업 성취도가 높은 한두 학교로 모이는 반면, 그 지역의 나머지 아이들은 제대로 기능하지 못하는 학교에 다니고 있다. 그러면 당신은 그러한 부당한 학군을 정당화할 방법을 찾을지도 모른다.
- 우리 주변 사람들, 즉 가족이나 당국자들 '모두'가 압도적으로 부정행위를 지지할 때, 용기가 필요하다.[6] 예를 들어, 1950년대에 인종차별주의자 가정과 교회에 속한 이들은, 인종차별이 잘못되었다고 주장함으로 그 공동체를 '배신해서는' 안 된다는 엄청난 압력 아래 있었을 것이다.
- 우리가 속한 지역사회가 지침이 되어야 할 중요한 신념들을 거의 숙고하지 않을 때, 용기가 필요하다. 예를 들어, 시리아의 전쟁 난민들에 관한 공개 토론에, 안전과 경제적 비용, 심지어 노골적인 외국인 혐오가 지배적일 때, 난민들을 보살펴야 하는 우리의 도덕적 의무를 주창하려면 용기가 필요하다('15. 이주'를 보라). 이 책에서 논의한 다른 신념들도 마찬가지다.
- 판단을 내리고 행동에 착수할 때에도 용기가 필요하다. 그렇게 할 때 우리가 옳지 않을 위험, 옳지 않은 행동을 할 위험이 있기 때문이다. 우리는 태생적으로 지식이 제한적일 수밖에 없는 불완전한 사람들이다. 그러므로 우리가 두려움을 이기고 정직한 판단을 했다고 확신할 때조차도 실수를 저지를 수 있다. 우리가 오류를 범하기 쉬

운 존재임을 인정하려면, 22장에서 논의할 겸손이 필요하다. 또 용기도 필요하다. 우리가 옳지 않을 수도 있다는 이유로 행동하기를 두려워한다면 우리는 무력해질 것이고, 자연스럽게 있는 그대로 계속 두는 것이 좋다고 판단할 것이다. 우리가 첫 번째로 가져야 할 용기는 책임을 받아들이고, 판단하고, 행동하는 바로 그 용기다.

용기와 위험

우리는 용기를, 한 개인이 다른 누군가를 위해서나 더 위대한 선을 위해서 그 자신이 위험을 감수하는 것으로 생각하는 경향이 있다. 스탄 신부와 마틴 루터 킹처럼, 우리도 실제로 공적 삶에서 그런 위험을 감수할 수 있다. 그러나 우리의 행동은 다른 사람들을 위험하게 하기도 한다. 킹의 경우, 그의 행동은 자신의 가족과 시민권 운동 전체를 위험하게 했다. 혹은 앞의 예로 돌아가 보자면, 우리가 학군 개편을 주창한다면 우리 아이들과 이웃 아이들이 더 질 나쁜 교육을 받을 위험이 있다. 많은 정치적 행동은 심지어 후손들까지 위험에 처하게 한다. 우리가 지금 정부의 적자 지출을 지지한다면, 그것은 암암리에 손자손녀들을 대리하여 채무 불이행의 위험을 받아들이는 것이다. 이와 마찬가지로 우리가 환경 규제를 거부한다면, 그것은 후손들을 심히 망가진 행성을 물려받을 위험에 처하게 하는 것이다.

우리가 어떤 행동을 하든, 수많은 상황들에 위험이 내포되어 있다. 사회학자 울리히 벡(Ulrich Beck)과 앤서니 기든스(Anthony Giddens)는, 현대의 과학기술과 경제와 정부의 발전으로 인해 우리가 감수하고 다른 사람들에게 부과하는(주로 암암리에) 위험의 양이 많아졌다고 주장했다. 그들은 우리가 '위험 사회', 곧 우리의 행동이 우리가 계산할 수 없거나 인식조차 못하는 위험들을 창출하는 사회에 살고 있다고 주장한다.[7]

공적 참여에 수반된 위험은 상황에 따라 아주 다양하다. 영향력 있는 지인의 존경을 받지 못하는 것 같은 비교적 덜 심각한 것으로부터, 폭행, 죽임을 당하거나 다른 사람들에게 심각한 해를 입는 것 같은 아주 심각한 위험까지 있다. 위험이 크고 다른 사람에게도 해를 입힐 가능성이 있다면, 용기를 내는 것이 바람직한지 의아해할 수 있다. 조심해야 하는 것 아닐까? 어쩌면 그럴지도 모른다. 그러나 행동하지 않을 때의 결과를 생각해 보라. 올바른 행동을 하지 않으면, 아무런 저항 없이 옳지 않은 일이 일어날 위험이 있다. 많은 경우, 우리는 행동하지 않을 때 직접적으로 불의에 연루될 수 있다. 예를 들어, 1965년 앨라배마 주 셀마에서 시민권을 위한 평화적인 가두 행진 참가자들을 저지하라는 명령에 불복종할 용기가 없었던 한 경찰관을 생각해 보라. 더욱이, 거시적 위험을 고려하는 일이 오늘날 공공선에 관련된 수많은 결정들에 관여하게 될 때, 용기가 없으면 쉽게 정체 상태에 이를 수 있다. 우리는 그저 책임을 회피할 수도 있고, 상황이 어떻게 이어지든 자연스럽게 흘러가도록 내버려 둘 수도 있다. 때로는 좋은 선택이 없다. 용기를 내는 것, 조심하는 것 모두에 받아들일 수 없는 부정적인 면이 있는 듯 보이기도 한다.

용기를 내느냐 조심하느냐 사이의 갈등 상황에서 책임 있게 행동하려면, 용기가 신중함이나 지혜와 함께 작동되어야 함을 인식할 필요가 있다. 토마스 아퀴나스의 해설처럼 덕목들에 대한 전통적인 신학적 해설들을 보면, 용기와 대조되는 악덕이 비겁함만 있는 것은 아니다. 라틴어로 '인티미디타스'(*intimiditas*)와 '아우다키아'(*audacia*)라 불리는 것도 있다.[8] '인티미디타스'는, 두려움을 느껴야 할 만한 상황에서 전혀 두려움을 느끼지 않는 것을 의미하며, '아우다키아'는 무턱대고 두려움을 무시하고 무모하게 행동하는 것을 의미한다. 용기는 우리가 직면하는 위험에 대한 신중한 평가, 그 위험의 심각함에 대한 합리적 고려, 언제 그 위험을 감수하며 위험에도 불구하고 행동할지에 관한 지혜로운 판단을 필요로 한다. 도전적 과제지만, 우리는 그렇게 하라는 명령을 받는다. 용기가 없다면, 특히 공적 무대에서 제대로 사랑할 수 없기 때문이다.

더 깊은 논의를 위한 자료
입문

Bader-Saye, Scott, and Chris Keller. "Following Jesus in a Political Climate of Fear: An Interview with Scott Bader-Saye." *The Other Journal*, October 16, 2008. http://theotherjournal.com/2008/10/16/following-jesus-in-a-political-climate-of-fear-an-interview-with-scott-bader-saye/. 베이더사이는, 그리스도인들이 우리 시대의 정치적·경제적 두려움 한가운데서 신실하려면 용기가 중요하다고 이야기한다. 또한 그의 책 *Following Jesus in a Culture of Fear* (Grand Rapids: Brazos, 2007)를 보라.

Bonhoeffer, Dietrich. "Civil Courage and Public Responsibility." *Public Theology, September 2009. http://www.pubtheo.com/page. asp?pid=1356. 본회퍼는 나치 정권에 대항한 반역죄로 감옥에 갇힌 채, 책임 있는 정치적 행동을 위해서는 용기가 중요함을 되돌아본다.

DeYoung, Rebecca Konyndyk. "Courage." In *Being Good: Christian Virtues for Everyday Life*, edited by Michael W. Austin and R. Douglas Geivett, pp. 145-166. Grand Rapids: Eerdmans, 2012. 드영은 그리스도인의 용기가 대담한 용맹뿐 아니라 용기 있는 인내를 포괄한다고 주장하며, 사랑에 우선순위를 둠으로써 이 둘을 연결시킨다.

King, Martin Luther, Jr. "Antidotes for Fear." In *The Strength to Love*, pp. 119-132. Minneapolis: Fortress, 2010. 킹은, 사회 변혁을 위해 두려움을 극복하려 할 때 사랑, 믿음과 함께 용기가 중요함을 이야기한다.

심화

Hauerwas, Stanley, and Charles Pinches. "Courage Exemplified." In *Christians among the Virtues*, pp. 149-165. Notre Dame, IN: University of Notre Dame Press, 1997. 이 글은 기독교가 군인에서 순교자로 패러다임을 바꿈으로써, 용기라는 덕목의 의미를 완전히 바꿔놓았다고 주장한다.

Porter, Jean. "The Affective Virtues." In *The Recovery of Virtue: The Relevance of Aquinas for Christian Ethics*, pp. 100-123. Louisville: Westminster John Knox, 1990. 포터는 번영을 이루는 인간 삶에서 용기의 역할을 분석하며, 용기를 자세히 설명한다.

Ruether, Rosemary Radford. "Courage as a Christian Virtue." *Cross Cur-*

rents 33, no. 1 (Spring 1983): 8-16. 역사적 시각에서 그리스도인의 용기를 바라보며, 현대 세계에서 교회가 예언자적 공동체가 되려면 용기가 계속해서 중요하다고 주장하는 글이다.

Thomas Aquinas. *Summa Theologiae* II-II.123-140. http://www.newadvent.org/summa/. 아퀴나스는, 용기를 이성적으로 두려움을 억누르고 무모함을 잘 조절하는 덕목이라 정의한다. 특히 II-II.123-128을 보라.

* 그 밖의 참고 자료

게리 하우겐, 『정의를 위한 용기』(IVP). 불의에 대항해 벌인 싸움의 현장에서 저자가 경험하고 발견한 놀라운 이야기들을 통해 용기의 의미를 되묻는 책이다. 저자는 하나님의 은혜가 정의를 성취하기에 변화가 일어난다고 힘주어 말한다.

고든 스미스, 『소명과 용기』(생명의말씀사). 용기는 소명으로부터 나온다고 믿는 저자는, 삶의 의미를 제공하고, 미래를 향해 나아갈 추진력을 주고, 흔들리더라도 역경을 극복할 인내와 용기를 주는 소명을 발견하도록 독자를 이끈다.

레나테 다니엘, 『오직, 용기』(한즈미디어). 융 학파 소속 분석가답게, 심층 심리학을 기초로 용기의 의미를 분석하고 육성법을 소개한다. 용기라는 미덕을 함양할 필요성과 그 가능성을 보여 준다.

빌 하이벨스, 『아무도 보는 이 없을 때 당신은 누구인가?』(IVP). 하이벨스가 제시하는 성숙한 인격의 여덟 가지 자질 가운데 첫 번째로 등장하는 게 바로 용기다. 그의 용기에 대한 설명은 상당히 미국적이지만, 쉽고 명쾌하다.

폴 틸리히, 『존재의 용기』(예영커뮤니케이션). 틸리히는 용기라는 개념을 통해서 교의학과 형이상학과 윤리학의 중심을 관통한다. 용기를 심층적으로 들여다볼 수 있는 눈을 열어 준다.

프레데리크 그로 외, 『미셸 푸코 진실의 용기』(길). '진실에의 용기'(파르헤지아)라는 개념을 중심으로 푸코의 사상을 분석한다. 푸코를 알기 위해서도 유용하지만, 그 이상으로 파르헤지아 개념에 대한 통찰을 제공한다.

22
겸손

"아무 일에든지 다툼이나 허영으로 하지 말고 오직 **겸손한 마음으로** 각각 자기보다 남을 낮게 여기고 각각 자기 일을 돌볼뿐더러 또한 각각 다른 사람들의 일을 돌보아"(빌 2:3-4, 저자 강조).[1] 이렇게 명령한 다음, 바울은 그리스도의 이야기를 그 근거로 제시한다. "너희 안에 이 **마음을 품으라**. 곧 그리스도 예수의 마음이니 그는 근본 하나님의 본체시나 하나님과 동등됨을 취할 것으로 여기지 아니하시고 오히려 자기를 비워 종의 형체를 가지사 사람들과 같이 되셨고 사람의 모양으로 나타나사 자기를 낮추시고 죽기까지 복종하셨으니 곧 십자가에 죽으심이라"(빌 2:5-8, 저자 강조).

겸손은 분명 그리스도인의 덕목이다. 혹은 그리스도인 덕목의 서명이라고도 할 수 있을 것 같다. 겸손은, 영광과 명예가 지배적 윤리였던 그리스도 시대에 그랬듯이, 오늘날 널리 퍼져 있는 수많은 문화적 감성과도 조화를 이루지 못한다.[2] 겸손은 특히 국가와 그 지도자들이 영광과 이득을 위해 서로 경쟁하는 정치 세계에 어울리지 않아 보인다. 하지만 신약성경은 그리스도가 겸손하셨듯이 우리도 겸손하라고 요구한다. 이 요구에 주의를 기울이면 우리의 공적 참여는 완전히 달라질 것이다.

겸손이란 무엇인가?

흔히 겸손은 자신에 대한 낮은 평가라고 생각한다. 그러나 겸손을 이렇게 생각하면 심각한 문제가 생긴다. 그 개념은, 만약 자신이 정말 굉장한 사람이라 해도 그 사실을 간과하거나 의도적으로 무시하라고 요구하는 것 같다. 마치 자신에 대해 거짓 견해를 가져야만 할 것 같다. 그러나 거짓에 의존하는 덕목이 있을 수 있을까?[3] 또 다른 접근법은, 인간은 모두 죄를 지으므로 우리 모두 자신을 낮게 여길 타당한 이유가 있다고 주장함으로써, 겸손을 스스로에 대한 낮은 평가로 설명하는 입장을 수호하려 한다. 이 견해에 의하면, 우리가 하는 무엇도 진정으로 존중받을 만하지 않으므로, 우리 모두 겸손해야 한다.[4] 그러나 기독교적 시각에서 보면, 이런 견해들 중 어느 것도(적어도 그 자체로는) 타당할 수 없다. 어느 것도 예수 그리스도의 겸손을 제대로 설명하지 못하기 때문이다.

성경을 보면, 그리스도가 스스로에 대해 낮은 평가를 했다고 생각할 이유가 없다. 사실 성경이 제시하는 근거들을 보면 그것은 불가능하다. 예수님은 성육신하신 말씀이자 하나님의 아들이시므로 예배와 경배를 받기에 합당하다. 그분은 또한 죄가 없는 유일한 인간이므로

(히 4:15), 그분의 겸손은 자신의 죄에 대한 인식에 근거할 수 없다. 그리스도는, 어떤 인간보다 훨씬 더 무지한 상태에 머물러 있거나 철저한 자기기만에 의해서만 자신에 대해 낮은 평가를 하실 수 있다. 그러나 진리 자체이신 그분에게는 어느 것도 적합하지 않다(요 14:6).

그렇다면 아마도 그리스도의 겸손은, 자신을 지나치게 높게 생각하지 않는다는 사실에서 오는 것 같다. 성경이 그리스도의 겸손에 대해 설명하는 다른 한 경우만 제외하면, 이 개념은 문제 될 것이 없다. 빌립보서 2:5-8에서 그리스도는 자신이 "하나님의 본체"임을 아시는 듯 보이지만, 정확한 지식이 그분을 겸손하게 만들지는 않는다. 오히려 그리스도는 하나님과 동등하심에도 불구하고, 기꺼이 인간의 형체를 입고 믿을 수 없을 정도로 수치스러운 인간의 죽음을 죽으셨기 때문에 겸손하시다. 그분은 하나님의 사명과 다른 이들의 유익을 위해 자신의 정당한 지위를 제쳐 두셨다. 그리스도를 닮아 겸손한 사람에게는, 자신의 지위도 사랑이 요구하는 바를 행하지 않을 이유가 되지 못한다. 선행은 체면이 손상되는 일이 아니다. 사실 그는 자신의 지위를 알지만, 그리스도를 따르겠다는 결단 때문에 해야 할 일이 생길 때 자신의 지위를 전혀 생각하지 않는다. 눈앞의 과업만 생각할 뿐이다.

이는 겸손이 자신을 대단하게 생각하지 않는 것이라기보다는, 자신을 지나치게 많이 생각하지 않는 것에 더 가까움을 암시한다.[5] 겸손은 자기 평가의 문제가 아니다. 오히려 자신이 얼마나 위대한지, 다른 사람들이 자신의 위대함에 마땅한 존중을 하는지에 신경 쓰지 않는 것이다. 그러면 겸손은 지위를 비교하지 않는다는 결론이 나온다. 우리는 그리스도가 사마리아 여인과 기꺼이 신학에 관해 이야기하신 데서

(요 4:1-42), 세리들과 시간을 보내신 데서(막 2:14-15), 제자들의 발을 씻겨 주신 데서(요 13:3-14) 그것을 본다. 예수님은 누가 누구보다 더 나은지, 누가 칭찬이나 인정을 더 받을 만한지에 관심이 있어 보이지 않는다. 가난한 과부든(막 12:41-44) 로마제국의 군대 지휘관이든(눅 7:1-9) 다른 사람들이 무시하곤 했던 이들을 칭찬할 마음을 분명 갖고 계셨지만 말이다. 그리스도는 무엇보다도 세상에서 하나님의 사명을 이루는 일에 전념하셨다. 당대의 거물들이 인정해 주는 명성을 포함하여, 다른 모든 것은 부수적이었다.

영원불변한 하나님의 아들이 아닌 우리는, 하나님 나라에 헌신함으로 우리의 영광에 무관심해지면 어쩔 수 없이 우리 자신의 한계를 예리하게 인식하게 된다. 그 나라의 넓이와 장엄함 그리고 그것이 변화시키는 창조 세계에 대한 경외감에 사로잡히면, 상대적으로 우리 자신의 왜소함을 깨닫게 된다. 우리 삶에서 모든 선을 다 접할 수 없음을, 또 우리가 전혀 모르는 선의 세계가 있음을 알게 된다. 그와 동시에, 창조 세계의 깨어짐과, 그 나라와 너무도 다른 모습을 보고 비통해하며, 괴로울 정도로 명확하게 우리 선의 한계들을 본다. 우리는 예수님의 비유에 나오는 세리처럼 우리 자신이 죄인임을 깨닫는다(눅 18:9-14). 겸손은 자기 평가에 대한 것이 아니지만, 솔직한 자기 평가를 하게 한다.

이렇듯 겸손에는 두 가지 측면이 있다. (1) 그리스도와 그분의 사명에 헌신함으로 우리의 영광과 지위에는 무관심한 것, (2) 우리의 한계를 냉철하게 의식하는 것이다. 이 둘은 함께 간다. 그 나라에 헌신하면 우리의 한계를 인식하게 되고, 우리의 한계를 겸손하게 인식하면 그 나라를 추구하며 그리스도를 따를 준비를 하게 된다. 스티븐 체리(Stephen Cherry)는 이렇게 썼다. "진정한 겸손은 하나님 나라의 약속과 그 존재와 부재, 그 사이의 긴장을 예리하고 깊이 인식한다. 바로 이러한 인식이, 겸손을 사심 없고 아주 열정적인 것이 되게 한다."[6] 겸손은 우리가 아주 선하며, 선하다고 인정받고 있다는 우리의 선입견을 없앤다. 그래서 "하나님의 사명을 위해, 한계 많은 우리 모습 그대로를 드리게 한다."[7]

겸손한 공적 참여

언뜻 보기에, 겸손은 용기처럼 공적 무대에 적합해 보이지 않는다. 그러나 더 엄밀하게 살펴보면, 공적 무대에서 그리스도를 따르는 데 겸손이 아주 중요함을 알게 된다. 겸손해지면 현대의 공적 삶의 주요한 특징인 주목, 명성, 지위를 향한 격렬한 쟁탈전에 휘말리지 않는다. 예를 들어, 오늘날 선거 운동의 전체 과정은, 결국 후보자들이 유권자들에게 스스로를 '팔아서' 자기 이름을 가장 잘 인지시키고 최고의 지지율을 얻으려는 것이다. 후보자들은 주도면밀하게 자신의 '브랜드'를 만들어, 모든 말과 행동을 거기에 어울리게 맞춘다. 미디어는 위급한 이슈들보다는 선거 운동의 치열한 경쟁에 초점을 맞춘다. 정치인들과 전문가들은 통치를 제로섬 게임처럼 대한다. 상대편이 아주 약간이라도 도움이 된다고 인정하면 자신의 입지와 업적이 약화될 수 있다. 이러한 자기선전과는 달리, 겸손은 당면한 과제에 집중하고, 어디에서든, 심지어 지금까지 적이었던 이들 가운데서도 그 나라를 맛볼 수 있다면 그것을 환영한다.

정치적으로 이런 종류의 겸손을 드러내 보이는 사람들은 당연히 거의 찾기 어렵다. 그러나 제2차 세계대전 동안 미 육군참모총장이었고, 전쟁 이후 마셜 플랜으로 잘 알려진 유럽 부흥 계획의 설계자 조지 마셜(George C. Marshall) 같은 사람의 삶에서 이를 엿볼 수 있다. 마셜은 서유럽의 해방을 위한 연합 전략을 실행했기 때문에, 유럽에서 연합군 사령관으로 임명될 1순위 후보인 듯 보였다. 그러나 마셜은 그 자리를 요청하려 하지도 않았고, 루스벨트 대통령 앞에서 그 자리를 원한다고 인정하려 하지도 않았다. 그는 대통령이 그러한 중요한 현장을 지휘하고 싶어 하는 자신의 마음은 염두에 두지 않고, 연합군이 치러야 할 전쟁의 유익만을 위해 결정해 주기를 바랐다. 루스벨트는 마셜이 워싱턴에 그대로 있는 것이 필요하다고 결정하고, 대신 현장 사령부 책임자로 드와이트 아이젠하워(Dwight D. Eisenhower)를 선택했다.[8]

그러나 정치인과 장군들에게만 이런 종류의 겸손이 필요한 것은 아니다. 오늘날의 과도한 '관심 경제'에서는, 철저하게 익명인 경우 외에는 공적 참여를 하면 지역에서 인식할 뿐 아니라 광범위한 명성 혹은 악명을 불러올 가능성이 있다. 겸손은 우리가 어떻게 보일지, 트윗들이 뭐라고 할지, 사람들이 많이 보는 동영상에 어떻게 상영될지 등의 생각은 옆으로 제쳐 두고, 자유롭게 그저 신실할 수 있게 해 준다. 또 사람들은 자신과 자신의 나라를 동일시하는 경향이 있기 때문에, 지위 추구와 명성 유지의 역학은 국제 관계에 대한 태도를 왜곡시킬 수 있다. 예를 들어, 국가의 명예에 과도하게 관심을 가지면 국가를 방어하기 위해 폭력이 필요하다거나, 경멸이나 모욕을 인지했을 때 적대적으로 대응해야 한다고 생각할 수도 있다. 이럴 때, 겸손은 국가의 위신보다 그리스도께 신실함을 더 우위에 두는 힘이다.

겸손의 두 번째 측면, 곧 우리의 한계들을 냉철하게 인식하는 것 또한 공적 참여에 지대한 영향을 미친다. 우리 중 누구도, 공공선과 관련한 판단이 필요한 모든 영역에서 전문가는 아니다. 누구도 올바른 모든 정보를 가지고 있지 않다. 심지어 그렇다 해도, 누구도 아주 도덕적이어서 항상 그와 관련하여 옳은 일만 하는 것도 아니다. 이러한 한계를 인정하면, 우리가 모든 것을 다 알고 있으니 다른 사람들은 그저 프로그램을 따라오기만 하면 된다고 생각하는 오만을 갖지 않는다. 겸손은 예기치 않은 곳에서 새로운 통찰의 가능성을 열어 준다. 겸손은 아귀다툼보다는 실제적 대화를 격려한다. 또한 무모한 실수의 기회를 줄일 수 있는 자기반성을 권한다. 미국의 군사력이 이룰 수 있는 일의 한계를 조금 더 냉철하게 인지했다면, 2003년에 어떤 일이 일어났을지 상상해 보라. 피바다, 난민의 물결, 엄청난 자원 낭비를 가져온 이라크전의 참사를 피할 수 있지 않았을까!

겸손의 두 측면을 합하면, 아주 드물지만 아주 중요한 정치적 덕목 가운데 하나를 기를 수 있다. 그것은, 우리(개인이든 공동체든)가 옳지 않을 때 인정하고, 잘못을 뉘우치고, 우리 명성에 어떤 영향을 미치든 잘못된 길을 바꾸고자 하는 자발적 마음이다. 실수와 악행이 '저 바깥'뿐 아니라 '여기 이 안'에도 있음을 겸손하게 기꺼이 인정하는 일은, 신실한 공적 제자도에 필수불가결하다. 이는 정직을 장려하고 화해의 문을 연다.

더 깊은 논의를 위한 자료

입문

Baehr, Jason. "How Does Humility Contribute to Strength?" *Big Questions Online*, December 10, 2013. https://www.bigquestionsonline.com/content/how-does-humility-contribute-strength. 베어는 우리의 한계와 실패를 인정하는 것이 힘을 갖는 데 필수적이라는, 직관에 반하는 주장을 한다.

Cherry, Stephen. *Barefoot Disciple: Walking the Way of Passionate Humility*. London: Continuum, 2011. 체리는 사심 없이 하나님 나라를 열정적으로 추구하는 겸손과, 더 겸손해지는 길을 열어 주는 삶의 방식에 대한 깊은 묵상을 제공한다.

Dickson, John. *Humilitas*. Grand Rapids: Zondervan, 2011. 『후밀리타스』(포이에마). 딕슨은 구약성경과 신약성경, 그리고 그리스-로마 문화에 나타난 겸손에 대해 아주 이해하기 쉬운 역사적 개관을 제공하고, 겸손이 어떻게 리더십에 관한 이해를 형성할 수 있는지 질문한다.

Pinsent, Andrew. "Humility." In *Being Good: Christian Virtues for Everyday Living*, edited by Michael W. Austin and R. Douglas Geivett, pp. 242-264. Grand Rapids: Eerdmans, 2012. 핀센트는 교만에 대한 분석에서부터 겸손에 대한 정의까지, 겸손에 대해 우리의 설명과는 다소 다른 설명을 펼치며, 특별히 기독교의 도덕적 사고에서 겸손의 중요한 의미를 논한다.

심화

Button, Mark. "'A Monkish Kind of Virtue'? For and against Humility." *Political Theory* 33 (2005): 840-868. 버튼은 겸손이 민주주의의 전형적 덕목이라 주장하며, 겸손에 대한 현대 철학의 비판에 관해 유용한 개략적 설명을 한다.

Herdt, Jennifer A. "Christian Humility, Courtly Civility, and the Code of the Streets." *Modern Theology* 25 (2009): 541-557. 헤트는 아주 흥미롭게도 르네상스 행동 강령, 도심 생활에 관한 현대 인류학적 설명들과 신약성경 본문을 연결시키면서, 현대라는 상황에서 겸손이 놀랄 정도로 적실함을 보여 준다.

Roberts, Robert C., and W. Jay Wood. "Humility." In *Intellectual Virtues: An Essay in Regulative Epistemology*, pp. 236-256. Oxford: Oxford University Press, 2007. 로버츠와 우드는, 허영과 오만이라는 악덕과 겸손의 관계에 관해 명료하게 조사한다.

Wengst, Klaus. *Humility: Solidarity of the Humiliated*. Philadelphia: Fortress, 1988. 웽스트는, 그리스-로마 사상, 구약성경, 초기 기독교 자료들에 나타난 겸손을 명료하게 평가하면서, 겸손은 억압의 도구라기보다는 억압당하는 이들에 대한 해방의 일환이라 주장한다.

＊ 그 밖의 참고 자료

송인규, 『자아가 자아를 엿보다』(생명의말씀사). 겸손은 자기 비하가 아니라 올바른 자기 인식이라는 점을 이해하는 데 도움을 준다.

라이언 홀리데이, 『에고라는 적』(흐름출판). 자기 자신이 가장 중요한 존재라는 믿음이 잘못된 것이며 위험하다는 정당한 메시지를 세속적 자기계발서로 담아냈다.

알리스터 맥그래스, 조애나 맥그라스, 『자존감』(IVP). 겸손의 본질을 이루는 자존감에 대한 설명으로, 신학적·심리학적으로 적절하게 균형 잡혀 있다.

23
정의

바울은 로마 교회에 이렇게 편지를 써 보냈다. "하나님의 나라는 먹는 것과 마시는 것이 아니요 오직 성령 안에 있는 의와 평강과 희락이라"(롬 14:17).[1] 이 구절과 여러 다른 성경 구절이 강조하듯, 정의는 기독교 신앙에서 아주 중요하며, 따라서 기독교의 공적 참여에도 아주 중요하다. 그 나라의 좋은 소식은 주로, 하나님의 정의가 세상에 팽배해 있는 모든 불의를 종식시키리라는 것이다. 시편 기자는 그날에 관해 이렇게 쓴다.

바다와 거기 충만한 것과
    세계와 그중에 거주하는 자는 다 외칠지어다.
여호와 앞에서 큰 물은 박수할지어다.
    산악이 함께 즐겁게 노래할지어다.
그가 땅을 심판하러

임하실 것임이로다.
그가 의로 세계를 판단하시며
공평으로 그의 백성을 심판하시리로다. (시 98:7-9)

우리 정치사회에서 정의가 승리할 때마다 하나님이 정의로 다스리시는 것이므로, 우리의 정치사회들이 망가져 있음에도 불구하고 사람들은 정말로 다가오는 하나님 나라를 고대한다. 따라서 성경에 정의를 행하라는 명령(예를 들어, 신 16:18-20; 사 1:17; 암 5:15), 당시 정치 질서의 불의에 대한 애도와 규탄(예를 들어, 사 5:8-10; 10:1-5; 암 5:10-11; 미 3:9-12), 보기 드문 정의로운 통치자에 대한 칭찬(예를 들어, 신 33:21; 삼하 23:3-4)이 가득하다는 것은 놀랄 일이 아니다. 기독교 신앙은 하나님의 정의가 반영된 사회를 갈망하며 추구한다.

정의란 무엇인가?

앞서 언급된 성경 본문이 보여 주듯, 정의는 부분적으로 사회 구조와 구체적 행동의 문제다. 오늘날 우리는 일반적으로 정의를 이렇게 생각한다. 우리에게는 '사법 제도'(criminal justice system)가 있고, 슈퍼 영웅의 세상에는 "저스티스 리그"(Justice League, 우주에서 가장 강력한 슈퍼 영웅들의 활약상을 모은 만화 프로그램 – 옮긴이)가 있어서, 둘 다 공격 가해자들을 '정의에 따라 처벌'(to justice)한다. 그러나 정의는 세상이 잘 정돈되는 것에만 관련되지 않는다. 정의는 또한 우리가 어떤 사람이며 어떤 성품과 태도를 가지고 있는지와 관련이 있다. 이는 정의를 덕목으로 보는 관점이다. 오늘날 인기 있는 관점은 아니지만, 다른 측면들 못지않게 정의의 한 측면으로서 중요하다. 한 사회의 정의는 상당 부분 그 구성원의 정의에 달려 있기 때문이다(그 구성원의 정의가 사회의 정의 혹은 불의에 영향을 받는 것처럼).

역사적으로, 정의로운 사람이 된다는 것이 무슨 뜻인지 답할 때, 그리스도인들은 종종 로마의 법률가 울피아누스(Ulpian)를 인용했다. "정의는 모든 사람에게 그들의 권리를 주고자 하는 꾸준하고 지속적인 의지다."[2] 정의라는 덕목은, 사람들에게 받아 마땅한 것을 주고자 하는 마음을 갖는 것이다. 처벌이든, 보상이든, 그저 조용히 내버려 두는 것이든 말이다. 사람들에게 받아 마땅한 것을 주는 것으로 이해되는 정의는 정치사회의 중심 덕목이다.

그러나 성경은 **정의**라는 단어를 또 다른 의미로 사용한다. 그것은 사람들에게 받아 마땅한 것을 주는 것을 넘어, 이를테면 용서처럼, 그럼에도 불구하고 하나님이 그들에게 주라고 명하신 것을 포함한다. 의(righteousness)라는 단어는 때로 이러한 두 번째 의미를 나타내는 데 사용되며, 사랑의 모든 요구를 성취하는 것을 포함한다. 의로운 사람은 무엇보다 하나님을 사랑하고, 자신을 사랑하듯 이웃을 사랑하는 사람이다. 정의(사람들에게 받아 마땅한 것을 주는 것)는 의와 반대되는 것이 아니라 의의 일부다. 사람들에게 받아 마땅한 임금을 주지 않는다면 우리는 의로울 수 없다. 의(사람들에게 그들이 받아 마땅한 것 이상을 주는 것)는 정의에 반대되는 것이 아니라 정의가 목표로 하는 것을 실현하는 것이다. 예를 들어, 만약 누군가의 보험이 보장해 주지 못하는 실험 치료를 내가 보장해 주었다면 그것은 부당한 것이 아니다.

정의의 공적 유익

공적 덕목으로서의 정의는 무엇보다 네 가지 면에서 중요하다. 첫째로, 정의를 중심에 두면 민주주의 정치를 이해하는 흔한 방식인 '이익 판결' 모델을 거부한다. 이 모델에서, 정치 과정은 개인과 그룹들 각자의 개인적 이익을 주창할 수 있는 틀을 제공하는 것이어야 한다. 민주주의 제도들은 가능한 한 공정한 경쟁을 보장하는 역할을 한다. 그러나 정의는 내가 받는 것을 극대화하려는 것이 아니라, 모든 사람이 받아 마땅한 것을 받도록 보장하려는 것이다. 정의는 관심의 중심에서 나의 이익을 치우고 대신 그곳에 공평을 놓는다.

둘째로, 정의를 중심에 두면 다른 사람들과 공동으로 누리는 이익에 관심을 두게 된다. 우리의 개인적 이익은 다른 사람들과 거의 별개라 생각하기 쉽지만, 사실 개인적 이익은 본질적으로 다른 사람과 공유해야만 누릴 수 있는 수많은 중요한 이익들에 달려 있다. 도로, 학교, 식수, 식품 안전성 조건, 안정된 화폐 유통, 맑은 공기 등을 생각해 보라. 그러나 우리의 이익이 이렇게 다른 사람들과의 공유로 얻는 이익에 달려 있음을 알 때에도, 우리는 종종 다른 사람들을 배제하고 우리만을 위해 그것을 독차지하려 한다. 예를 들어, 우리는 우리가 보러 갈 일이 없는 이웃의 도로가 파손되는 것은 무시한 채, 우리의 통근로를 보수해 달라고 시에 부지런히 로비할 수 있다. 정의는 사적 용도로 그렇게 공공선을 흡수해 버리는 행동을 하지 못하게 한다.

셋째로, 정의에 집중하면 무엇이 옳은지 판단할 때 국법이 그것을 결정하도록 내버려 두려는 유혹을 거스르게 된다. 이사야가 여호와의 이름으로 선포할 때 말하듯이, 어떤 법들은 불의하다. "**불의한 법령을 만들며** 불의한 말을 기록하며…화 있을진저"(사 10:1-2, 저자 강조). 정의가 법의 척도지, 그 반대가 아니다. 윌리엄 윌버포스(William Wilberforce)가 이끈 영국의 노예제 폐지론자들은 대영제국에서 노예 매매와 노예 제도를 반대하는 운동을 하면서, 정의가 단순한 법률상의 요구를 넘어서는 기준에 호소함을 실례로 보여 주었다. 노예 소유주들은 노예제 폐지가 자신들의 재산권을 침해한다며 불평했지만, 윌버포스는 그에 답하여 농장 소유주들이 "본성, 이성, 정의, 종교에 반하는 권리로" 노예를 소유하고 있다고 주장했다.³ 윌버포스의 협력자 가운데 하나인 토머스 포웰 벅스턴(Thomas Fowell Buxton)이라는 국회의원은 정의라는 덕목을 아주 잘 보여 주었다. 그는 노예 제도("악취 나는, 적나라한, 노골적인, 공공연한 불의")를 강력하게 반대했지만, 노예 소유주들이 노예를 소유할 권리는 없다 해도 영국 법이 노예 제도라는 불의를 허가했으므로, 그들이 "영국을 상대로 배상을 청구"할 수는 있다고 인정했다.⁴ 공정한 사람들은 적이나 원수에게도 받아 마땅한 것을 준다.

넷째로, 정의를 중심에 두면 영향력 있는 사람들을 편파적으로 지지하는 인간의 성향을 거스르게 된다. 이는 구약의 예언자들이 특별히 분노한 악행이다(사 1:23; 10:2을 보라). 모든 인간의 유일한 하나님은 정의로우시며, "사람을 차별대우하지 않으"신다(행 10:34, 공동번역). 그러나 수많은 압력이, 아주 예외적인 이들에 대해서는 예외를 두도록 우리를 몰아붙인다. 언젠가 그들이 은혜를 갚을 가능성이 있다. 혹은 위협적이게도, 그들은 우리가 굽히지 않은 것에 대해 처벌할 가능성이 있다. 이러한 가능성은 우리의 시각이 흐려지도록 위협한다. 명예, 부,

권력의 화려함을 헤치고 나가 마땅한 것이 무엇인지 결정할 때, 정말로 중요한 것을 보기 위해서는 정의가 필요하다.

우리가 받아 마땅한 것들

정의는 사람들에게 그들이 받아 마땅한 것을 준다. 그러나 사람들이 받아 마땅한 것이 무엇인가? 예수님의 비유 가운데, 무엇이 마땅한 것인지 알게 해 주는 비유가 하나 있다. 그것은, 정의에 대한 우리의 일반적 생각과는 확연히 다른 하나님의 성품을 반영하는 것이다.

하늘나라는 자기 포도원에서 일할 일꾼을 고용하려고 이른 아침에 집을 나선 어떤 포도원 주인과 같다. 그는 품삯을 하루에 한 데나리온으로 일꾼들과 합의하고, 그들을 자기 포도원으로 보냈다. 그리고서 아홉 시쯤에 나가서 보니, 사람들이 장터에 빈둥거리며 서 있었다. 그는 그들에게 말하기를 "여러분도 포도원에 가서 일을 하시오. **적당한 품삯을 주겠소**" 하였다. 그래서 그들이 일을 하러 떠났다. 주인이 다시 열두 시와 오후 세 시쯤에 나가서 그렇게 하였다. 오후 다섯 시쯤에 주인이 또 나가 보니, 아직도 빈둥거리고 있는 사람들이 있어서, 그들에게 "왜 당신들은 온종일 이렇게 하는 일 없이 빈둥거리고 있소?" 하고 물었다. 그들이 그에게 대답하기를 "아무도 우리에게 일을 시켜 주지 않아서, 이러고 있습니다" 하였다. 그래서 그는 "당신들도 포도원에 가서 일을 하시오" 하고 말하였다. 저녁이 되니, 포도원 주인이 자기 관리인에게 말하기를 "일꾼들을 불러, 맨 나중에 온 사람들부터 시작하여, 맨 먼저 온 사람들에게까지, 품삯을 치르시오"하였다. 오후 다섯 시쯤부터 일을 한 일꾼들이 와서, 한 데나리온씩을 받았다. 그런데 맨 처음에 와서 일을 한 사람들은, 은근히 **좀더 받으려니 하고 생각하였는데**, 그들도 한 데나리온씩을 받았다. 그들은 받고 나서, 주인에게 투덜거리며 말하였다. "마지막에 온 이 사람들은 한 시간밖에 일하지 않았는데도, 찌는 더위 속에서 온종일 수고한 **우리들과 똑같이 대우하였습니다.**" 그러자 주인이 그들 가운데 한 사람에게 말하기를 "이보시오, 나는 당신을 부당하게 대한 것이 아니오. 당신은 나와 한 데나리온으로 합의하지 않았소? **당신의 품삯이나 받아 가지고 돌아가시오.** 당신에게 주는 것과 꼭 같이 이 마지막 사람에게 주는 것이 내 뜻이오. **내 것을 가지고 내 뜻대로 할 수 없다는 말이오?** 내가 후하기 때문에, 그것이 당신 눈에 거슬리오?"하였다. (마 20:1-15, 새번역, 저자 강조)

먼저 온 자들의 불평은, 주인이 그들의 더 힘겨운 수고와 업적을 인정해서 나중에 온 사람들보다 더 많은 임금으로 보답해 주지 않은 것에 마음이 상한 데서 나왔다. 그들은 동등해 보이지 않는 일꾼들을 주인이 동등하게 대한 것에 대해 불평한다. 그러나 주인은 자기가 그들에게 전혀 잘못하지 않았다고 부인한다. 주인은 그들이 동의한 임금만이 그들의 것이라고 말한다. 그것만이 그들이 받아 마땅한 것이다. 그들이 더 오래 일했다고 더 높은 임금을 받는 것은 마땅한 일이 아니다. 이어서 본문은 나중에 온 사람들이 그 임금을 받는 것이 **옳다**고 암시한다("내가 적당한 품삯을 주겠소"). 사람들이 보통 예상하는 바에 따르면, 주인의 관대함은 독단적이다. 그러나 그의 말은, 그가 나중에 온 사람들에게 적당한 품삯, 곧 그들에게 **주어야 하는 품삯**, 심지어 어떤 의미에서는 그들이 받아 마땅한 품삯을 주고 있음을 암시한다. 다섯 시까지도 일을 기다리던 이들에게도 **마땅히** 일할 기회가 주어져야 하고, 생필품을 구매할 만큼 충분히 벌 수 있어야 한다('7. 일과 안식'을 보라). 그러나 이 **특정** 주인이 의로운 정의에 따라 그들을 고용할 때까지는, 그들에게 그런 것들을 주어야 할 **의무가** 없다.

구체적 상황에서 누군가가 받아 마땅한 것이 무엇인지를 산출해 내는 엄격한 규칙은 없다. 심지어 예수님의 비유에서도 단순한 공식이 제시되지 않는다. 정의가 요구하는 바를 우리가 정확하게 규명했음을 확인해 주는 공식 같은 것은 없다. 비유에 따라 하나님의 정의가 모든 사람을 보살피는 것이라고 생각할 수 있긴 하지만, 그 교훈이 "정의는 항상 모든 사람에게 동일한 품삯을 주기를 요구한다" 같은 간단한 결론은 아니다. 무엇이 정당한가를 결정하려면, 실제적 지혜와 신실한 분별이 필요하다. 그럼에도 불구하고 이 비유와 성경의 증언은, 일반적으로 누군가가 받아 마땅한 것이 무엇인가를 결정할 수 있는 폭넓은 지침들을 제시해 준다.

포도원 주인은, 오후 다섯 시까지 일 없이 우두커니 서 있는 노동자들은 그들이 받아 마땅한 것, 다시 말해, 일을 하여 살아남는 데 필요한 자원을 얻을 기회를 빼앗겼다고 믿었던 것 같다. 노동 시장의 경쟁 논리에서만 보자면, 이 낙오자들은 가장 유능하지 않은 노동자일 가능성이 높으며, 따라서 그들이 받아 마땅한 것은 정확히 그들이 얻은 것, 곧 일 없는 하루일 것이다. 오늘날 많은 이들은 자유 경쟁 시장이 노동자들이 받아 마땅한 것을 결정하는 것이 정당하다고 추정한다. 그것은 그들이 일할 의향이 있는 만큼이다. 그러나 정의에 대한 기독교적 시각은, 시장이 받아 마땅한 것을 결정하는 일이 타당함을 부인하지 않으면서도, 독점은 부인한다. 받아 마땅한 것들은 다양하므로, 그 일부는 시장의 관점에서 보면 아주 '불공정해' 보일 수 있다.

우리는 적어도 사람들이 받아 마땅한 것에는 다양한 근거가 있다는 사실로, 받아 마땅한 것의 다양성을 일부 설명할 수 있다. 어떤 경우 나는 내 업적에 기초하여 무언가를 받아 마땅하다. 예를 들면, 일련의 과정을 통과하여 받는 고등학교 졸업장 같은 것이다. 또 다른 경우, 그 근거는 누군가가 내게 한 약속이다. 예를 들면, 신실하겠다는 결혼 서약을 한 배우자의 정절 같은 것이다. 또 다른 경우, 그저 내 욕구가 내가 받아 마땅한 것을 정한다. 예를 들어, 내가 굶어 죽어 가고 있을 때의 음식 같은 것이다. 진실로 정의롭기 위해서는, 공적과 같은 한 가지만을 받아 마땅한 것의 타당한 근거로 여기기보다 다양한 근거를 존중해야 한다.

더 깊은 논의를 위한 자료

입문

Keenan, James F. "Justice." In *Virtues for Ordinary Christians*, pp. 64-69. New York: Sheed & Ward, 1996. 키넌은 정의가 합법성에 관련이 있을 뿐 아니라, 사회의 공동생활에 필요한 기술 및 습관과도 관련이 있다고 주장한다.

Slote, Michael. "Justice as a Virtue." *Stanford Encyclopedia of Philosophy*. July 22, 2014. http://plato.stanford.edu/entries/justice-virtue/. 슬로트는 정의라는 덕목을 다루는 역사 철학과 현대 철학의 유용한 개관을 제

공한다.

Stassen, Glen H., and David P. Gushee. "Justice." In *Kingdom Ethics: Following Jesus in Contemporary Context*, pp. 345-365. Downers Grove, IL: InterVarsity, 2003. 『하나님의 통치와 예수 따름의 윤리』(대장간). 스타센과 거쉬는 구약 예언자들의 시각에서 예수님의 삶을 읽음으로써, 성경에 기초한 정의의 그림을 전개한다.

Wadell, Paul J. "Reimagining the World: Justice." In *Happiness and the Christian Moral Life: An Introduction to Christian Ethics*, pp. 225-250. Lanham, MD: Rowman & Littlefield, 2012. 워델은 정의가 그리스도인의 도덕적 삶의 중심이라 주장하며, 불의에서 정의로의 회심은 세상을 새롭게 생각하고 바라보는 방식을 요구한다는 점을 고찰한다.

심화

Harrison, Beverly Wildung. "The Dream of a Common Language: Toward a Normative Theory of Justice in Christian Ethics." In *Justice in the Making: Feminist Social Ethics*, edited by Elizabeth M. Bounds, Pamela K. Brubaker, Marilyn J. Legge, and Rebecca Todd Peters, pp. 14-29. Louisville: Westminster John Knox, 2004. 해리슨은 올바른 관계를 맺는 공동체라는 정의의 급진적 개념을 옹호한다. 또 기독교 페미니스트 사회 윤리가 어떻게 정의를 분명하게 할 수 있는지 보여 준다.

Porter, Jean. "Justice." In *The Recovery of Virtue: The Relevance of Aquinas for Christian Ethics*, pp. 124-154. Louisville: Westminster John Knox, 1990. 포터는 개인의 이익과 공공선이 어느 쪽으로도 종속되지

않고 서로 보조를 같이하도록, 정의는 의지를 바로잡는다고 주장한다.

Thomas Aquinas. *Summa Theologiae* II-II.57-122 (특히 57-61). http://www.newadvent.org/summa/.『신학대전』(바오로딸). 이는 정의라는 덕목을 "한결같고 끊임없는 의지로 각 사람에게 받아 마땅한 것을 주는 습관"으로 본 아퀴나스의 고전적 논의다.

Wolterstorff, Nicholas. *Justice: Rights and Wrongs*. Princeton: Princeton University Press, 2008. 인권의 신학적 근거를 제시하는 중요한 책으로, 정의는 생득권과 그에 상응하는 의무의 문제라 주장한다.

* 그 밖의 참고 자료

게리 하우젠,『정의를 위한 용기』. 정의에 대한 개념적 탐구, 인식론적 계몽을 넘어서 정의가 우리 현실 속에서 정말 실현 가능하다는 희망을 증언한다.

낸시 프레이저,『지구화 시대의 정의』(그린비). 영토 국가와 경제 분배의 프레임에 갇혀 버린 기존의 정의론에 대해 전면적으로 검토한다. 정의에 대해 큰 그림을 그릴 수 있도록 도와주는 체계적 저작이다.

니콜라스 월터스토프,『*Justice in Love*』(IVP 출간 예정). 철학자 월터스토프는 사랑과 정의가 충돌한다는 주장은 두 개념을 잘못 이해했기 때문에 생긴다고 주장하며, 사랑의 명령과 정의의 명령이 조화를 이룰 수 있는 사랑과 정의를 이해하는 제3의 길을 제안한다.

마이클 샌델,『정의란 무엇인가』(와이즈베리). 특정한 상황을 상정한 사유 실험을 통해 정의에 대한 현실적 탐구를 독려한다.

브라이언 맥클라렌 외,『정의 프로젝트』(대장간). 정의에 대한 많은 글을 가려 뽑은 책으로, 정의에 대한 시야를 넓혀 준다.

존 롤스, 『정의론』(이학사). 평생 정의라는 주제를 연구해 온 미국의 철학자 존 롤즈의 고전이다. 자유주의적 이론 체계 속에 사회주의적 요구를 통합했다는 점이 크게 평가받는다.

하워드 제어, 『회복적 정의란 무엇인가?』(KAP). 저자는 이스턴 메노나이트 대학 교수로서, 가해자에 보복하고 피해자에 보상하는 응보적 정의를 넘어서 모두가 마음으로부터 평화를 누리게 하는 회복적 정의를 제안한다.

24
존중

2014년 겨울, 힐러리 클린턴(Hillary Clinton)이 조지타운 대학교에서 강연을 했다. 그녀는 외교 정책에 관해 이야기하면서, 다른 여러 가지 가운데 '적도 존중하는 것'을 포괄하는 접근법을 지지했다.[1] 이 어구는 심한 비난을 불러일으켰다.[2] 수많은 논평가들이 미국의 적들을 존중하는 것은 불합리하다고 생각했다. 심지어 정치적 지지자들도 그 말에는 반대했다. 과거 민주당 여성 의원이었던 제인 하먼(Jane Harman)은 이렇게 말했다. "우리는 중동에 사는 독실한 무슬림들, 우리의 정책이 옳지 않다고 생각하는 이들을 존중해야 한다고 생각합니다.…테러 조직원들을 존중해야 한다고 생각하지는 않습니다."[3] 그 논쟁은 존중의 중요성뿐 아니라, 존중에 관련한 미해결 질문들을 상기시켜 준다. 존중이란 무엇인가? 우리는 누구를, 왜 존중해야 하는가? 만약 그래야 한다면, 누구를 존중하지 말아야 하거나 경멸해야 하는가?

두 종류의 존중

일반적으로, 존중은 누군가의 가치를 인정하는 것으로 정의된다. 어떤 가치들은 **마땅히** 우리의 인정을 받아야 한다. 그러한 가치를 존중하지 않는 것은 옳지 않다.⁴ 그러나 없는 가치를 인정하는 것도 옳지 않을 것이다. 만약 당신이 누군가의 가치를 존중하지 않는다면, 그것은 그 사람에게 받아 마땅한 것을 주지 않는 것이고 그에게 잘못하는 것이다. 또는, 반대로 가치가 없는 누군가를 존중한다면, 그것은 그에게 실제 그 자신보다 더 낫다고 선언하는 것이며, 어쩌면 그의 잘못을 눈가림하는 것일 수도 있다. 이것이 일반적 존중이다.

그러나 두 종류의 존중을 구분하는 것은 아주 중요하다. 도덕철학자 스티븐 다월(Stephen Darwall)은 이를 **평가 존중**과 **인정 존중**이라 부른다.⁵ 평가 존중이란, 누군가의 업적이나 덕목을 긍정적으로 평가하는 것이다. 이는 "제츠(Jets)/바르셀로나(Barca)의 팬으로서 나는 패트리어츠(Patriots)/레알 마드리드(Real Madrid)가 지기를 응원하지만, 경기장에서의 톰 브래디(Tom Brady)/크리스티아누 호날두(Christiano Ronaldo)의 재능은 여전히 존중할 수밖에 없습니다"라고 하거나, "당신이 회사의 비윤리적 행동을 고발함으로써 보여 준 용기를 존중합니다"라고 할 때 드러나는 존중이다. 반대로 인정 존중은, 누군가의 존재 자체가 가지는 가치에서 나온다. 대통령의 직무 수행을 볼 때에는 존중할 만하지 않다고 해도, 그 직무 자체의 덕목 때문에 그를 존중할 수 있다.

존중에 관한 우리 대화의 대부분은, 업무든, 학문이든, 기술에 대한 것이든, 스포츠든, 시민 참여든, 종교에 대한 것이든, 평가 존중에 집중되어 있으며 마땅히 그래야 한다. 우리는 사람들의 업적과 그들의 훌륭한 성품으로 인해 그들을 존중한다. 예수님의 어떤 비유에 따르면, 이는 착하고 신실한 종이 주인에게서 받는 것과 같은 존중이다(마 25:23). 소위 '이슬람 국가'(IS) 과격분자들의 도덕적 성품을 존중하는 일은 혐오스러울 것이다. 이는 클린턴을 비방하던 이들이 말하던 요지다. 역으로, 달라이 라마(Dalai Lama)의 성품을 존중하지 않는 것은 부당할 것이다.

그러나 평가 존중에는 위험 요소가 있다. 그 위험은 우리가 무엇이 존중할 가치가 있고 무엇이 그렇지 않은지 결정할 때 근거로 삼는 가치관에 자리 잡고 있다. 복음서는 무엇을 주목할 만하다고 여겨야 하는지, 어떤 종류의 성품이 존중할 만한지에 대한 나름의 기준이 있다. 이는 종종 오늘날 성공 지향적 문화의 지배 정신과 충돌한다. 예수님은 과부의 작으나마 정성 어린 헌금(막 12:41-44; 눅 21:1-4)과 도움을 청하는 세리의 외침(눅 18:9-14)을, 부자의 금과 바리새인의 자랑보다 더 높이 평가하셨다. 또 바울은 "하나님께서 세상의 미련한 것들을 택하사 지혜 있는 자들을 부끄럽게 하려 하시고 세상의 약한 것들을 택하사 강한 것들을 부끄럽게 하려 하시며 하나님께서 세상의 천한 것들과 멸시받는 것들과 없는 것들을 택하사 있는 것들을 폐하려 하시나니"(고전 1:27-28)라고 선포한다. 그리스도를 따르는 이들인 우리는, 복음서의 가치관을 진정한 가치를 판단하는 척도로 받아들여야 하고, 널리 퍼져 있지만 비정상적인 기준들에 이끌려 판단하지 않도록 경계심을 늦추지 말아야 한다.

훨씬 더 중요한 것으로, 평가 존중이 우리가 다른 사람들을 대하는 주요한 기초가 되어서는 안 된다. 오히려 인간이 지닌 인간성 때문에 그들이 받아 마땅한 인정 존중이 기초가 되어야 한다. 때로 우리는 어떤 직책을 맡은 누군가나(예를 들어, 대통령), 우리와 어떤 관계가 있는 누군가(예를 들어, 부모)를 인정 존중한다. 베드로전서 2:17의 "왕을 존대하라"라는 명령을 이런 종류의 존중과 관련이 있는 것으로 해석할 수 있다. 그러나 단지 한 인간으로서 누군가의 근본적 가치를 인정하는 인정 존중도 있다. 베드로전서의 같은 구절에 나오는 "**뭇 사람을 공경하며**"(저자 강조)라는 명령에 담긴 것이 이런 종류의 존중이다. 그러나 우리가 왜 모든 사람을 존중해야 하는가? 우리가 어떻게 모든 사람을 **존중할 수** 있을까?

철학자 니콜라스 월터스토프(Nicholas Wolterstorff)는 어떤 종류의 사랑, 그가 '애착의 사랑'이라 부르는 사랑이 사랑받는 사람들에게 가치를 부여한다고 주장했다.[6] 애착은, 한 벨벳 토끼 인형을 장난감 가게 선반 위에 놓인 팔리지 않은 어떤 봉제 인형보다 훨씬 더 가치 있게 만들어 준다. 이는 무언가에 가치를 부여하는 특별한 관계다. 하나님의 사랑이 그러하므로, 그 사랑이 사람들에게 가치를 부여한다. 그리고 하나님의 사랑은 보편적이기에 하나님이 애착을 갖지 않는 사람은 하나도 없고, 하나님의 아들이 세상 속으로 오셔서 구원하려 하지 않는 사람은 하나도 없으므로, **모든** 사람이 누구도 **빼앗을** 수 없는 가치를 가지고 있다. 그 가치가 인정 존중을 요구한다. 또 그 가치는 보편적이므로 존중에는 절대로 차별이 없어야 한다. 예외 없이, 자격 요건 없이 모든 사람이 포함되어야 한다. 사람들은 평가 존중을 받는다.

또 인간이라는 이유만으로 인정 존중도 받아야 한다.[7]

평가 존중과 인정 존중 둘 다, 단순한 감정이라기보다는 다른 사람들을 향한 적극적 태도다. 둘 다 사람들에 대한 우리 '내면의' 시각이 아니라, 생각과 감정과 행동을 포함하는 그들을 향한 자세다. 이는 우리가 사람을 대하는 방식 전체에 영향을 미친다. 누군가를 존중하면, 그 사람에게 어떤 태도를 보이게 된다. 그런 다음, 존중의 태도를 넘어서는 것이 공경심(respect*fulness*)이라는 덕목이다. 이는 왔다 갔다 하는 우발적 태도가 아니라 지속적으로 존중하는 마음이다.

공경심

공경심, 특히 인정 존중을 하는 마음이 중요한 공적 덕목인 까닭은 무엇인가? 공적 삶은 차이와 의견 충돌, 가끔은 악행도 무대 중앙으로 가져와서 존중을 방해한다. 모든 사회는 세금 정책에서부터 이민에 이르기까지 공공 생활의 중요한 이슈들에 대한 강한 의견 차이로 분열되어 있다. 그림을 더 복잡하게 만드는 것은, 오늘날 대부분의 사람이 다양한 인종, 종교, 계급으로 이루어진 다원적 사회에서 살고 있다는 점이다. 올바른 삶에 대해 다른, 때로는 서로 충돌하는 시각을 가진 사람들은 서로 어떻게 함께 살지 조율해 나가야 한다. 그 외에도, 모든 정치사회는 크고 작은 불의와 상처와 모욕의 역사로 얼룩져 있다. 이 모든 것으로 인해, 불만과 그 불만을 해소하려는 요구들은 매일의 정치 생활의 일부가 된다.

다원적 사회의 공적 삶에 나타나는 대립 성향은 종종 평가 존중과 인정 존중 둘 다를 방해한다. 우리는 우리와는 다른 입장을 가진 사람들을 존중하지 않고 속단하려는 유혹을 받는다. 그들의 주장에 담긴 가치나 그들의 칭찬할 만한 성품은 보지 못한다. 미리 그들을 '적'으로 치부하기 때문이다. 그래서 우리는 적절한 평가 존중을 하지 못한다. 그러나 평가 존중을 하지 못하면 곧바로 인정 존중도 하지 못하게 된다. 누군가의 의견이 무가치하다거나 그의 성품이 야비하다고 생각하는 데서, 한 인격으로 그가 우리의 존경을 받을 가치가 없다고 생각하는 데로 나아간다. 위험은 특히 그가 잘못을 범했을 때 나타난다. 악행들이 악행자로 추정되는 이들에게 드리우는 검은 그림자 가운데서, 우리는 종종 그들을 더 이상 한 인격으로 보지 않고 오로지 '범죄자', '압제자', '인종차별주의자', '테러범'으로,[8] 그리고 극한 상황에서는 몰살시켜야 하는 '동물', '해충', '바퀴벌레'로 본다.

이렇게 존중하지 않는 태도는 모든 사람을 위해 보냄받은 구세주 그리스도의 성품을 닮은 것 같지 않다. 그 아버지는 해를 악인과 선인에게 비추시는 분이니 말이다(마 5:45). 더욱이, 다른 이들을 존중하지 않는 태도는 공공 생활과 공공선 추구에 악영향을 미친다. 평가 존중을 하지 않으면, 적어도 타협이나 협력을 거의 바랄 수 없는 험악한 분위기가 조성된다. 존중하지 않는 태도가 만연하면 사회적 신뢰를 갉아먹는다. 모든 사람이 당파적 동기에서 다른 사람을 용납하지 않고 판단하는 듯 보인다면, 어떻게 사람들이 진실을 말한다고 신뢰할 수 있겠는가? 인정 존중을 하지 않는 것은 훨씬 더 나쁜 영향을 미칠 수 있다. 그것은 한 인격으로서 사람의 가치를 보지 않으려는 것이므로, 실제로 다른 사람의 인간성을 인정하지 않는다. 뿐만 아니라, 적의 인간성을 말살하면 그들을 난폭하고 부당하게 대하는 일이 수월해진다.⁹ 그 구성원들이 일관되게 인정 존중을 하지 못하는 정치사회는 폭력과 억압을 하기 쉽다.

장기간의 사회 갈등과 화해의 과정 모두를 익히 경험했던 데즈먼드 투투(Desmond Tutu)는 이렇게 썼다. "우리가 적들도 존중하고, 그들을 괴물로 보지 않고, 인간성을 말살시키지 않고, 악마로 만들지 않고, 그들의 인간성 때문에 존경받을 자격이 있는 동료 인간으로 볼 때에만, 우리는 갈등을 막는 담화를 할 수 있을 것이다."¹⁰ 공공선을 위한 건전한 공적 참여는 사람들에 대한 무조건적 존중 없이는 불가능하다. 특히 우리가 그들의 태도와 행동을 존중할 수 없을 때 그렇다. 또 그러한 존중은 공경심이라는 덕목을 계발하지 않고는 가능하지 않을 것이다.

리드 신부

북아일랜드 출신의 가톨릭 사제 앨릭 리드(Alec Reid)의 이야기는 극한 정치적 상황에서도 공경심이 지닌 힘을 실례로 보여 준다. 1960대 후반이 시작될 무렵, 북아일랜드는 '북아일랜드 분쟁'(the Troubles)으로 알려진 격동의 30년을 보냈다. 북아일랜드가 영국의 일부로 남아 있느냐(연합론 입장) 아니면 아일랜드 공화국의 일부가 되느냐(공화국 입장)를 놓고 벌인 갈등은, 연합론 무장단체들, 공화국을 지지하는 상대편, 영국의 치안 부대 사이의 충돌로 폭발했다.

리드 신부만큼 대화를 순조롭게 만든 사람은 거의 없었다. 결국 그의 노력은 1998년 성 금요일 평화 협정으로 그 분쟁을 끝냈다. 10년이 넘는 그 과정 동안, 리드는 아일랜드 공화국의 집권당은 물론, 주류 연합당과 급진적인 신페인당[Sinn Féin, 아일랜드 공화국군(IRA)의 정치 진영] 사이의 회담을 주선했다. 회담이 가능하지 않았을 때에는 소통 내용을 중계했다. 그는 평화 협정의 일환으로 IRA의 무기 파기를 확인하도록 위탁받은 두 명의 성직자 중 하나였다. 리드가 이 까다로운 일을 할 수 있었던 까닭은, 관련된 모든 진영의 신뢰를 받았기 때문이다. 그는 그들 모두를 존중했기 때문에 그들의 신뢰를 받았다. 그가 어떤 그룹의 방식이나 목표를 비난했을 때조차도, 그는 그 구성원들을 서로 존중하는 대화에 참여시키는 일을 절대 그만두지 않았다.

리드가 모든 사람을 존중한 모습은, 특히 1988년 비극적인 3월의 어느 날 분명히 두드러졌다. 사복을 입은 두 명의 영국 군인 데이비드 하우스(David Howes)와 데릭 우드(Derek Wood)가, 최근 연합론자의 총잡이에게 살해당한 한 공화국 지지자의 장례 행렬 쪽으로 차를 몰고 갔다. 그때 조문객들 가운데 무장하고 있던 이들이 그 군인들을 차에서 끌어내려, 옷을 벗기고 두들겨 팬 다음 죽이려 했다. 장례식에 참석했던 리드는 중재에 나섰고, 그 후 군인들이 총에 맞자 되살리려 애썼지만 성공하지 못했다. 공격한 사람들은 그 군인들을 리드의 가톨릭 공동체의 적이라 여기고, 반나체의 시신을 거리에 내버려 둔 채 가 버렸다. 그러나 리드는 피살된 사람들의 인간성을 훼손시키려 하지 않았다. 오히려 그의 얼굴은 인공호흡을 하느라 붉게 달아올랐다. 그는 피로 얼룩진 도로 위에 있는 그들에게 마지막 종부 성사를 행함으로써, 죽임을 당한 군인들을 하나님의 사랑받는 피조물로 인식했다. 리드의 행동을 담은 사진은 북아일랜드 평화 운동을 대표하는 이미지 가운데 하나가 되었다.

우리 모두가 북아일랜드 내전과 같은 극심한 시대를 맞닥뜨리지는 않을 것이다. 또 우리가 모두 리드 신부처럼 깊이 있고 결연한 공경심을 보이지도 못할 것이다. 그러나 우리는 그것을 목표로 삼아, 하나님의 사랑을 근거로 모든 사람의 가치를 증언하고, 서로 더 존경하는 정치 문화에 기여하기를 소망할 수 있다.

더 깊은 논의를 위한 자료

입문

Boff, Leonardo. "Respect." In *Virtues for Another Possible World*, pp. 143-158. Eugene, OR: Cascade Books, 2011. 유명한 남미의 해방신학자가, 현재 전 세계적인 생태학적 위기들에 직면한 우리에게 필요한 핵심 덕목 가운데 하나로 보편적 존중을 다룬다.

Paul VI, Pope. *Gaudium et Spes*. December 7, 1965. http://www.vatican.va/archive/hist_councils/ii_vatican_council/documents/vat-ii_const_19651207_gaudium-et-spes_en.html. 제2차 바티칸 공의회에서 나온 문서로, 인간의 존엄성과, 이 존엄성이 개인뿐 아니라 한 사람이 사는 사회·정치적 상황에 요구하는 존중을 깊이 성찰하며 시작한다.

Volf, Miroslav. "'Honor Everyone!' Christian Faith and the Culture of Universal Respect." In *Abraham's Children: Liberty and Tolerance in an Age of Religious Conflict*, edited by Kelly James Clark, pp. 186-208. New Haven: Yale University Press, 2012. 이 글은 모든 사람을 존

중하라는 베드로전서의 명령을 토대로 기독교 신념이 보편적 존중을 포함한다고 주장하며, 더 나아가 그러한 존중이 사회와 정치에 미치는 영향을 탐구한다.

_____. "Public Engagement." In *A Public Faith: How Followers of Christ Should Serve the Common Good*, pp. 119-137. Grand Rapids: Brazos, 2011. 이 장은 종교 간 의견 차이라는 이슈에 특별히 주의를 기울이면서, 공적 참여에서 존중의 필요성에 초점을 맞춘다.

심화

Darwall, Stephen L. "Two Kinds of Respect." Ethics 88 (1997): 36-49. 다월은 평가 존중과 인정 존중의 차이를 설명하고 변호한다.

Farley, Margaret A. "A Feminist Version of Respect for Persons." *Journal of Feminist Studies in Religion* 9 (1993): 183-198. 팔리는, 인간이 존중을 필요로 한다는 사실 때문에 보편적으로 공유하는 특징들에 대한 질문을 페미니스트적 시각에서 탐구한다.

Taylor, Charles. "The Politics of Recognition." In *Multiculturalism: Examining the Politics of Recognition*, edited by Amy Gutmann, pp. 25-74. Princeton: Princeton University Press, 1994. 테일러는 특정 형태의 다문화주의를 편파적으로 옹호하며, 동등한 존중의 정치의 역학과 역사적 자료에 대한 해설을 제공한다.

Volf, Miroslav. "Mindsets of Respect, Regimes of Respect." In *Flourishing: Why We Need Religion in a Globalized World*, pp. 97-136. New Haven: Yale University Press, 2016. "뭇 사람을 공경하라!"는 명령을 더

발전시킨 이 장은, 그 주장을 다른 세계 종교들에까지 확대하며, 존중의 정치 체제에 대한 찬성론을 펼친다.

* 그 밖의 참고 자료

김현경, 『사람, 장소, 환대』(문학과지성사). 저자는 인권과 환대와 장소성을 연결 지어 논의하며, 존중에 대한 개념 이해에 깊이를 더해 준다.

리처드 세넷, 『불평등 사회의 인간 존중』(문예출판사). 노동 문제를 주로 연구하는 사회학자 세넷은 유동하는 사회에서 급격하게 취약해지는 복지와 인간 존중의 문제를 다룬다.

존 쾨니히, 『환대의 신학』(한국장로교출판사). 1세기 유대 문화(예수)와 바울 및 누가복음 안에 나타난 환대의 신학을 성경적으로 이해하는 데 큰 도움을 준다.

크리스틴 폴, 『손대접』(복있는사람). 저자는 라브리, 라르쉬 등에서의 사역 경험을 바탕으로, 오랜 기독교 전통이지만 우리 시대의 잃어버린 보석인 환대를 성경적·역사적 관점에서 다시 돌아본다. 환대의 필요성과 어려움, 축복에 대한 저자의 세밀한 연구는 감동적이기까지 하다.

25
긍휼

예수님과 그분을 따르는 큰 무리가 한 장례 행렬을 만난 적이 있다. 누가는 죽은 사람이 "한 어머니의 독자요 그의 어머니는 과부"라고 말해 준다. 자식을 여읜 어머니는, 먼저 간 아버지처럼 안식처로 향해 가는 아들의 시신과 동행하고 있었다. 그 어머니 앞에는 경제적 어려움과 사회적 고립이라는 암울한 미래가 있었다. 누가는 계속해서 이렇게 말한다. "주께서 과부를 보시고 불쌍히 여기사 '울지 말라' 하시고 가까이 가서 그 관에 손을 대시니 멘 자들이 서는지라. 예수께서 이르시되 '청년아 내가 네게 말하노니 일어나라' 하시매 죽었던 자가 일어나 앉고 말도 하거늘 예수께서 그를 어머니에게 주시니"(눅 7:12-15). 우리는 이러한 너무도 놀라운 사건의 전환 가운데서, 누가복음 본문에 나오는 작은 세부 설명을 간과하기가 쉽다. 그 장면이 눈에 들어오신 예수님은 슬픔에 짓눌린 어머니를 보신다. 누가는 예수님이 그 여인을 불쌍히 여기신 것을 목격한다. 복음서가 예수님의 긍휼을 언급하는 경우는 이 구절 외에도 많다(예를 들어, 마 9:36; 15:32; 20:34; 막 8:2). 긍휼은 분명 예수님께 중요하다. 그것은 그분을 따르는 이들이 공적 참여를 할 때에도 없어서는 안 되는 것이다.

긍휼: 정치적 덕목?

긍휼이 중요한 까닭은, 인간은 데이터를 넣고 계산하고 최상의 사업 계획을 내뱉은 다음 그것을 시행하는, 지능을 갖춘 계산기가 아니기 때문이다. 우리는 생각, 감정, 욕망, 반사 신경 등이 뒤죽박죽 섞인 복잡한 통합체다. 그냥 올바른 생각을 하면 올바른 행동이 따라 나오는 것이 아니다. 감정의 도움이 필요하다. 그러나 감정이 늘 도움이 되지는 않는다. 어떤 감정은 깊은 신념을 배신하게 만든다. 하지만 어떤 감정들은 왜곡된 믿음들을 무시하고, 우리 생각보다 더 낫게 행동하도록 우리를 몰고 가기도 한다. 우리가 공적 영역에서 올바르게 행동하려면 올바른 종류의 감정이 필요하다. 그러한 감정 중 하나가 긍휼이다. 이는 고통과 어려움이 특징인 세상에서, 신앙에 충실하게 사는 데 꼭 필요하다. 긍휼이 없으면 길거리에 쓰러진 부상자를 보고도 그냥 지나치기 쉽다(눅 10:30-32). 혹은 텔레비전에서 기아로 망가진 몸들을 보고 나서도, 그냥 우리의 스테이크로 눈길을 돌린다. 궁핍한 이들을 보살피고 고통을 경감시키기 위해 신속하고 꾸준히 행동하려면 긍휼이 필요하다. 예외는 거의 없다. 고통을 겪거나 가난할 때, 우리는 그저 냉담하고 계산된 도움을 받는 대상이기를 바라지 않는다. 필요가 채워지고 있을 때, 우리는 다른 사람들이 우리 상황에 공감하는지도 알고 싶다. 우리는 긍휼을 찾는다.

소외된 이들, 고난받는 이들, 필요가 충족되지 않은 이들에게 헌신한 예수 그리스도의 제자들에게 긍휼이 특히 소중한 까닭은, 긍휼은 본질적으로 정확히 그런 사람들을 향해 있기 때문이다. 긍휼의 감정은 우리의 시야를 붙잡아, 주의를 집중해야 하는 곳을 가리켜 주는 타오르는 불꽃 같다. 또 공적 삶의 상당 부분이 고난과 박탈에 대응하는 것이므로, 긍휼은 신앙에 충실한 공적 참여에 꼭 필요하다.

긍휼이란 무엇인가?

어떤 사람들은 긍휼이 그저 다른 사람의 아픔을 느끼는 것이라 생각한다. 긍휼에 그러한 느낌이 포함되어 있긴 하지만, 정서이자 덕목으로서의 긍휼은 느낌 그 이상이다.[1] 신학자들과 철학자들은 긍휼이라는 덕목에 세 가지 측면이 있음을 발견했다. 바로 감정, 생각, 행동이다.[2]

긍휼의 감정적 측면은, 궁핍한 이들과 고통당하는 이들을 향한 사랑 때문에 그들의 아픔이 당신을 아프게 하는 것이다. 이는 다른 사람의 아픔을 그대로 **당신의 아픔**처럼 느끼는 것이 아니다. 오히려 **그들의** 아픔에 반응하여 **당신도** 아픈 것이다. 그들을 사랑하기 때문에, 그들의 고통이 당신에게 중요하고 당신의 감정에 영향을 미친다. 긍휼의 감정적 측면은 긍휼이라는 단어 자체에 정확히 새겨져 있다. 라틴어 '콤파시오'(compassio)는 대략 '함께 고통당함/함께 느낌'이라는 의미다.

이상하게 생각될지 모르지만, 긍휼에는 **생각**도 포함되어 있다. 정서는 다 그렇고 단순한 감정은 그렇지 않듯, 긍휼에는 어떤 신념 혹은 판단들이 들어 있다. 예를 들어, 예수님이 나인 성의 과부를 긍휼히 여기신 것은, 그분이 어머니와 아들의 관계에 관해 무언가를 아시고, 그 과부가 아들을 잃고 심히 고통스러워함을 아실 때에만 이해가 된다.

마지막이자 결정적으로, 긍휼이라는 덕목에는 고통을 해결하기 위해 할 수 있는 일을 하는 것이 포함되어 있다. 긍휼에 관해 이야기하는 복음서 본문을 읽어 보면 이 점이 두드러지게 나타난다. 복음서는 예수님이 누군가를 긍휼히 여기신다고 말할 때마다, 곧바로 그분이 문제의 그 사람이나 사람들을 적극적으로 보살피셨다고 말하는 데로 나아간다. 예수님은 병자를 고치셨다(마 14:14; 막 1:40-42). 떡 몇 조각과 물고기 몇 마리를 아주 많아지게 하셨다(마 15:32-38; 막 8:1-9). 맹인들의 눈을 만지셔서 그들이 보게 하셨다(마 20:29-4). 죽은 사람에게 "일어나라"라고 말씀하시자 그가 일어났다(눅 7:14-15). 제자들에게는, 더 많은 일꾼들이 와서 추수를 돕도록 기도하라고 명하신 다음, 병자를 고치고 귀신을 쫓아내고 그 나라를 선포하도록 그들을 보내셨다(마 9:36-10:8). 아우구스티누스가 말하듯이, 긍휼은 "다른 사람의 불행에 대해 우리 마음이 느끼는 일종의 동정이다. 이는 우리에게 가능한 모든 수단으로 **그를 돕게 만든다**."[3] 진정한 긍휼이 있다면, 질문은 행동을 취할 것인가 말 것인가의 차원이 아니라, 우리에게 가능한 어떤 수단이 있으며 어떤 행동이 가장 지혜롭고 가장 유용한가이다.

긍휼의 오작동

긍휼이라는 감정은 다른 사람의 고통을 대할 때 보이는 흔한 반응이다. 심지어 아주 어린 아이들도 그런 감정을 느끼는 듯 보인다. 그러나 이러한 감정이 정서로 올바르게 빚어져 결국 덕목이 되지 않는다면, 긍휼은 여러 면에서 오작동할 수 있다. 여기서는 공적 참여에 특히 중요한, 네 가지 가능한 오작동을 강조하려 한다.

첫째로, 우리가 눈앞에 있는 이들에게만 긍휼을 적용할 때 긍휼은 오작동한다. 보통 긍휼은 우리가 직접 접하는 고통에 대한 반응이다. 그러나 복음서에는 예수님이 긍휼의 마음으로 멀리 떨어져 있던 이들을 고쳐 주신 이야기들이 많이 나온다(눅 7:1-10; 요 4:46-53). 실시간 의사소통이 가능하고 고도로 발달한 전 세계적 통신망이 있다는 것은, 우리가 아주 멀리 있는 사람들의 고통도 자주 접할 수 있을 뿐 아니라 그것을 조금이나마 해결할 수 있는 능력도 있다는 의미다. 우리는 모른다거나 능력이 없다고 주장할 수 없다. 긍휼을 보이지 않는 것은 냉담하고 사랑이 없는 태도일 뿐이다.

둘째로, 고통의 심각함이 어느 정도일 때 긍휼을 느껴야 하느냐에 대해 잘못된 판단을 할 수 있다. 연민에 관한 아리스토텔레스(Aristotle)의 유명한 논의에 영감을 얻은 마사 누스바움(Martha Nussbaum)은, 누군가에게 긍휼을 느낀다는 것은 우리 생각에 그 사람의 고통이 어떤 심각함의 기준을 넘어섰다는 의미라고 주장한다.[4] 심각함의 경계를 어디에 둘지 결정할 때, 우리는 그 선을 너무 낮게 잡거나 너무 높게 잡는 두 가지 실수를 할 수 있다. 너무 낮게 잡으면, 긍휼을 느끼는 사람이든 그 긍휼을 받는 사람이든 짜증이 날 것이다. 그러나 선을 너무 높게 잡으면, 심각한 고난도 사소하게 보아 궁핍한 이들을 매몰차게 다루고, 결국 그들의 심각한 상황에 대처하지 못할 것이다. 둘 다 긍휼의 왜곡된 모습이지만, 둘 중에 다른 사람의 고난을 사소하게 보는 것이 더 흔하고 더 위험한 것 같다.

셋째로, 이를테면 아리스토텔레스처럼, 고난을 받을 만하지 않은 사람들만 긍휼히 여겨야 한다고 생각하는 잘못을 범할 수 있다.[5] 아마도 이는 직관적 생각인 것 같다. 사람들이 자기들의 공과에 따라 고난을 겪는데, 왜 내가 신경을 써야 하는가? 그러나 자신의 결함과 악행의 결과로 고난을 받는 이들도 긍휼히 여기는 것이 기독교 신앙의 핵심이다. 탕자 이야기를 생각해 보라(눅 15:11-32). 어떻게 평가해 봐도 그 아들은 고통을 당할 만했다. 그는 일찍이 자신의 유산을 달라고 청하고 재산을 다 탕진했다. 하지만 그가 부끄러워하며 아버지 집으로 돌아왔을 때, "아직도 거리가 먼데 아버지가 그를 보고 측은히"(20절) 여기셨다. 아들이 고통을 당할 만했나 하는 질문은 전혀 나오지 않는다. 이 이야기에 나오는 아버지가 하나님을 나타내므로 자격이 없는 사람을 긍휼히 여기는 일은 하나님께만 적용된다고 항의하고 싶다면, 같은 복음서 앞부분에서 예수님이 자신을 따르는 이들에게 "너희 아버지의 자비로우심같이 너희도 자비로운 자가 되라"(눅 6:36)라고 명령하신 것을 기억하라.

마지막으로, 개인들만 긍휼의 대상으로 제한할 때 긍휼은 오작동한다. 우리가 일반적으로 긍휼의 귀감이라 여기는 이들은, 거리의 고아나 신장 이식이 필요한 암 환자같이 그들이 만나는 한 사람의 고통을 보고 행동하는 사람들이다. 그러나 예수님의 모범은 긍휼이 개인들에게만 향해 있어서는 안 된다는 사실을 보여 준다. 마태복음에 나오는 다음의 구절을 숙고해 보라. "무리를 보시고 불쌍히 여기시니 이는 그들이 목자 없는 양과 같이 고생하며 기진함이라"(마 9:36). 앞에서 예수님이 한 개인인 과부를 불쌍히 여기셨음을 보았다. 여기서 예수님은 무리에게서 무언가를 보시고 불쌍히 여기신다. 실제로 예수님은 무리와 양 떼를 비교하심으로써, **한 무리**로서 그들의 어떠함으로 인해 그분이 그들을 긍휼히 여기신다고 암시하신다. 다시 말해, 그들은 별 볼 일 없는 무리였던 것이다. 그들은 보살핌받는 양 떼 같았어야 **했다**. 그러나 그 대신 방향을 잃고 질서도 없었다. 우리가 그리스도께 헌신한다면, 고통당하는 무리들도 긍휼히 여겨야 한다.

긍휼이라는 덕목은 아주 많은 지혜를 요한다. 예를 들어, 가까이에 있는 이들이나 개인들만 긍휼히 여기는 식으로 긍휼이 제한되어서는 안 된다는 말은 답하기 어려운 여러 질문을 남긴다. 나의 제한된 자원들을 가지고, 가까이에서 고통당하고 있는 사람과 멀리서 고통당하고 있는 사람 중 누구를 도와야 하는가? 아주 심한 고통을 당하는 사람들인가, 실제로 내가 도울 수 있다고 가장 확신이 드는 사람들인가, 아니면 다른 누군가인가? 나는 어떤 도움을 제공해야 하는가? 고통당하는 이들이 요구하는 대로 해야 하는가, 그들에게 가장 도움이 된다고 생각되는 대로 해야 하는가, 아니면 다르게 해야 하는가?

이 질문들에 대한 쉬운 답은 없다. 우리는 각각의 상황을 있는 그대로 마주하고, 성령의 인도에 의지하여 우리가 해야 할 바를 최선을 다해 분별해야 한다. 그러나 확실하게 할 수 있는 말은, 긍휼을 품은 그리스도인은 고난당하는 무리든, 멀리 떨어져 있는 이들이든, 소위 '그런 고난을 받을 만한 이들'이든 모두 배제할 수 없으며, 심각한 고난을 당하고 있다는 사람들의 주장을 분별없이 묵살해서도 안 된다는 것이다.

이러한 역동적이고 폭넓은 긍휼이 어떤 모습인지 엿보기 위해, 인신매매 반대 단체인 '러브146'과 그 단체 창시자 롭 모리스(Rob Morris)를 살펴보자. 모리스의 이야기를 들어 보면, 러브146이 시작된 데는 긍휼이 그 중심에 있었음을 알 수 있다. 모리스는 특히 인신매매를 당한 아이들을 긍휼히 여기는 마음이 생겨나자, 인신매매 반대라는 이상에 추상적으로 헌신하던 것에서 구체적 사람들을 향해 열의를 보이게 되었고, 러브146의 다양한 사역에 불을 붙였다. 이는 살아남은 이들을 보살피는 데서 자금 모금을 위한 소통, 입법 행동주의에까지 이르렀다. 모리스는 ― 헨리 나우웬(Henri Nouwen)과 그의 공저자들의 어구를 사용하여 "인간 됨이라는 상황 속에 푹 잠기는 것"이라 묘사하면서 ― 직관과는 반대로, 모든 활동가를 위협하는 탈진과 냉소주의를 피하는 열쇠가 긍휼이라 생각한다.[6] 그는 우리가 마주하는 끔찍함이 우리에게 타격을 주지 않는다면, 우리는 행동의 추진력을 잃을 뿐 아니라 우리 인간성의 무언가를 빼앗기게 된다고 생각한다. 그래서 일하면서 만나는 지독한 현실에 대처하기 위해 둔감함을 키우는 대신, 민감함을 유지하고자 노력한다. 한 단체로서 러브146은 모든 사역에서 긍휼을 품고자 한다. 특히, 이들은 자신들이 돕는 사람들을 복잡한 인간으로 보기보다는 그저 고통당하는 이들로 묘사함으로써 긍휼이 왜곡될 가능성을 인정한다. 이러한 양심적 긍휼은 신실한 공적 제자도에 필수적이다.[7]

더 깊은 논의를 위한 자료

입문

Austin, Michael W. "Compassion." In *Being Good: Christian Virtues for Everyday Life*, edited by Michael W. Austin and R. Douglas Geivett, pp. 185-203. Grand Rapids: Eerdmans, 2012. 오스틴은 긍휼의 인지적, 감정적, 행동적 요소를 분석하고 나서, 그것을 어떻게 계발할지에 대한 제안을 덧붙이고 있다.

Bergant, Dianne. "Compassion in the Bible." In *Compassionate Ministry*, edited by Gary Sapp, pp. 9-34. Birmingham, AL: Religious Education, 1993. 성경에 나오는 긍휼에 대한 연구로, 성경적 긍휼이 친밀한 가족 간의 사랑과 하나님의 사랑에 뿌리박고 있으며, 고난받아 마땅한 이들에게까지도 보편적으로 확대되어야 한다고 주장한다.

Bloom, Paul. "Against Empathy." *Boston Review*, September 10, 2014. http://bostonreview.net/forum/paul-bloom-against-empathy. 심리학자 폴 블룸은 느낌을 넘어 성찰하는 긍휼이 도덕적으로 중요함을 옹호하고, 이에 대해 여러 명의 철학자, 심리학자, 신학자들이 응답한다.

McNeill, Donald P., Douglas A. Morrison, and Henri J. M. Nouwen. *Compassion: A Reflection on the Christian Life*. Garden City, NY: Doubleday, 1982. 『긍휼』(IVP). 이 책은 그리스도의 긍휼에 대한 깊은 묵상을 제공하며, 긍휼이 어떻게 우리 삶의 중심에 있는 경쟁심의 자리를 차지할 수 있으며 차지해야 하는지 이야기한다.

Palmer, Jack. "Warning: No Compassion. Proceed with Caution." *God's Politics*, October 5, 2011. http://sojo.net/blogs/2011/10/05/warningno-compassion-proceed-caution. 파머는 현대 정치와 경제에 부족한 것이 바로 긍휼이라 주장한다.

심화

Farley, Margaret A. *Compassionate Respect: A Feminist Approach to Medical Ethics and Other Questions*. New York: Paulist Press, 2002. 팔리는 의료 윤리와 전 세계적 건강 위기라는 이슈를 다루면서, 진정한 긍휼은 존중을 요구하며 진정한 존중은 긍휼을 요구함을 보여 준 다음, 마지막 두 장에서 그 주제들을 연결시킨다.

Nussbaum, Martha. "Compassion: The Basic Social Emotion." *Social Philosophy and Policy* 13 (1996): 27-58. 누스바움의 이 글은, 서양 철학 전통을 깊이 다루면서 공공 생활에서 긍휼의 중요성을 탁월하게 변호하고 있다. 이보다 더욱 심화된 논의는 그녀의 *Upheavals of Thought: The Intelligence of Emotions* (Cambridge: Cambridge University Press, 2001)를 보라.

O'Connell, Maureen. *Compassion: Loving Our Neighbor in an Age of Globalization*. Maryknoll, NY: Orbis, 2009. 이 열정적이고 통찰력 있는 책은, 우리 세상에 존재하는 인간성을 말살시키는 고통을 볼 때 그리스도인들이 긍휼을 제자도의 분명한 특성으로 받아들여야 한다는 '절박한 전제'에 응답하고 있다.

Wolterstorff, Nicholas. "Augustine's Break with Eudaimonism." In *Justice: Rights and Wrongs*, pp. 180-206. Princeton: Princeton University Press, 2008. 월터스토프의 주장에 따르면, 아우구스티누스는 특히 성경

이 궁휼을 지지한다는 사실에 몰두함으로써 고대 세계에서 윤리에 대한 지배적 접근을 부인하게 되었다.

* 그 밖의 참고 자료

매튜 폭스, 『영성』(다산글방). 저자는 원죄를 강조하는 타락-구속 신학이 아니라 원복을 강조하는 창조 신학의 입장에서 자비를 말한다. 영성을 중심으로 논의하며, 정치, 경제, 심리, 자연 등에 견주어 폭넓게 다루고 있다.

발터 카스퍼, 『발터 카스퍼 추기경의 자비』(가톨릭출판사). 자비 개념에 대한 (성서적, 교의적, 교회적, 문화적 영역 전반에 걸친) 포괄적 이해를 제공한다.

카렌 암스트롱, 『카렌 암스트롱, 자비를 말하다』(돋을새김). 탁월한 종교학자인 암스트롱은 자비로운 삶을 살게 되는 12단계를 소개한다. 그녀는 모든 종교의 본질을 간파하여, 겸손과 공감과 자비가 이해의 첩경임을 주장한다.

맺는말

머리말에서 우리는 이 책이 대화와 행동으로 초대하는 것이라고 말했고, 그렇게 썼다. 우리의 공동체들이 번영하려면 활기찬 대화가 필요하다. 교회는 그리스도를 따르는 이들이 우리의 공통된 신앙에 함의된 내용을 함께 심사숙고할 때 공동체로서 번영한다. 시민 공동체는 그 구성원들이 성실하게 공공선을 추구하며 공적 질문들을 논의할 때 번영한다. 이러한 대화는 오늘날 너무도 드물다. 우리가 세상의 귀감이 되자.

우리의 공동체들은 또한 행동이 필요하다. 진정한 번영을 목표로, 용기 있고, 겸손하고, 정의롭고, 존중하는, 긍휼의 마음을 가진 참여가 필요하다. 우리가 그저 자기 할 일만 하면서, 함께하는 공동의 삶이 알아서 잘되기를 기대할 수는 없다. 거기에는 세심한 집중과 사려 깊은 행동이 필요하다. 도전에 응하자.

그리스도는 이 세상이 다가올 나라와 비슷해지도록 밀고 당기며,

쿡쿡 찌르고 이끌어 가면서, 성령을 통하여 온 세상에서 일하고 계신다. 우리의 교회 공동체와 시민 공동체의 번영은 물론 우리 자신의 번영은, 우리 삶을 그리스도의 삶에 맞추어 조정하고, 세상에서의 그분의 사역에 참여하며, 이 부르심에 반응하는 데 달려 있다. 그 일을 분별하려 애쓰며 함께 참여하자.

감사의 글

가장 먼저 베이커 출판사의 로버트 호색에게 감사를 표한다. 2012년 미로슬라브가 페이스북에 올린 정성스런 글을 출판하고자 하는 그의 관심이 이 프로젝트의 시작이었다. 그를 비롯하여 베이커 출판사의 전 직원과 함께 작업한 것은 큰 기쁨이었다.

　책을 쓰는 과정에 비상한 학생 동료 두 명이 함께해 주어서 엄청난 혜택을 누렸다. 토니 앨리미는 우리가 마감 기한이라는 난관에 부딪혔을 때 나타나, 연구 지원(10장과 15장의 '더 깊은 논의를 위한 자료' 목록을 편집하고 해설을 달아 주었다)뿐 아니라 날카로운 지적과 활발한 비평도 해 주었다. 박사 과정에 그와 같은 학생이 있다니 프린스턴은 운이 좋다. 또 예일에서 종교 윤리학 박사 과정 중인 라이언 다르보다 우리의 집필 과정에 더 영향을 미친 사람은 없다. 라이언은 '더 깊은 논의를 위한 자료' 목록 대부분을 편집하고 해설을 달아 주었다(1-3, 10, 15장을 제외한 모든 장). 그는 거의 처음부터 우리의 주간 회의에 함께했고,

대화가 건설적 방향으로 가도록 해 주었다. 우리가 생각지도 못한 질문들을 제기했고, 우리보다 우리의 여러 생각들을 더 잘 표현해 주었으며, 우리가 잘못된 길로 가고 있다는 생각이 들었을 때에는 설득력 있게 주장했다. 집필을 하는 동안 우리의 생각은 종종 그가 제시한 대로 방향 전환을 하기도 했다. 그렇게 하지 않았을 때에는 그의 예리한 비평과 대안적 시각에 대한 적절한 표현에 자극을 받아, 우리의 논지들을 선명하게 하고 그 표현을 명확하게 했다. 그리 멀지 않은 미래에, 그가 이 책을 시대에 뒤지게 할 만한 책을 쓴다 해도 놀랍지 않을 것이다.

미로슬라브: 먼저 예일의 신앙과문화연구소 직원들에게 감사를 전한다. 그들 덕분에 아무런 방해도 받지 않고 '작업실'에 계속 있을 수 있었다. 또 그들은 내가 이메일에 늦게 답장하고 과제를 잊어 버려도 꾹 참아 주었다. 그들의 비전, 헌신, 능숙함, 노고로부터 엄청난 혜택을 누렸다. 예일 대학교와, 예일 신학대학원장 그레고리 스털링은 또 한 번 너그럽게도 내가 이 책 작업을 하는 동안 연구 휴가를 주었다. 나는 내 아들들과 내 작업이 서로 부딪히지 않도록 노력했지만, 아이들과 함께 시간을 보내는 중에 내가 나의 세계 속으로 들어갔을 때 너그럽게 받아 준 것에 감사를 전한다. 특히 에런은 내가 우리의 오후 일대일 축구 시합에 가끔 빠진 것을 포함해서, 오히려 내 스트레스를 자신이 더 많이 느꼈다. 또 이 책을 쓰는 동안 아내 제시카에게 많은 빚을 졌다. 라이언과 나는 채무에 대한 장에서, 갚을 수 있는 수준보다 더 많은 빚을 져서는 안 된다고 주장했지만, 나는 아내에게 그렇게 했다. 아내는 너그럽고 변함없는 지지자다.

라이언: 지금까지 두 공동체가 5년 넘게 나의 지적·영적 가정이 되어 주었다. 예일의 신학 과정과 엘름 시티 빈야드 교회(ECV)가 바로 그 두 공동체다. 그곳에 속해 있거나 속해 있었던 모두에게 감사하지만, 특히 몇 사람을 뽑아 보려 한다. 재나 곤와와 라크루시아 길은, 어느 날 저녁 뉴저지 고속도로에서 형벌에 관한 내 생각을 명확히 하도록 도와주었다. 알리시아 해리스는 치안에 관한 장에 대해 독특하고 예리하고 도전적인 지적을 해 주었다. 조쉬 윌리엄스는 ECV가 뉴헤이번 지역사회에서 사려 깊고 신실한 공적 참여를 하도록 이끌어 주었고, 이 책에서 논의된 여러 영역에서 더 깊이 사고하고 훨씬 더 용기 있게 예수님을 따르도록 격려해 주었다. 맷 크로스먼, 라이언 다르, 토드 케네디와 매주 함께한 점심 식사는 지난 몇 년 동안 다른 무엇보다도 내 사고 형성에 큰 기여를 했다.

늘 그렇듯, 아버지 폴 린츠는 기회 있을 때마다 활발하고 아주 정직한 대화를 나누어 주심으로 무한한 격려를 해 주셨다. 아버지와 장인어른 로스 저트섬과 대화할 때마다, 정치적 의견 차이에 관한 건설적인 기독교적 대화의 가능성에 대한 절망을 뿌리칠 수 있었다. 어머니 린다 매커널리는 내 속에 공공선과 주변부에 주의를 기울이는 정신이 스며들도록 최선을 다하셨다. 어머니는 또 범죄학에 관한 자료를 얻으려면 찾게 되는 사회학자시다. 아내 헤이디는 문체에 관한 질문들을 끈기 있게 처리하며 심히 복잡한 내 염려들을 받아 주었고, 내가 이 과업을 하고 있다는 사실을 있는 그대로 지지해 주었다. 그러면서도 그녀의 일에서 신실한 공적 참여의 모범이 되었다. 헤이디와 나는 뉴헤이번에서부터 나이로비까지 훌륭한 아이 돌봄 교사 그룹에게 정말 감사한다. 그중에서도 내가 일하는 시간이 길어졌을 때에도 우리 딸 그레이스를 아낌없이 사랑하고 돌보아 준 마르타 지메네즈는 최고였다. 그리고 내 아이 그레이스에게도, 아직 몇 년 동안은 이해하지 못할 감사를 전한다. 그레이스는 내게 하나님의 한없는 은혜를 알려 주는 즐거운 비유이며, 사랑을 잘 모르는 누군가를 사랑하고 그의 사랑을 받는 것이 무엇인지 잘 배워 가고 있다.

―――

우리는 이 책을 위르겐 몰트만에게 바친다. 몰트만은 우리의 **학문적** **가족**이다. 그가 미로슬라브의 박사 학위 지도 교수 아버지이므로, 라이언에게는 '박사 학위 지도 교수 할아버지'다. 그는 그의 세대 다른 신학자들과는 다른 신학을 생산해 냈다. 그의 『십자가에 달리신 하나님』(1972)에 가장 잘 나타나 있는 그 신학은 실존적이면서도 학구적이고, 목회적이면서 정치적이고, 혁신적이면서 전통적이고, 읽기 쉬우면서도 부담이 되고, 상황에 맞으면서도 보편적이다. 또 근본적 인간 경험 위에서, 예수 그리스도의 십자가 죽음과 부활, 하나님의 삼위일체 같은 기독교의 중심 주제의 의미를 설명할 때 이 모든 것이 나타난다. 그는 우리 둘 다에게 모범적인 현대의 공적 신학자다.

주

머리말

1. 이 주장을 다른 종교들에까지 확대한 것으로는, Miroslav Volf, *Flourishing: Why We Need Religion in a Globalized World* (New Haven: Yale University Press, 2016)를 보라. 『인간의 번영』(IVP). *A Public Faith: How Followers of Christ Should Serve the Common Good* (Grand Rapids: Brazos, 2011)이 다원적 사회에서 기독교 신앙의 자리와 역할에 대한 성찰에 기여한 바에 대한 논의로는, *Political Theology* 14, no. 6 (2013)을 보라. 『광장에 선 기독교』(IVP) 이는 그 책에 대한 특별호로, Nicholas Wolterstorff, John G. Stackhouse, Jayne Svenungsson, M. T. Dávila, Julie Hanlon Rubio, Lenn E. Goodman, David Fergusson, Yasir Qadhi의 기고문과 Miroslav의 답변이 담겨 있다.
2. 공적 신앙에 대해서는, Michael Welker, *God the Revealed: Christology*, trans. Douglas W. Stott (Grand Rapids: Eerdmans, 2013), pp. 244-247를 보라. 『하나님의 계시』(대한기독교서회). 또한 Wolfgang Huber, *Gerechtigkeit und Recht: Grundlinien christlicher Rechtslehre* (Gütersloh: Gütersloher Verlag, 2006), pp. 12-13도 보라.
3. *The Edge of Words: God and the Habits of Language* (London: Bloomsbury, 2014), 특히 3장에서, 언어에 관한 Williams의 깊은 성찰을 보라.

1. 중심이요 기준이신 그리스도

1. Jürgen Moltmann, *The Crucified God: The Cross of Christ as the Foundation and Criticism of Christian Theology*, trans. R. A. Wilson and John Bowden (Minneapolis: Fortress, 1993), pp. 126-145. 『십자가에 달리신 하나님』(한국신학연구소).
2. Michael Welker, *God the Revealed: Christology*, trans. Douglas W. Stott (Grand Rapids: Eerdmans, 2013), pp. 192-197, 261를 보라.
3. 하나님이 만유의 주로서 만유 안에 계실 나라에 대한 소망이 공적 참여의 기반이 되어야 한다는 우리의 요지는, 이 절이 보편 구원을 암시한다고 생각하는지 아닌지와는 별개의 문제다.
4. Karl Barth, "The Christian Community and the Civil Community", in *Community, Church, and State: Three Essays* (Eugene, OR: Wipf & Stock, 2004), pp. 149-189. 『공동체, 국가와 교회』(엠마오서적).

2. 그리스도, 성령, 변영

1. 정치적 종교와 정치에 참여하는 종교의 차이에 대해서는, Miroslav Volf, *Flourishing: Why We Need Religion in a Globalized World* (New Haven: Yale University Press, 2016), pp. 84-87를 보라. 정치적 종교를 무너뜨린 그리스도에 대해서는, Giorgio Agamben, *Pilate and Jesus*, trans. Adam Kotsko (Stanford, CA: Stanford University Press, 2015), 특히 pp. 55-57를 보라. 『빌라도와 예수』(꾸리에).
2. Martin Luther, *The Freedom of a Christian*, in *Martin Luther: Selections from His Writings*, ed. John Dillenberger (New York: Anchor, 1962), pp. 75-76. 『그리스도인의 자유』(동서문화사).
3. Heribert Mühlen이 *Una Mystica Persona: Die Kirche als das Mysterium der Heilsgeschichtlichen Identität des Heiligen Geistes in Christus und den Christen; Eine Person in vielen Personen* (Paderborn: Ferdinand Schöning, 1968)에서 처음으로 이런 생각을 제안했다.
4. 이 주제에 대한 더 자세한 논의로는, Miroslav Volf and Maurice Lee, "The Spirit and the Church", in *Advents of the Spirit: An Introduction to the Current Study of Pneumatology*, ed. Bradford E. Hinze and D. Lyle Dabney (Milwaukee: Marquette University Press, 2001), pp. 380-407를 보라.
5. Miroslav Volf, *Work in the Spirit: Toward a Theology of Work* (New York: Oxford University Press, 1991)를 보라. 이 책의 주 논지는, 그리스도인들의 모든 사역은 '성령 안에서의 사역'으로 여겨져야 하고 실천되어야 한다는 것이다.

6. Nicholas Wolterstorff는 *Justice: Rights and Wrongs* (Princeton: Princeton University Press, 2008), pp. 145-147에서, 삶을 건강하게 이끄는 것과 잘 풀리는 삶으로 구분한다. 우리는 인간의 번영을 완벽하게 설명하려면 세 번째 측면이 필요하다고 생각한다.
7. 이는 우리가 하나님의 은혜 없이도 충분히 잘 살 수 있다는 말이 아니라, 은혜가 우리 힘을 없애기보다는 강하게 한다는 말이다. "그리스도께서 우리를 자유롭게 하려고" (갈 5:1).
8. Claus Westermann, "Peace [*Shalom*] in the Old Testament", in *The Meaning of Peace: Biblical Studies*, ed. Perry B. Yoder and Willard M. Swartley, trans. Walter W. Sawatsky (Elkhart, IN: Institute of Mennonite Studies, 2001), p. 44.
9. 이 점에 대해서는, Agamben, *Pilate and Jesus*, pp. 26-38를 보라.

3. 맥락에 맞추어 읽기

1. 물론, 이 본문들이 원수를 학살하는 것을 정당화하지 못하게 한다고 이해하는 것이 이 본문들을 읽는 유일한 방식은 아니다. 여러 유대의 해석들은 예수님의 말씀을 보지 않고도 동일하게 주장한다.
2. Martin Luther King Jr., *Strength to Love* (Philadelphia: Fortress, 1981), p. 22. 『사랑의 힘』(예찬사).
3. 같은 책, p. 56.
4. Martin Luther King Jr., *Why We Can't Wait* (New York: Signet Classics, 2000), pp. 50-51. 『왜 우리는 기다릴 수 없는가』(간디서원).

4. 부

1. *The Sayings of the Desert Fathers: The Alphabetical Collection*, trans. Benedicta Ward, SLG, rev. ed. (Kalamazoo, MI: Cistercian Publications, 1984), p. 8.
2. Miroslav Volf, *Work in the Spirit: Toward a Theology of Work* (New York: Oxford University Press, 1991)를 보라.
3. Book of Common Prayer, "A Collect for Peace" (Morning Prayer Rite II).
4. Michael J. Sandel, *What Money Can't Buy: The Moral Limits of Markets* (New York: Farrar, Straus & Giroux, 2012), pp. 16-62를 보라. 『돈으로 살 수 없는 것들』(와이즈베리).

5. 환경

1. "Facts about Rainforests", The Nature Conservancy, accessed June 5, 2015, http://

www.nature.org/ourinitiatives/urgentissues/rainforests/rainforests-facts.xml; Howard Falcon-Lang, "Anthropocene: Have Humans Created a New Geological Age?", *BBC News*, May 11, 2011, http://www.bbc.com/news/science-environment-13335683. 기후 변화에 대해서는 Intergovernmental Panel on Climate Change, "Summary for Policymakers", in *Climate Change 2014: Synthesis Report. Contribution of Working Groups I, II and III to the Fifth Assessment Report of the Intergovernmental Panel on Climate Change* (Geneva: IPCC, 2014), http://www.ipcc.ch/pdf/assessment-report/ar5/syr/AR5_SYR_FINAL_SPM.pdf를 보라.

2. Jürgen Moltmann, *Creating a Just Future*, trans. John Bowden (Philadelphia: Trinity Press International, 1989), p. 68. 『정의가 미래를 창조한다』(분도출판사).
3. Moltmann은 땅을 소유하고 마음대로 처리하는 것과 땅을 '사용하는 것' 사이의 이 차이에 대해 말하곤 한다. 예를 들어, 같은 책, p. 56를 보라.
4. 우리는 얼마나 많은 종이 있는지 모르기 때문에, 현재 멸종되는 종의 수를 정확히 추정하기란 사실상 불가능하다. 인간의 활동으로 인해 멸종되는 엄청난 양의 종들의 존재조차 알지 못할 것이다. "How Many Species Are We Losing?", World Wildlife Fund, accessed June 5, 2015, http://wwf.panda.org/about_our_earth/biodiversity/biodiversity/를 보라.
5. 더 이상의 경제 성장 없이도 잘 살아가는 법을 배울 수 있고 배워야 한다는 생각을 도전적으로 제시하는, Tim Jackson, *Prosperity without Growth* (London: Earthscan, 2009)를 보라. 『성장없는 번영』(착한책가게).
6. 수치는 2014년 미국 달러 기준 구매력 평가지수 GDP이다. "World", *The World Factbook* (Washington, DC: Central Intelligence Agency, 2013), https://www.cia.gov/library/publications/resources/the-world-factbook/geos/xx.html.을 보라.
7. "Poverty Overview", The World Bank, accessed June 3, 2015, http://www.worldbank.org/en/topic/poverty/overview.
8. Stephen M. Meyer, "The Economic Impact of Environmental Regulation", *Journal of Environmental Law and Practice* 3 (1995): 4-15, http://web.mit.edu/polisci/mpepp/Reports/Econ%20Impact%20Enviro%20Reg.pdf. 또 2013년 백악관 예산 집행부는, 2002년부터 2012년까지 환경 보호국 법령이 304-365억 달러의 경제적 비용을 소비했지만, 그러한 법령들은 또한 1,120-6,370억 달러의 이익을 창출했다고 추산했다("2013 Draft Report to Congress on the Benefit and Costs of Federal Regulations and Agency Compliance with the Unfunded Mandates Reform Act", https://www.whitehouse.gov/sites/default/files/omb/inforeg/2013_cb/draft_2013_cost_

benefit_report.pdf).

6. 교육

1. Barack Obama, "What's Possible for Our Children", *Denver Post*, May 28, 2008에 발행된 글, http://www.denverpost.com/ci_9405199.
2. 주지사 Walker는 그 내용이 공개되기 전에 상정된 변경안을 알지 못했다고 주장한다.
3. John Henry Newman, *The Idea of a University* (Assumption, IL: Assumption Press, 2014), 90 (1.5.6).
4. Anthony T. Kronman, *Education's End: Why Our Colleges and Universities Have Given Up on the Meaning of Life* (New Haven: Yale University Press, 2008)를 보라. 『교육의 종말』(모티브북).
5. Miroslav Volf, "Hunger for Infinity: Christian Faith and the Dynamics of Economic Progress", in *Captive to the Word of God: Engaging the Scriptures for Contemporary Theological Reflection* (Grand Rapids: Eerdmans, 2010), pp. 161-164를 보라.
6. 다원적 대학들도 마찬가지다. Miroslav Volf, "Life Worth Living: Christian Faith and the Crisis of the Universities", *ABC Religion and Ethics*, April 30, 2014, http://www.abc.net.au/religion/articles/2014/04/30/3994889.htm을 보라.
7. 예를 들어, Rachel Glennerster, Michael Kremer, Isaac Mbiti, and Kudzai Takavarasha, "Access and Quality in the Kenyan Education System", May 2011, http://www.povertyactionlab.org/publication/access-and-quality-kenyan-education-system, 5, 15; Anna T. Schurmann, "Review of the Bangladesh Female Secondary School Stipend Project Using a Social Exclusion Framework", *Journal of Health, Population, and Nutrition* 27 (2009): 505-517를 보라.
8. College Board, "Average Rates of Growth of Published Charges by Decade", accessed June 3, 2015, http://trends.collegeboard.org/college-pricing/figures-tables/average-rates-growth-published-charges-decade.

7. 일과 안식

1. 이는 대략적 정의다. Miroslav는 *Work in the Spirit: Toward a Theology of Work* (New York: Oxford University Press, 1991)에서 더 정확한 정의를 제공한다.
2. Jürgen Moltmann, *Ethics of Hope* (Minneapolis: Fortress, 2012), p. 233. 『희망의 윤리』(대한기독교서회).
3. 노동 통계국에 따르면, 2012년 가사도우미 연봉의 중간치는 19,570달러였고, 식음료

서비스 종사자들의 경우에는 18,400달러였다. Bureau of Labor Statistics, US Department of Labor, *Occupational Outlook Handbook, 2014-2015 Edition*, Maids and Housekeeping Cleaners, http://www.bls.gov/ooh/building-and-grounds-cleaning/maids-and-housekeeping-cleaners.htm; Food and Beverage Serving and Related Workers, http://www.bls.gov/ooh/food-preparation-and-serving/food-and-beverage-serving-and-related-workers.htm.
4. Lydia Saad, "The '40-Hour' Work Week Is Actually Longer—by Seven Hours", Gallup, August 29, 2014, http://www.gallup.com/poll/175286/hour-workweek-actually-longer-seven-hours.aspx; Rebecca Ray, Milla Sanes, and John Schmitt, "No-Vacation Nation Revisited" (Washington, DC: Center for Economic and Policy Research, 2013); Bureau of Labor Statistics, "Employee Benefits in the United States—March 2014", US Department of Labor Press Release USDL-14-1348, July 25, 2014, http://www.bls.gov/ncs/ebs/sp/ebnr0020.pdf.

8. 가난

1. "Hunger Statistics", World Food Programme, accessed June 3, 2015, http://www.wfp.org/hunger/stats; "Child Hunger", United Nations, accessed June 3, 2015, http://www.un.org/en/globalissues/briefingpapers/food/childhunger.shtml; "Hunger and Poverty Fact Sheet", Feeding America, accessed June 3, 2015, http://www.feedingamerica.org/hunger-in-america/impact-of-hunger/hunger-and-poverty/hunger-and-poverty-fact-sheet.html.
2. 몇 가지 예로, 사 3:14-15; 10:1-4; 겔 16:49; 22:29-31; 암 2:4-7; 슥 7:8-10.
3. Pope Benedict XVI (Joseph Ratzinger), *Jesus of Nazareth: The Infancy Narratives*, trans. Philip J. Whitmore (New York: Image, 2012), p. 72.
4. John Chrysostom, "Second Sermon on Lazarus and the Rich Man", in *On Wealth and Poverty*, trans. Catharine P. Roth (Crestwood, NY: St. Vladimir's Seminary Press, 1984), p. 50.
5. Basil the Great, "I Will Pull Down My Barns", in Peter C. Phan, *Social Thought: Message of the Fathers of the Church* (Wilmington, DE: Michael Glazier, 1984), p. 117.
6. "Poverty Overview", World Bank, accessed June 3, 2015, http://www.worldbank.org/en/topic/poverty/overview.
7. Credit Suisse의 *Global Wealth Databook* 2015 [Anthony Shorrocks, James B.

Davies, and Rodrigo Lluberas (Zurich: Credit Suisse, 2015), pp. 23-26, 110]에 나오는 인구 추정치와(전 세계적으로 대략 성인 47억 7,200만 명), 전 세계 성인 인구 최하위 30퍼센트에 대한 재산 추정치를 활용하여 계산한 것. 자산 빈곤층은 불균형적으로 여성인 경향이 있다[Carmen Diana Deere and Cheryl R. Doss, "The Gender Asset Gap: What Do We Know and Why Does It Matter?", *Feminist Economics* 12 (2006): 1-50를 보라].
8. Shorrocks, Davies, Lluberas, *Global Wealth Databook* 2015, p. 110. 이 단락에 대한 조언을 해 준 Cheryl Doss에게 감사한다.
9. Adam Smith, *An Inquiry into the Nature and Causes of the Wealth of Nations* 5.2.2.4, ed. Edwin Cannan (New York: Random House, 1994), pp. 938-939.
10. Miroslav Volf, *Flourishing: Why We Need Religion in a Globalized World* (New Haven: Yale University Press, 2016), pp. 202-205를 보라.
11. Toni Alimi가 1982년과 2014년의 제4분기 GDP에 대한 경제 분석국의 자료에서 산출한 것(Bureau of Economic Analysis, "Current-Dollar and 'Real' GDP", National Economic Accounts, accessed June 3, 2015, http://www.bea.gov/national/index.htm#gdp).
12. US Census Bureau, "Number in Poverty and Poverty Rate", from *Current Population Survey, 1960 to 2014 Annual Social and Economic Supplements*, accessed June 3, 2015, http://www.census.gov/hhes/www/poverty/data/incpovhlth/2013/figure4.pdf.
13. Chrysostom, "Second Sermon on Lazarus and the Rich Man", p. 54.
14. 빈곤퇴치혁신기구(Innovations for Poverty Action, www.poverty-action.org) 같은 단체들이 일부 프로그램의 효과에 대한 신뢰할 만한 증거를 제공하기 시작했지만, 가난을 줄이는 방법에 관해 아직 우리가 모르는 것이 많다.

9. 대출과 대부

1. "Consumers Rely on Car Financing More Than Ever", ConsumerReports.org, September 6, 2013, http://www.consumerreports.org/cro/news/2013/09/car-financing-on-rise-loans-and-leases/index.htm.
2. 예수님은 교회의 다른 지체를 몇 번이나 용서해 주어야 하느냐는 베드로의 질문에 대한 답으로 이 비유를 말씀해 주셨지만, 이것이 '도덕적' 용서에만 적용된다는 의미는 아니었다. 두 가지 형태의 주기도문이 보여 주듯(마 6:9-13; 눅 11:2-4), 죄 용서와 빚 탕감은 밀접한 관련이 있다.

3. Luke Bretherton, "Neither a Borrower nor a Lender Be? Scripture, Usury and the Call for Responsible Lending", *Christian Ethics Today* 21 (2013): 3.
4. "There Are More Payday Lenders in the U.S. Than McDonald's", *NBC News*, November 24, 2014, http://www.nbcnews.com/business/economy/there-are-more-payday-lenders-u-s-mcdonalds-n255156; Consumer Financial Protection Bureau, "Payday Loans and Direct Deposit Advances", White Paper, April 24, 2013, http://files.consumerfinance.gov/f/201304_cfpb_payday-dap-whitepaper.pdf.
5. Christine LaMontagne, "NerdWallet Health Finds Medical Bankruptcy Accounts for Majority of Personal Bankruptcies", NerdWallet, March 26, 2014, http://www.nerdwallet.com/blog/health/2014/03/26/medical-bankruptcy/.

11. 새 생명

1. 아마도 이미 분명히 드러났겠지만, 우리 둘 다 남자다. 이 장에서 우리는 우리가 절대 '속속들이' 알 수 없는 경험(임신)에 대해 다소 규범적 주장을 펼친다. 그렇게 하다 보면, 이런 문제들에 성찰하며 아주 끊임없이 여성들의 목소리를 무시하거나 과소평가해 온 역사에 동조할 위험도 있을 것이다. 우리는 우리의 말이 여성의 목소리에 귀 기울이는 자세로 한 말이기를 바라지만, 교정과 추가 설명을 환영하며, 제대로 정정되기를 진심으로 기대한다.
2. James Mumford, *Ethics at the Beginning of Life: A Phenomenological Critique* (Oxford: Oxford University Press, 2013)를 보라.
3. "Baby Bonus", Singapore Ministry of Social and Family Development, updated June 15, 2015, http://www.babybonus.msf.gov.sg/parent/; "Maternity Package", Kela, updated February 24, 2015, http://www.kela.fi/web/en/maternitypackage.
4. 우리는 이런 사업들 가운데 하나로, 누구나 할 수 있고 비용도 감당할 만한 산아 제한이 낙태를 줄인다면, 그런 규정도 필요하다고 확신한다. 로마 가톨릭 교회의 지도층은 이에 동의하지 않을 것이다. 그러나 우리는 이 문제에 대한 가톨릭 고위층의 추론이 잘못되었다고 생각한다. 산아 제한에 관한 기독교(특히 개신교)의 성찰의 바람직한 방향으로는, Kathryn D. Blanchard, "The Gift of Contraception: Calvin, Barth, and a Lost Protestant Conversation", *Journal of the Society of Christian Ethics* 27 (2007): 225-249를 보라.
5. 예를 들어, *Catechism of the Catholic Church*, 2nd ed., 2270, 2274, http://www.usccb.org/beliefs-and-teachings/what-we-believe/catechism/catechism-of-the-catholic-church/epub/index.cfm#를 보라.

6. 근대 이전 기독교 사상가들의 입장에 대한 개관으로는, David Albert Jones, *The Soul of the Embryo: An Enquiry into the Status of the Human Embryo in the Christian Tradition* (London: Continuum, 2004), pp. 109-124를 보라. '영혼을 불어넣는 과정' 이전의 낙태도 대죄라는 Thomas Aquinas의 입장은, 생명이 언제 시작되느냐는 질문 자체가 낙태의 정당성에 대한 문제의 답이 되지는 못함을 보여 준다. John Haldane and Patrick Lee, "Aquinas on Human Ensoulment, Abortion and the Value of Life", *Philosophy* 78 (2003): 261-262를 보라.

7. "Miscarriage", United States National Library of Medicine, last updated November 8, 2012, http://www.nlm.nih.gov/medlineplus/ency/article/001488.htm.

12. 건강과 질병

1. Centers for Medicare and Medicaid Services, "Historical", in National Health Expenditure Accounts, modified December 9, 2014, http://www.cms.gov/Research-Statistics-Data-and-Systems/Statistics-Trends-and-Reports/NationalHealth ExpendData/NationalHealthAccountsHistorical.html; Christine LaMontagne, "NerdWallet Health Finds Medical Bankruptcy Accounts for Majority of Personal Bankruptcies", NerdWallet, March 26, 2014, http://www.nerdwallet.com/blog/health/2014/03/26/medical-bankruptcy/; Tami Luhby, "Millions Can't Afford to Go to the Doctor", *CNN Money*, April 26, 2013, http://money.cnn.com/2013/04/26/news/economy/health-care-cost/; Committee on Population, "Explore Findings from the New Report: 'U.S. Health in International Perspectives'", The National Academies of Sciences, Engineering, and Medicine, accessed June 3, 2015, http://sites.nationalacademies.org/DBASSE/CPOP/DBASSE_080393#deaths-from-all-causes; Richard Knox, "U.S. Ranks below 16 Other Rich Countries in Health Report", National Public Radio, January 9, 2013, http://www.npr.org/sections/health-shots/2013/01/09/168976602/u-s-ranks-below-16-other-rich-countries-in-health-report.

2. World Health Organization, "Malaria", WHO Fact Sheet no. 94, accessed June 3, 2015, http://www.who.int/mediacentre/factsheets/fs094/en; UNICEF, "Goal: Reduce Child Mortality", Millennium Development Goals, accessed June 3, 2015, http://www.unicef.org/mdg/index_childmortality.htm; World Health Organization, *World Health Statistics* 2011 (Geneva: WHO Press, 2011), p. 124; WHO/UNICEF Joint Monitoring Programme for Water Supply and Sanitation, "Progress on Sani-

tation and Drinking Water 2010", 2015, http://www.wssinfo.org/documents; 참고. "3 Things Most of the World Can't Do", Water.org, accessed January 15, 2016, http://static.water.org.s3.amazonaws.com/public/02_Sanitation.jpeg.
3. "Fact File on Health Inequities", World Health Organization, accessed June 3, 2015, http://www.who.int/sdhconference/background/news/facts/en/.
4. Centers for Disease Control, "CDC Health Disparities and Inequalities Report-United States, 2013", *Morbidity and Mortality Weekly Report Supplement* 62, no. 3 (November 2013), http://www.cdc.gov/mmwr/pdf/other/su6203.pdf.
5. "2011 Quick Facts", American Society of Plastic Surgeons, http://www.plasticsurgery.org/Documents/news-resources/statistics/2011-statistics/2011_Stats_Quick_Facts.pdf.
6. World Health Organization, "Financing Malaria Control", in *World Malaria Report 2011*, http://www.who.int/malaria/world_malaria_report_2011/WMR2011_chapter3.pdf.
7. Environmental Protection Agency, "Contaminated Lands", in *America's Children and the Environment*, 3rd ed., EPA 240-R-13-001, 95-104, http://www.epa.gov/ace/pdfs/ACE3_2013.pdf를 보라.
8. "Food Deserts", US Department of Agriculture, accessed June 3, 2015, http://apps.ams.usda.gov/fooddeserts/fooddeserts.aspx.
9. Karl Barth는 다음과 같은 글로 일반 원칙을 펼쳐 보인다. "모든 사람, 혹은 적어도 가능한 한 많은 사람들의 보편적 생활 조건은, 그들의 건강에 소극적인 정도가 아닌 적극적으로 도움이 되도록 조성되어야 한다. 이미 특권층들이 여러 다양한 형태로 그것을 누리고 있는 것처럼 말이다"[*Church Dogmatics* III/4, ed. Geoffrey Bromiley and Thomas Forsyth Torrance (Edinburgh: T&T Clark, 1961), p. 363].
10. 오늘날 상품화가 다양한 재화에 어떤 영향을 미치는지에 관해 시사하는 바가 많은 논의로는, Michael J. Sandel, *What Money Can't Buy: The Moral Limits of Markets* (New York: Farrar, Straus & Giroux, 2012)를 보라.
11. Paul Farmer, *Pathologies of Power: Health, Human Rights, and the New War on the Poor* (Berkeley: University of California Press, 2005), p. 152.
12. "Free Distribution or Cost-Sharing: Evidence from a Malaria Prevention Experiment in Kenya", Innovations for Poverty Action, accessed June 3, 2015, http://www.poverty-action.org/project/bednets.

13. 노후의 삶

1. Friedrich Nietzsche, *The Gay Science*, ed. Bernard Williams (Cambridge: Cambridge University Press, 2001), §3; "'Improving' Humanity", in *The Anti-Christ, Ecce Homo, Twilight of the Idols, and Other Writings*, ed. Aaron Ridley and Judith Norman (Cambridge: Cambridge University Press, 2005), §5.
2. William Shakespeare, *As You Like It*, act 2, scene 7.
3. Drew DeSilver, "Who's Poor in America? 50 Years into the 'War on Poverty,' a Data Portrait", Pew Research Center, January 13, 2014, http://www.pewresearch.org/fact-tank/2014/01/13/whos-poor-in-america-50-years-into-the-war-on-poverty-a-data-portrait/.

14. 생의 종말

1. 미국인의 거의 절반이 병원에서 죽는다. "Facing Death: Facts and Figures", PBS *Frontline*, November 23, 2010, http://www.pbs.org/wgbh/pages/frontline/facing-death/facts-and-figures/.
2. Loulla-Mae Eleftheriou-Smith, "Brittany Maynard: Terminally Ill Euthanasia Campaigner Dying of Cancer Ends Her Life by Assisted Suicide", *Independent*, November 3, 2014, http://www.independent.co.uk/news/people/brittany-maynard-dead-terminally-ill-cancer-patient-ends-life-by-assisted-suicide-9834808.html.
3. Penelope Wang, "Cutting the High Cost of End-of-Life Care", *Time.com*, December 12, 2012, http://time.com/money/2793643/cutting-the-high-cost-of-end-of-life-care/.
4. 인간 생명의 특별한 고귀함에 관한 다른 설명들은, 하나님의 형상을 지닌 자라는 인간의 이례적 지위나, 하나님이 예수님의 생애를 통해 인간이 되기로 선택하시고 모든 인간을 거룩하게 하신 사실에서 출발한다. 어느 길을 택하든, 의도적으로 인간을 죽이는 일은 악이라는 결론에 이르는 것은 확실하다.
5. Jürgen Moltmann, "Expectation" (미출간 원고, June 2015), p. 7.
6. "65+ in the United States: 2010", US Census Bureau, P23-212 (Washington, DC: US Government Printing Office, 2014), https://www.census.gov/content/dam/Census/library/publications/2014/demo/p23-212.pdf, 5.
7. 안락사는 인간이 아닌 동물에게도 적용할 수 있으며, 일반적으로 가축병원에서 용인되고 있다.
8. PAS에는 원칙적으로 치명적 약품 사용 외에 다른 죽음의 수단도 포함되어 있지만, 우

리는 그러한 다른 형태의 PAS가 합법화되어야 한다는 제안을 들은 적이 없다.
9. Gilbert Meilaender, "Euthanasia and Christian Vision", *Thought* 57 (1982): 472.
10. 이 주장은, 누군가를 죽이는 것과 누군가를 죽게 내버려 두는 것은 도덕적으로 차이가 있다고 가정한다. James Rachels 같은 도덕 철학자들은 그러한 차이가 없다고 주장했다[Rachels, "Active and Passive Euthanasia", in *Applied Ethics*, ed. Peter Singer (Oxford: Oxford University Press, 1986), pp. 29-35를 보라]. Meilaender는 어떤 행동의 결과와 동기에 대한 평가는 그 목적을 기준으로 이루어져야 한다고 주장하며, 죽이는 것과 죽게 내버려 두는 것이 다름을 옹호하는 가장 일반적인 기독교 주장이라 할 만한 것을 제시한다. 전부 다는 아니지만 일부의 경우, 죽이는 것과 죽게 내버려 두는 것에는 서로 다른 목적이 있고 따라서 도덕적으로 차이가 있다(Meilaender, "Euthanasia and Christian Vision", pp. 465-475를 보라).
11. Karl Barth는 "생명은 두 번째 하나님이 아니므로, 생명 존중은 하나님께 드려야 할 경배와 경쟁할 수 없다"[*Church Dogmatics* III/4, ed. Geoffrey Bromiley and Thomas Forsyth Torrance (Edinburgh: T&T Clark, 1961), p. 342]라고 상기시킨다.
12. Meilaender, "Euthanasia and Christian Vision", p. 473.
13. 여기서 '말기 환자'란, 치료가 불가능하고(혹은 최소한 나을 가능성이 거의 없는) 생명이 위태로운 상태에 있는 환자를 의미한다.
14. Rachel Aviv, "The Death Treatment: When Should People with a Nonterminal Illness Be Helped to Die?", *New Yorker*, June 22, 2015, http://www.newyorker.com/magazine/2015/06/22/the-death-treatment를 보라.

15. 이주

1. Paul Adams, "Migration: Are More People on the Move Than Ever Before?", *BBC News*, May 28, 2015, http://www.bbc.com/news/world-32912867; Somini Sengupta, "60 Million People Fleeing Chaotic Lands, U.N. Says", *New York Times*, June 18, 2015, http://nyti.ms/1GtYhrH.
2. 우리 둘 다 각자 본국을 떠나 다른 데서 사는 다른 경험을 하긴 했지만(Miroslav는 크로아티아에서 독일과 미국으로, Ryan은 미국에서 영국과 남미로), 우리는 가장 많은 이민자들이 사는 나라의 거주자로서 이 글을 쓰고 있다. 따라서 우리는 그러한 나라에서 이주와 관련하여 신앙에 충실한 정치적 참여가 어떤 모습일지에 대한 우리의 의견에 초점을 맞출 것이다.
3. Miroslav Volf, *Exclusion and Embrace: A Theological Exploration of Identity, Otherness, and Reconciliation* (Nashville: Abingdon, 1996), pp. 50-52, 58-71을 보라.

『배제와 포용』(IVP). 또 Volf, *A Public Faith: How Followers of Christ Should Serve the Common Good* (Grand Rapids: Brazos, 2011), pp. 77-97를 보라. '유연한 차이' 라는 개념에 대해서는, Volf, "Soft Difference: Church and Culture in 1 Peter", in *Captive to the Word of God: Engaging the Scriptures for Contemporary Theological Reflection* (Grand Rapids: Eerdmans, 2010), pp. 65-90를 보라. 『하나님의 말씀에 사로잡혀』(국제제자훈련원).
4. 이 이야기에 대한 더 자세한 설명으로는, Luke Bretherton, *Christianity and Contemporary Politics* (Malden, MA: Wiley-Blackwell, 2010), pp. 152-158; Hillary Cunningham, *God and Caesar at the Rio Grande: Sanctuary and the Politics of Religion* (Minneapolis: University of Minnesota Press, 1995)을 보라.
5. 바벨탑 이야기 때문에 언어적·문화적 다양성이 선한 창조물이 아니라 하나님이 주신 벌이 아닌가 염려된다면, Walter Brueggemann, *Genesis*, Interpretation: A Bible Commentary for Teaching and Preaching (Louisville: Westminster John Knox, 1982), pp. 97-104를 읽으라.
6. 또한 사 19:18-25; 60:1-14; 미 4:1-4; 계 21:24을 보라.
7. "Latest Global Figures", Missing Migrants Project, http://missingmigrants.iom.int/en/latest-global-figuresforup-to-date numbers를 보라.
8. Tim Padgett, "People Smugglers Inc." *Time*, August 12, 2003, http://content.time.com/time/magazine/article/0,9171,474582-1,00.html.
9. David Iglesias, "Perspectives on Immigration", *Wheaton*, Spring 2015, p. 23.

16. 치안

1. Walter Brueggemann, *Disruptive Grace: Reflections on God, Scripture, and the Church*, ed. Carolyn J. Sharp (Minneapolis: Fortress, 2011), p. 53.
2. Martin Luther King Jr., "Letter from Birmingham City Jail", in *A Testament of Hope: The Essential Writings of Martin Luther King, Jr.*, ed. James Melvin Washington (New York: Harper & Row, 1986), p. 295.
3. 여기서 우리는 John Howard Yoder가 Leo Tolstoy, Mohandas Gandhi, Martin Luther King Jr.에 관해 이야기할 때 사용한 "우주의 결대로"라는 어구를 따라했다 ["The Political Meaning of Hope", in *The War of the Lamb: The Ethics of Nonviolence and Peacemaking*, ed. Glen Stassen, Mark Thiessen Nation, and Matt Hamsher (Grand Rapids: Brazos, 2009), p. 62]. 『어린양의 전쟁』(대장간).
4. 같은 이야기가 나오는 다른 복음서들을 포함해, 사복음서에서 예수님은 누군가에게

두려워하지 말라는 말씀을 모두 **열여덟** 번 하셨다.
5. 경찰관들의 두려움이 치명적인 폭력 사용의 정당한 이유가 되도록 내버려 둔 결과에 관해 Jamelle Bouie와 Ta-Nehisi Coates의 통찰력 있는 관찰들을 보라. Bouie, "Lethal Force as First Resort", Slate, December 28, 2015, http://www.slate.com/articles/news_and_politics/politics/2015/12/the_tamir_rice_grand_jury_decision_shows_that_we_give_police_too_wide_a.html; Coates, "The Paranoid Style of American Policing", *The Atlantic*, December 30, 2015, http://www.theatlantic.com/politics/archive/2015/12/illegitimacy-and-american-policing/422094/.
6. 선입견에 관한 내용은, Kirwan Institute for the Study of Race and Ethnicity at Ohio State University (http://kirwaninstitute.osu.edu/research/understanding-implicit-bias/)에서 나온 자료들을 보라.
7. "Black Boys Viewed as Older, Less Innocent Than Whites, Research Finds", American Psychological Association, March 6, 2014, http://www.apa.org/news/press/releases/2014/03/black-boys-older.aspx.
8. 이 논지는 또한, 민주주의 사회에서 다수 정당은 경찰이 조직적으로 폭력을 행사할 때 책임을 져야 한다는 사실을 받아들여야 함을 암시한다. Ta-Nehisi Coates, "Blue Lives Matter", *Atlantic*, December 22, 2014, http://www.theatlantic.com/politics/archive/2014/12/blue-lives-matter-nypd-shooting/383977/를 보라.
9. "Law Enforcement Officers Killed and Assaulted, 2014: Officers Feloniously Killed", US Department of Justice—Federal Bureau of Investigation, https://www.fbi.gov/about-us/cjis/ucr/leoka/2014/officers-feloniously-killed/officers-feloniously-killed.pdf를 보라. 다른 직업과의 비교는 다음 자료에 나온 정보를 사용한 것이다. Bureau of Labor Statistics, *Census of Fatal Occupational Injuries, 2014*, 특히 다음의 표를 참조. "Fatal Occupational Injuries Resulting from Transportation Incidents and Homicides by Occupation, All United States, 2014", http://www.bls.gov/iif/oshwc/cfoi/cftb0291.pdf, and "Fatal Occupational Injuries, Total Hours Worked, and Rates of Fatal Occupational Injuries by Selected Worker Characteristics, Occupations, and Industries, Civilian Workers, 2014", http://www.bls.gov/iif/oshwc/cfoi/cfoi_rates_2014hb.pdf.
10. "The Counted: People Killed by Police in the US", *Guardian*, http://www.theguardian.com/us-news/ng-interactive/2015/jun/01/the-counted-police-killings-us-database. 미국의 경찰 총격에 관한 자료는 전혀 믿을 수가 없다. 대부분 정부 부처들에 그것을 보고하라는 요구를 하지 않고, 경찰의 폭력 사용 목록화에 대한 표준

화된 접근이 없기 때문이다.

11. 여기서 사용하는 '죽임을 당하다'라는 말은 우발적이지 않은 폭력 사용을 함축하고 있으므로, 과실치사가 포함되지 않음을 분명히 밝힌다. 이 수치는 아주 충격적이므로, 우리의 작업 과정을 설명하는 것이 중요할 것 같다. 「가디언」지는 2015년에 18세에서 34세까지의 흑인 남자 178명이 경찰에 의해 죽임을 당했다고 밝혔다. 미국의 인구 조사국은 2014년 7월에 미국의 18세에서 34세까지의 흑인 남자가 5,536,665명이었다고 추산했다(18세에서 24세까지의 수, 25세에서 29세까지, 30세에서 34세까지의 수를 합하여 계산했다). 우리는 2013년과 2014년의 인구 통계에서 나온 인구 성장률을 그대로 적용하여, 2015년 7월에는 그 수가 5,613,060명이라 추산했다. 178을 5,613,060으로 나누면 10만 명당 3.19명의 비율이 나온다. 2015년 일어난 살인에 관한 데이터는 이 글을 쓰는 지금 아직 구할 수 없으므로, 우리는 2014년 FBI의 데이터와(18세 이상의 백인 살인 피해자 4,866명) 인구 조사국의 2014년 추산(18세 이상 백인 미국인 193,000,553명)을 사용했다. 4,866을 193,000,553으로 나누면 10만 명당 2.52명의 비율이 나온다. FBI는 정당방위 살인 희생자의 인종을 밝히지 않지만, 2014년 피해자 전체가 백인이라 해도(실제로는 그렇지 않았다), 그 비율은 겨우 10만 명당 2.89명으로 오른다. 비교 포인트는 그대로다. 참고로, 2015년 18세에서 34세까지의 백인이 경찰에 의해 죽임을 당한 건수는, 위의 흑인의 경우와 같은 방식으로 계산하면 10만 명당 0.89명이었다. 이는 같은 연령의 흑인 비율의 3분의 1 이하다. 우리 데이터에서 주의할 것은, 우리는 인구 조사국에 두 개 이상의 인종을 신고한 사람들을 포함할 수 없었다는 것이다. "Annual Estimates of the Resident Population by Sex, Age, Race, and Hispanic Origin for the United States and States: April 1, 2010 to July 1, 2014", US Census Bureau, Population Division, http://www.census.gov/popest/data/national/asrh/2014/index.html; "Crime in the United States, 2014: Expanded Homicide Data, Table 2", US Department of Justice — Federal Bureau of Investigation, https://www.fbi.gov/about-us/cjis/ucr/crime-in-the-u.s/2014/crime-in-the-u.s.-2014/tables/expanded-homicide-data/expanded_homicide_data_table_2_murder_victims_by_age_sex_and_race_2014.xls를 보라.

12. "Investigation of the Ferguson Police Department", US Department of Justice, Civil Rights Division, March 4, 2015, http://www.justice.gov/sites/default/files/opa/press-releases/attachments/2015/03/04/ferguson_police_department_report.pdf를 보라. 이는 미국 경찰이 심각한 권력 남용과 노골적인 법 무시 경향을 피할 수 없음을 보여 준다.

13. Sue Rahr, "From Warriors to Guardians — Returning American Police Culture to

Democratic Ideals", *Seattle Times*, August 26, 2014, http://www.seattletimes.com/opinion/guest-from-warriors-to-guardians-mdash-returning-american-police-culture-to-democratic-ideals/를 보라.

17. 형벌

1. Roy Walmsley, *World Prison Population List*, 10th ed. (London: International Centre for Prison Studies, 2014), p. 1. http://www.apcca.org/uploads/10th_Edition_2013.pdf; Alexia D. Cooper, Matthew R. Durose, and Howard N. Snyder, "Recidivism of Prisoners Released in 30 States in 2005: Patterns from 2005 to 2010", Bureau of Justice Statistics, accessed June 3, 2015, http://www.bjs.gov/index.cfm?ty=pbdetail&iid=4987; "PREA Data Collection Activities, 2014", Bureau of Justice Statistics, NCJ 245694, May 2014, http://www.bjs.gov/content/pub/pdf/pdca14.pdf; Heather C. West, "Prison Inmates at Midyear 2009 — Statistical Tables", Bureau of Justice Statistics, NCJ 230113, June 2010, http://www.bjs.gov/content/pub/pdf/pim09st.pdf.
2. 용서와 형벌과 보복에 대해서는, Miroslav Volf, *Free of Charge: Giving and Forgiving in a Culture Stripped of Grace* (Grand Rapids: Zondervan, 2006), pp. 127-191를 보라. 『베풂과 용서』(복있는사람).
3. NAACP가 의뢰한 Criminal Justice Reports에 따르면("Death Row U.S.A.: Winter 2015", http://www.deathpenaltyinfo.org/documents/DRUSAWinter2015.pdf), 1976년 사형 제도가 복원된 이후, 처형된 사람의 35퍼센트는 흑인이었다. 게다가 현재 사형수의 42퍼센트가 흑인이다.
4. 마약 소지에 대한 연방 법원의 최소 의무 형량 선고가 2010년 공정형량법(Fair Sentencing Act)에 의해 폐지되었다. 또 이 공정형량법은 마약과 코카인 가루 소지의 선고 격차를 100:1에서 18:1로 줄였다("The Fair Sentencing Act Corrects a Long-Time Wrong in Cocaine Cases", *Washington Post*, August 3, 2010, http://www.washingtonpost.com/wp-dyn/content/article/2010/08/02/AR2010080204360.html 을 보라). 좀더 일반적으로, '마약과의 전쟁'의 인종적 불균형에 대해서는 Doris Maris Provine, "Race and Inequality in the War on Drugs", *Annual Review of Law and Social Science* 7 (2011): 41-60를 보라.
5. 예를 들어, 1980년에서 2010년 사이에 흑인 청년들은 백인 청년들보다 두 배 넘는 비율로 마약 사범으로 체포되었다. 데이터에 따르면, 그들은 실제로 어떤 달에도 불법 약물을 사용할 가능성이 적었는데도 말이다("Report of the Sentencing Project

to the United Nations Human Rights Committee Regarding Racial Disparities in the United States Criminal Justice System", The Sentencing Project, August 2013, 4, http://sentencingproject.org/doc/publications/rd_ICCPR%20Race%20and%20 Justice%20Shadow%20Report.pdf). 인종, 피부색을 기초로 용의자를 추적하는 수사 기법에 대한 더 자세한 내용은, Andrew Gelman, Jeffrey Fagan, and Alex Kiss, "An Analysis of New York City Police Department's 'Stop-and-Frisk' Policy in the Context of Claims of Racial Bias", *Journal of the American Statistical Association* 102 (2007): 813-382를 보라. 2016년 1월, 「가디언」 지는 경찰관들이 2015년에 1,136명의 민간인을 죽였다고 보고했다. 죽은 사람들 중 223명이 무기를 가지고 있지 않았다. 또 그들 중 33.6퍼센트가 흑인이었다. 흑인은 미국 인구의 대략 12퍼센트다. 최신 자료로는, "The Counted", *Guardian*, http://www.theguardian.com/us-news/ng-interactive/2015/jun/01/the-counted-police-killings-us-database를 보라.

6. 미국에서 배심원 자격이 있는 지원자들에 대한 연구 조사는, 흑인의 얼굴과 유죄 선고 사이에 유의미한 암시적 상관관계가 있음을 보여 주었다. 이러한 편견을 가진 배심원 지망생들은, 증거 자료가 모호할 때 백인 피고자들보다는 흑인 피고자들의 유죄를 가리키는 쪽으로 증거 자료를 해석하는 경향이 있었다[Justin D. Levinson, Huajian Cai, and Danielle Young, "Guilty by Implicit Racial Bias: The Guilty/Not Guilty Implicit Association Test", *Ohio State Journal of Criminal Law* 8 (2010): 187-208를 보라].

7. 「월스트리트 저널」(*Wall Street Journal*)은 2013년에, 동일한 범죄에 대해 백인보다 흑인이 20퍼센트 더 긴 수감형을 선고받았다고 보고했다(Joe Palazzolo, "Racial Gap in Men's Sentencing", *Wall Street Journal*, February 14, 2013, http://www.wsj.com/articles/SB10001424127887324432004578304463789858002). 일반적으로 동등하지 않은 선고에 대한 학문적 연구로는, Brian D. Johnson, "Racial and Ethnic Disparities in Sentencing Departures across Modes of Conviction", *Criminology* 41(2003): 449-489를 보라. 1심 판사들은 그들의 판결에 영향을 줄 수 있는 암묵적인 인종적 편견을 드러냈다는 사실이 밝혀졌다[Jeffrey Rachlinski, Sheri Johnson, Andrew J. Wistrich, and Chris Guthrie, "Does Unconscious Racial Bias Affect Trial Judges?", *Notre Dame Law Review* 84 (2009): 1195-1246를 보라].

8. 범죄학자 Cheryl Lero Jonson은 투옥과 재범에 관한 수많은 연구를 분석하고 나서, 질 높은 연구들은 다른 모든 조건이 동일한 상황에서 교도소 복역이 재범 가능성을 5퍼센트까지 높임을 보여 준다는 사실을 발견했다. 이 결론은 Francis T. Cullen, Cheryl Lero Jonson, and Daniel S. Nagin, "Prisons Do Not Reduce Recidivism: The High

Cost of Ignoring Science", *Prison Journal* 91, no. 3 (2011): 48S-65S에 인용되어 있다. 교도소는 다른 범죄보다 마약 사범의 경우 재범을 훨씬 크게 증가시킬 수 있다 [Cassia Spohn and David Holleran, "The Effect of Imprisonment on Recidivism Rates of Felony Offenders: A Focus on Drug Offenders", *Criminology* 40 (2002): 329-357를 보라].

9. 그러한 감옥이 어떤 모습일지에 대한 묘사로는, *New York Times Magazine* profile of Halden prison in Norway. Jessica Benko, "The Radical Humaneness of Norway's Halden Prison", *New York Times Magazine*, March 26, 2015, http://nyti.ms/1HMmyZ2를 보라.

10. *The New Jim Crow: Mass Incarceration in the Age of Colorblindness* (New York: New Press, 2012)에 나오는, 처벌 제도에 관한 Michelle Alexander의 통렬한 비판을 보라.

11. Suzy Khimm, "Will the Government Stop Using the Poor as a Piggy Bank?", MSNBC, September 9, 2014, http://www.msnbc.com/msnbc/will-the-government-stop-using-the-poor-piggy-bank.

18. 전쟁

1. Milton Leitenberg, *Deaths in Wars and Conflicts in the 20th Century*, Cornell University Peace Studies Program Occasional Paper 29, 3rd ed., p. 1.
2. Ewen MacAskill and Ian Cobain, "British Forces' Century of Unbroken Warfare Set to End with Afghanistan Exit", *Guardian*, February 11, 2014, http://www.theguardian.com/uk-news/2014/feb/11/british-forces-century-warfare-end.
3. Stockholm International Peace Research Institute, SIPRI Military Expenditure Database, accessed June 1, 2015, http://www.sipri.org/research/armaments/milex/milex_database.
4. "평강의 하나님"은 신약성경, 특히 바울서신들에 나오는 하나님에 대한 가장 흔한 묘사 가운데 하나다. 이 어구는 인용된 구절 외에, 롬 16:20; 고전 14:33; 고후 13:11; 빌 4:9; 살전 5:23에도 나온다.
5. Oliver O'Donovan, *The Just War Revisited* (Cambridge: Cambridge University Press, 2003), p. 2. O'Donovan은 *Theology and Social Theory* (Oxford: Blackwell, 1990)에 나오는 John Milbank의 몇몇 생각을 느슨하게 따르고 있다.
6. **평화주의자**(pacifist)라는 단어는 '평화'를 의미하는 라틴어 '팍스'(*pax*)에서 온 것이다.
7. Thomas Aquinas, *Summa Theologiae* II-II.40. 더 광범위한 "자애에 관한 논문"은 질

문 23부터 질문 46까지 계속된다. 『신학대전』(바오로딸).
8. Daniel M. Bell의 "Just War as Christian Discipleship"[pamphlet 14 in the Renewing Radical Discipleship series, Ekklesia Pamphlets, ed. Daniel M. Bell Jr. and Joel Shuman (Eugene, OR: Wipf & Stock, 2005), http://www.ekklesiaproject.org/wp-content/uploads/2011/05/Ekklesia-14.pdf]은 이러한 기준들에 대한 더 자세하지만 이해하기 쉬운 논의를 제공한다.
9. Augustine, *Letter* 189.6, in *Political Writings*, ed. E. M. Atkins and R. J. Dodaro (Cambridge: Cambridge University Press, 2001).
10. Miroslav Volf, *Exclusion and Embrace: A Theological Exploration of Identity, Otherness, and Reconciliation* (Nashville: Abingdon, 1996), pp. 275-306. 이 책을 쓰는 동안 나는(Miroslav), 전쟁은 절대 적을 사랑한 실례일 수 없다는 느낌이 강하게 들었다. 그것이 기독교적 근거에서 전쟁을 정당화할 수 있는, 없어서는 안 될 조건인데도 말이다(이는 Ryan과 내가 동의하는 요점이다). 그러나 나는 여전히 그러한 전쟁의 예를 찾느라 애를 먹고 있다. 적어도 이론적으로는 그러한 전쟁이 가능하다. 그래서 지금 이 글에서는 그 대안의 가능성을 열어 두고 있다.
11. Bell, "Just War as Christian Discipleship", p. 5.

19. 고문

1. 이 정의는 우리가 고문이라 부르고자 하는 모든 것을 아우르지 못할지도 모르지만, 오늘날 세상에서 고문의 핵심적인 특징을 강조해 준다.
2. 고문에 대한 정확한 전체 데이터는 모으기가 거의 불가능하다. 세계 거의 모든 나라에서 모은 정보로는, Amnesty International, *Report 2014/15: The State of the World's Human Rights* (London: Amnesty International, 2015), https://www.amnesty.org/en/documents/pol10/0001/2015/en/을 보라.
3. 심문 시 어떤 형태의 강압은, 고문이 아니지만 여전히 잘못된 것일 가능성이 아주 높다. 이 질문으로는 그것을 확인할 수는 없을 것이다.
4. Edward Peters, *Torture*, expanded ed. (Philadelphia: University of Pennsylvania Press, 1999), pp. 212-214, 236-237에서, *Theodosian Code*와 Innocent의 *Ad extirpanda*의 발췌글을 보라.
5. 2009년 Pew의 설문 조사와 2014년 Washington Post/ABC의 여론조사가 알아낸 바에 따르면, 백인 복음주의자 60퍼센트 이상이 테러범으로 의심되는 이들의 고문은 '자주' 혹은 '가끔' 정당화될 수 있다고 생각했다("The Religious Dimensions of the Torture Debate", Pew Research Center, updated May 7, 2009, http://www.pew

forum.org/2009/04/29/the-religious-dimensions-of-the-torture-debate/; "CIA Interrogations: The Ends Justify the Means", *Washington Post*, December 2014, http://apps.washingtonpost.com/g/page/politics/washington-post-abc-news-poll/1514/).

6. "Senate Report on CIA Torture Program", CNN, December 9, 2014, http://www.cnn.com/interactive/2014/12/politics/torture-report/; 참고. Mark A. Costanzo and Ellen Gerrity, "The Effects and Effectiveness of Using Torture as an Interrogation Device: Using Research to Inform the Policy Debate", *Social Issues and Policy Review* 3 (2009): 182-185, https://www.cgu.edu/pdffiles/sbos/costanzo_effects_of_interrogation.pdf.

20. 종교와 무종교의 자유

1. 정부의 종교 규제와 종교적 이유의 공격에 관한 수치에 관해서는, "Religious Hostilities Reach Six-Year High", Pew Research Center, January 14, 2014, http://www.pewforum.org/2014/01/14/religious-hostilities-reach-six-year-high/를 보라. 인도의 개종 반대법에 대해서는 Shoaib Daniyal, "As Clamour to Ban Conversion Grows, a Reminder: Five Indian States Have Already Done So", *Scroll.in*, September 15, 2014, http://scroll.in/article/679080/as-clamour-to-ban-conversion-grows-a-reminder-five-indian-states-have-already-done-so를 보라. 프랑스의 종교적 상징에 관한 법률에 대해서는, "Resources on Faith, Ethics and Public Life: France", Berkley Center for Religion, Peace and World Affairs, accessed June 4, 2015, http://berkleycenter.georgetown.edu/resources/france를 보라. 한 무슬림 여학생이 발목까지 오는 치마를 입었다는 이유로 퇴교 조치된 2015년에 새로운 논란이 터져 나왔다(Alissa J. Rubin, "French School Deems Teenager's Skirt an Illegal Display of Religion", *New York Times*, April 29, 2015, http://nyti.ms/1zqrBPU). 무슬림과 그리스도인들을 괴롭힌 비율에 대해서는, "Rising Restrictions on Religion — One-Third of the World's Population Experiences an Increase", Pew Research Center, August 9, 2011, http://www.pewforum.org/2011/08/09/rising-restrictions-on-religion2/를 보라.

2. 예를 들어, Thomas Aquinas는 유대교도와 이슬람교도들의 자유를 제한하지는 않았지만, 그들의 강제 개종은 반대했다. 그는 또한 이단과 변절자들은 "육체적 충동까지 복종시켜" 그들이 그리스도인이 되었을 때 했던 약속을 지키도록 해야 한다고 생각했다(*Summa Theologiae* II-II.10.8). 그는 세상의 권력자들이, 완고하게 뉘우치지 않

는 이단들을 처형해야 한다고 주장했다(*Summa Theologiae* II-II.11.3). 초기 개신교 신학자 Martin Bucer는, 독일에 거주하는 유대인들에게는 탈무드 공부를 금지시켜야 한다고 생각했다[Steven Rowan, "Luther, Bucer, and Eck on the Jews", *Sixteenth Century Journal* 16 (1985): 79-90를 보라].

3. Miroslav Volf, *Flourishing: Why We Need Religion in a Globalized World* (New Haven: Yale University Press, 2016), pp. 137-160를 보라.

4. All Parliamentary Group on International Religious Freedom, *Article 18: An Orphaned Right*, June 2013, 2, https://freedomdeclared.org/media/Article-18-An-Orphaned-Right.pdf.

5. Tertullian, *Ad Scapulam 2*, John R. Bowlin, "Tolerance among the Fathers", *Journal of the Society of Christian Ethics* 26 (2006): 27에 인용되어 있다. 주후 300년경 Diocletian이 기독교를 박해했을 때, 기독교 변증가 Lactantius는 "종교만큼 자유 의지가 중요한 것이 없다.…예배자가 그저 규율을 따르는 것이라면, 종교는 즉시 사라지며 더 이상 존재하지 않는다"고 주장했다(Lactantius, *Divine Institutes* 5.20, Bowlin, "Tolerance among the Fathers", p. 18에 인용되어 있다). 고대와 중세 시대의 관용에 대해서는, Reiner Forst, *Toleration in Conflict: Past and Present*, trans. Ciaran Cronin (Cambridge: Cambridge University Press, 2013), pp. 36-95를 보라.

6. 이런 주장을 할 신학적 자산을 가진 종교는 기독교만이 아니다. 무슬림의 시각에서 나온 동일한 주장에 대해서는, Abdurrahman Wahid, "God Needs No Defense", in *Abraham's Children: Liberty and Tolerance in an Age of Religious Conflict*, ed. Kelly James Clark (New Haven: Yale University Press, 2012), pp. 211-217를 보라.

7. Judy Keen, "Mosque Projects Face Resistance in Some U.S. Communities", *USA Today*, May 29, 2012, http://usatoday30.usatoday.com/news/nation/story/2012-05-28/DeKalb-mosque-projects-controversy/55250722/1; Soeren Kern, "Swiss Minaret Ban Survives Legal Challenge", Gatestone Institute, July 14, 2011, http://www.gatestoneinstitute.org/2263/swiss-minaret-ban-legal-challenge를 보라.

8. 실현 방식과 도덕 원리의 차이에 대해서는, Jocelyn Maclure and Charles Taylor, *Secularism and Freedom of Conscience*, trans. Jane Marie Todd (Cambridge, MA: Harvard University Press, 2011)를 보라.

9. 이는 Maclure와 Taylor가 *Secularism and Freedom of Conscience*에서 여러 번 토론한 시나리오 가운데 하나다.

10. 같은 책, p. 101.

21. 용기

1. 이 단락에 나오는 대부분의 정보를 제공해 준, Dolores Vásquez Reanda, Mercedes Ajuchán, José Reanda Sosof에게 감사한다. Dolores는 너무나 친절하게도 추투힐어로 Mercedes와 José와 인터뷰를 해 주었고, 우리를 위해 그들의 이야기를 스페인어로 통역해 주었다. 이 세 사람은 모두 산티아고 아티틀란 주민이며, Mercedes와 José는 Stan 신부가 살해될 때 성인이었다.
2. Rebecca Konyndyk DeYoung, "Courage", in *Being Good: Christian Virtues for Everyday Life*, ed. Michael W. Austin and R. Douglas Geivett (Grand Rapids: Eerdmans, 2012), p. 155. DeYoung은 Augustine의 *On the Morals of the Catholic Church* 15.25에서 인용하고 있다. Thomas Aquinas도 그의 *Summa Theologiae* II-II.123.4에서 이 본문을 인용한다.
3. DeYoung, "Courage", p. 155.
4. 2010년 Coen 형제가 리메이크했으며, Charles Portis의 1968년 책에 근거한 John Wayne의 1969년 영화 〈더 브레이브〉(*True Grit*)에 대한 언급.
5. Mercedes Ajuchán과 José Reanda Sosof. 저자들과의 개인적인 대화, Dolores Vásquez Reanda의 통역.
6. 판단에 관해 우리가 여기서 말하는 대부분은, 우리의 판단을 바꾸라는 부적절한 압력에 직면해서도 여전히 그 판단을 확고하게 견지하는 것도 포함한다.
7. Ulrich Beck, *Risk Society: Towards a New Modernity* (New Delhi: Sage, 1999)와, Anthony Giddens, "Risk and Responsibility", *Modern Law Review* 62 (1999): 1-10를 보라. 『위험 사회』(새물결).
8. Thomas Aquinas, *Summa Theologiae* II-II.126-127를 보라.

22. 겸손

1. 우리는 2:5(*phroneite*)과의 어구의 연관성을 보여 주기 위해, NRSV의 '겸손'(humility)을, *tapeinophrosynē*에 대한 조금 더 문자적 번역인 '겸손한 마음'(humility of mind)으로 바꾸었다. 또 '자만'(conceit)은, *kenodoxian*에 대한 조금 더 문자적 번역인 '허영'(vainglory)으로 바꾸었다. 그리고 이 장은 상당 부분 Ryan의 박사 논문(Yale University, 2016)의 연구와 논거에 의존하고 있음을 밝힌다.
2. Erich Auerbach, "*Sermo Humilis*", trans. Ralph Manheim, in *Literary Language and Its Public in Late Antiquity and the Middle Ages*, pp. 37-66 (Princeton: Princeton University Press, 1965)를 보라.
3. Julia Driver는 겸양(modesty)에 관해 거의 이런 주장을 하지만, 겸양은 덕목이므로 어

떤 덕목들은 무지에 의존해야 한다고 주장한다. Driver, "The Virtues of Ignorance", *Journal of Philosophy* 86 (1989): 373-384.
4. 대략적으로 이것이 Bernard of Clairvaux의 견해다. On Humility and Pride 4.14-5.18, in *Bernard of Clairvaux: Selected Works*, trans. G. R. Evans (New York: Paulist Press, 1987)를 보라.
5. Rick Warren은 *The Purpose Driven Life: What on Earth Am I Here For?* (Grand Rapids: Zondervan, 2012), p. 148에서 겸손을 아주 유사한 말로 묘사한다. 『목적이 이끄는 삶』(디모데).
6. Stephen Cherry, *Barefoot Disciple: Walking the Way of Passionate Humility* (London: Continuum, 2011), p. 43.
7. 같은 책, p. 51.
8. David Brooks는 *The Road to Character* (New York: Random House, 2015), pp. 105-129에서 Marshall의 성품에 대해 흥미진진한 설명을 한다. 『인간의 품격』(부키).

23. 정의

1. 우리는 NRSV의 번역을 살짝 바꾸었다. 우리말 '의'에 대해, 'righteousness'로 되어 있는 것을 'justice'로 번역했다. 그 헬라어는 *dikaiosynē*다. 이는 Aristotle이 『니코마코스 윤리학』(*Nichomachean Ethics*)에서 정의라는 덕목에 사용한 것과 같은 단어다.
2. Ulpian, *Rules*, book 1, Emperor Justinian, *Digest* 1.1.10, trans. Alan Watson, rev. ed. (Philadelphia: University of Pennsylvania Press, 1998), 1:2에 인용되어 있다.
3. William Wilberforce, *An Appeal to the Religion, Justice, and Humanity of the Inhabitants of the British Empire, in Behalf of the Negro Slaves in the West Indies* (London: Ellerton & Henderson, 1823), p. 56.
4. 같은 책, p. 19.

24. 존중

1. Georgetown University, "Smart Power: Security through Inclusive Leadership", video, 1:27:46, December 3, 2014, http://www.georgetown.edu/news/hillary-clinton-security-inclusive-leadership.html, 12:19에 인용.
2. 예를 들어, "Hillary Clinton Says America Should 'Empathise' with Its Enemies, but Military Officer Strongly Disagrees", *Christian Today*, December 6, 2014, http://www.christiantoday.com/article/hillary.clinton.says.america.should.empathise.with.its.enemies.but.military.officer.strongly.disagrees/43978.htm. 대부분의 논란은,

인용된 문장과 같은 문장에 나오는 Clinton의 주장을 중심으로 일어났다. 그것은 곧, '스마트 파워'는 '심리적으로' 적의 시각에 '공감할 수 있을 때에만' 시도한다는 것이었다. 긍휼을 다루는 25장과 아주 조금 관련이 있겠지만, 우리는 그 주제에 관한 논평은 자제할 것이다.

3. *Fox News Sunday*, December 7, 2014, transcript, http://www.foxnews.com/on-air/fox-news-sunday-chris-wallace/2014/12/07/bill-cassidy-runoff-victory-over-mary-landrieu-rush-limbaugh-talks-race-relations#p//v/3928275071001.
4. 따라서 존중은 정의의 특별한 한 형태다.
5. Stephen L. Darwall, "Two Kinds of Respect", *Ethics* 88 (1977): 36-49. 우리의 논의에서는 평가 존중을 Darwall보다 다소 넓게 정의할 것이다. 그는 그것을 다른 사람들의 도덕적 성품에 동의하는 것으로만 제한하는 경향이 있다.
6. Nicholas Wolterstorff, *Justice: Rights and Wrongs* (Princeton: Princeton University Press, 2008), pp. 352-361.
7. 만약 인정 존중이 '그 사람의 존재 자체'만으로 그의 가치를 인정하는 것이라면, 하나님과 사람들 사이의 사랑의 관계 때문에 그들을 존중하는 것이 어떻게 인정 존중인가? 하나님은 만물의 창조주이자 유지자이시므로, 하나님의 사랑은 우리가 가질 수도 있고 가지지 않을 수도 있는 어떤 관계가 아니다. 오히려 그것은 우리 존재 자체에 근본적이다. 아이의 사랑이 없어도 벨벳 토끼는 여전히 하나의 봉제 인형이겠지만, 하나님의 사랑이 없으면 인간은 전혀 존재할 수 없을 것이다.
8. 여기서 핵심 단어는 '오로지'이다. 문제의 사람들은 사실 범죄자, 압제자, 인종차별주의자, 테러범일 수도 있지만, 그럼에도 불구하고 여전히 존중해야 하는 사람들이다.
9. Herbert C. Kelman, "Violence without Moral Restraint", *Journal of Social Issues* 29, no. 4 (1973): 25-61; "'Less than Human': The Psychology of Cruelty", narrated by Neal Conan, National Public Radio, March 29, 2011, http://www.npr.org/2011/03/29/134956180/criminals-see-their-victims-as-less-than-human.
10. Desmond Tutu, "Our Glorious Diversity: Why We Should Celebrate Difference", *Huffington Post*, June 21, 2011, http://www.huffingtonpost.com/desmond-tutu/our-glorious-diversity-wh_b_874791.html.

25. 긍휼

1. Stephen D. Moore가 기쁨에 관한 2013년 그의 성서학회 논문에서, 이러한 클래식 록을 암시하며 우리보다 선수를 친 것을 언급해야겠다.
2. Michael W. Austin은 긍휼의 세 가지 영역에 대해, **감정적, 인지적, 행동적**이라는 용

어를 사용한다. Oliver Davies는 그것을, **정서적, 인지적, 의지적**이라 부른다. 이는 (대략) 감정, 생각, 의지에 해당하는 라틴어에서 온 전문용어다. Davies는 또한 네 번째 영역인 **존재론적** 측면을 덧붙이지만 우리는 우리의 목적상 그것은 제쳐 둔다. Michael W. Austin, "Compassion", in *Being Good: Christian Virtues for Everyday Life*, ed. Michael W. Austin and R. Douglas Geivett (Grand Rapids: Eerdmans, 2012), p. 187; Oliver Davies, *A Theology of Compassion: Metaphysics of Difference and the Renewal of Tradition* (Grand Rapids: Eerdmans, 2003), pp. 18-22를 보라.

3. Augustine, *City of God* 9.5, trans. Henry Bettenson (New York: Penguin, 1984), 저자 강조. 『하나님의 도성』(크리스천다이제스트).

4. Martha Nussbaum, *Upheavals of Thought: The Intelligence of Emotions* (Cambridge: Cambridge University Press, 2001), pp. 306-310.

5. Aristotle, *Rhetoric* 2.8, discussed in Martha Nussbaum, "Compassion: The Basic Social Emotion", *Social Philosophy and Policy* 13 (1996): 33.

6. Donald P. McNeill, Douglas A. Morrison, and Henri J. M. Nouwen, *Compassion: A Reflection on the Christian Life* (Garden City, NY: Doubleday, 1982), p. 4. 『긍휼』 (IVP).

7. 이 단락은, Ryan이 러브146의 Rob Morris, Marilyn Murray와 개인적으로 나눈 대화에 근거한 것이다.

찾아보기

가난(poverty)
   과 건강(and health) 156-157, 166, 167-168
   과 대부(and lending) 126
   과 이주(and migration) 185, 190-191
   과 폭력(and violence) 254
   과 환경(and the environment) 75-77
   과의 싸움(combating) 115
   비자발적(involuntary) 107, 111
   의 불법화(criminalization of) 211, 223
   의 정의(definition of) 111-113
가정 내 폭력(domestic abuse) 236
가족(family) 26-27, 38, 131-140, 257
강간(rape) 148, 237
강압(coercion) 79, 201, 234, 237, 242, 335
건강 관리(health care) 50-51, 143-145, 153, 156-162, 166-167
건강(health) 37-38, 111, 143-145, 153-162

결혼(marriage) 131-140
경제(economics) 47, 79, 257, 308
경찰(police) 195, 197-202, 211, 259, 330
고문(torture) 231-240
공공선(common good)
   그리스도인과(Christians and) 27, 35, 45-47, 254
   사회의(of societies) 138, 233, 246, 259, 271, 293
공적 삶(public life)
   기독교 신앙과(Christian faith and) 22, 41
   다원주의와(pluralism and) 246
   덕목과(virtues and) 255, 258, 269, 291-293
교육(education) 50, 83-93, 143, 253, 258
교황 베네딕토 16세(Benedict XVI,

Pope) 110
교황 인노켄티우스 4세(Innocent IV,
　　Pope) 235
교회(church)
　그리스도와(Christ and) 34, 39, 48,
　　133
　와 동성 간 결합(and same-sex unions)
　　135-137
　와 사회의 관계(relationship to society)
　　26-28, 87, 90, 102-103, 122-123,
　　160, 254, 257, 311-312
　초대/초기(early) 47, 110, 275
구속(redemption) 72, 78, 137
국내총생산(Gross Domestic Product)
　　62, 76, 127-128, 153
권위(authority)
　그리스도의(of Christ) 25, 46
　정치적(political) 220, 227
그리스도(Christ)
　께 순종함(obedience to) 157
　를 구체적으로 드러냄(embodiment
　　of) 34
　를 따름(following) 196-198, 235,
　　289
　를 본받음(imitation of) 186, 236,
　　292, 301, 304
　안에서 하나님의 사역(work of God in)
　　51, 72, 209-210, 236
　와 교회(and the church) 133, 136,
　　139, 311-312
　의 공적 의미(public significance of)
　　33, 47
　의 부활(resurrection of) 23-24, 28,
　　34, 39, 42, 46, 244, 254, 316
　의 사명(mission of) 23-25, 35, 38,
　　48, 51, 154, 244, 267-269

　의 삶(life of) 60-61
　의 죽음(death of) 24, 28, 46, 51, 244,
　　254, 265
　중심이자 기준이신(as center and
　　norm) 21-31, 45-47, 53
　평강의 왕이신(as Prince of Peace)
　　219
긍휼(compassion) 27, 148, 299-309,
　　311, 341
기든스, 앤서니(Anthony Giddens) 258
기쁨(joy) 38-39, 99
기술(technology) 71, 89, 148, 173, 258,
　　288
기아(hunger) 123, 300

낙태(abortion) 45, 145-149, 182, 246,
　　324
난민(refugees) 185, 188, 190-191, 257,
　　271
노동(labor) 47, 64, 80, 99, 101-105
노숙자(homelessness) 112, 201
노인 의료보험(Medicare) 166, 174
누스바움, 마사(Martha Nussbaum) 303
뉴먼, 존 헨리(John Henry Newman)
　　86
니체, 프리드리히(Friedrich Nietzsche)
　　163
니카브(*niqab*) 241

다원성(pluralism) 89
대출(borrowing) 121-130, 314
대학교(universities) 86, 88-91
덕목(virtues) 52-53, 87, 148, 255, 260,
　　271, 288
동성 간 결혼(same-sex marriage) 131,
　　135-138, 246

로마(Rome) 23, 244, 275
루터, 마르틴(Martin Luther) 34
리드, 앨릭(Alec Reid) 293-295

마르크스, 카를(Karl Marx) 36
마셜, 조지(George C. Marshall) 270
마약과의 전쟁(war on drugs) 332
멈퍼드, 제임스(James Mumford) 142
메일랜더, 길버트(Gilbert Meilaender) 178-179
멕시코(Mexico) 191, 193, 201
몰트만, 위르겐(Jürgen Moltmann) 23-24, 99
무인 항공기(drones) 224-225
미국 국세청(Internal Revenue Service) 243
미국(United States)
  과 가난(and poverty) 114, 126, 154, 156-157, 211
  과 건강 관리(and health care) 153, 156-157, 166, 177
  과 고문(and torture) 235
  과 에너지(and energy) 78
  과 이주(and immigration) 188, 191, 192-194
  과 인종차별(and racism) 52
  과 일(and work) 103
  과 정교분리(and separation of church and state) 246
  의 교육(education in) 90
  의 법 집행(law enforcement in) 195, 200-205
  의 정치 문화(political culture of) 115, 147
미주리 퍼거슨(Ferguson, Missouri) 195, 201, 213

밀입국(smuggling) 188, 191

바르트, 카를(Karl Barth) 26, 326, 328
박해(persecution)
  그리스도의(of Christ) 38, 242
  그리스도인의(of Christians) 52, 219, 242-243, 254, 337
벅스턴, 토머스 포웰(Thomas Fowell Buxton) 279
번영(flourishing)
  가난한 이들의(of the poor) 76, 113, 122, 126
  공동체의(of communities) 64, 88, 125, 196, 311
  과 가정(and families) 134-135, 145
  의 정의(definition of) 36, 84-85
  인간 개인의(individual human) 38-41, 59-61, 64-66, 88, 96-97, 100-102, 196
베버, 막스(Max Weber) 49
벡, 울리히(Ulrich Beck) 258
벨, 대니얼(Daniel M. Bell Jr.) 222
벨커, 미하엘(Michael Welker) 24
보응(retribution) 205, 209-213
부(wealth)
  땅의(of land) 76
  를 과시함(showing off) 124
  를 섬김(serving) 78
  불균형(disparities) 50
  사회적(social) 114
  와 교육(and education) 88
  와 정의(and justice) 279
  의 왜곡(distortions of) 62-64
  의 정의(definitions of) 59-62, 65-66, 85
  의 창출(creation of) 64-65, 85, 101,

찾아보기   345

122-125
의 통계자료(statistics) 112
인류의(of humanity) 187
제자도와(discipleship and) 26-27, 45
부채(debt) 121-130
　노예(slavery) 122
　신용카드(credit card) 121, 126, 128
　와 고리대금업(and usury) 122, 128-129
　와 대부(and lending) 122-129
　와 탐욕스러운 대부(and predatory lending) 127
북아일랜드(Northern Ireland) 293-295
불완전 고용(underemployment) 102-103
불의(injustice)
　노예 제도의(of slavery) 279
　에 도전함(challenging) 51, 188, 196, 276
　역사적(historical) 187-188, 291
　전쟁에서의(of war) 220-221
　행동하지 않음과(inaction and) 259
비보복적 정의(nonretributive justice) 213
비폭력(nonviolence) 24, 53. 또한 '평화주의', '평화'를 보라.

사랑(love)
　가난한 이들에 대한(of the poor) 159, 301
　과 용기(and courage) 256, 260
　과 의견 차이(and disagreement) 136
　과 인류(and humanity) 141
　성경의(biblical) 39-40, 146, 267
　원수에 대한(of enemies) 22, 52, 122, 129, 219-222, 235

이웃에 대한(of neighbor) 37, 188, 198, 219, 223-226, 233, 277
하나님의(of God) 37, 51, 78, 110, 133, 173, 175, 196, 232, 277, 290, 295
사탄(Satan) 23, 155
사형 제도(death penalty) 211
사회보장 제도(Social Security) 166
산상수훈(Sermon on the Mount) 46, 219
산업화(industrialization) 79, 177
삼림 벌채(deforestation) 71, 76
생물학전(biological warfare) 221
생태계(ecosystems) 71-72, 76, 78
샬롬(shalom) 38, 196
선제공격(preemptive war) 222
성 안토니우스(St. Anthony) 59
성령(Spirit) 21-31, 33-35, 40-42, 48, 218, 305, 312
성찬식(Eucharist) 98-99
성품(character) 52-53, 86-87, 89, 276
세계화(globalization) 50, 55
소망(hope) 29-30, 40, 50, 177, 295, 318
소크라테스(Socrates) 236
수감(imprisonment) 205, 212, 215, 261
스미스, 애덤(Adam Smith) 112-113
승천(ascension) 24
시리아(Syria) 186, 217
신앙(faith) 30-31, 33, 53, 60, 72-73, 218, 232, 241, 248, 261
　기독교(Christian) 98, 132, 141, 222, 242, 245, 275-276, 304
　유대(Jewish) 244
　의 공적 성격(public character of) 21, 33
실업(unemployment) 102, 105
심문(interrogation) 234-239

십자가형(crucifixion) 23-24, 39, 316

아리스토텔레스(Aristotle) 303
아우구스티누스(Augustine) 175, 220-222, 255, 302, 308
아이(children)
　와 가난(and poverty) 112, 123-125
　와 가정(and family) 131-135, 137, 168
　와 긍휼(and compassion) 304
　와 인신매매(and human trafficking) 306
　의 교육(education of) 88-90, 253, 257-258
　의 돌봄(care of) 101, 138, 165
　의 사망률(death rates of) 107, 154, 156
　의 입양(adoption of) 146
아이젠하워, 드와이트 (Dwight D. Eisenhower) 270
아일랜드 공화국군(Irish Republican Army) 294
안락사(euthanasia) 173, 177-183
안보(security) 189-192, 196-199, 233-235, 257
안식일(sabbath) 96, 165. 또한 '휴식'을 보라.
억압(oppression) 52, 64, 109, 273, 293
예방 전쟁(preventive war) 222-223
예배(worship) 39, 95, 97-99, 137, 155, 266, 337
오바마, 버락(Barack Obama) 85
오순절(Pentecost) 35
외국인 혐오(xenophobia) 189, 257
용기(courage) 148, 253-262, 269, 288, 311

우상숭배(idolatry) 155
울피아누스(Ulpian) 277
월터스토프, 니콜라스 (Nicholas Wolterstorff) 290
윌리엄스, 로저(Roger Williams) 242
윌버포스, 윌리엄(William Wilberforce) 279
은퇴(retirement) 166
의사 조력 자살(physician-assisted suicide) 173, 178-179
이스라엘(Israel) 46, 60, 96, 110, 122
이슬람 국가(Islamic State) 232, 289
이주(immigration) 189-194, 291
인간의 욕망(human desire) 25, 64, 300
인종차별(racism) 52-53, 198, 257
일(work)
　과 가정(and family) 145
　과 노년층(and the elderly) 164
　과 안식(and rest) 65, 96-99, 102, 165
　생산적(productive) 65, 77, 101
　에 관한 복음서 비유(Gospel parable of) 280-281
　의 선함(goodness of) 95, 186
　의 정의(definition of) 96-97
　의미 있는(meaningful) 100-103, 166, 306
　정치적(political) 245
임신(pregnancy) 142-149

자유(freedom) 67, 125, 202
　종교의(religious) 241-250
재세례파 교도(Anabaptists) 231
전쟁(war) 37, 175, 185, 191, 217-228, 254-258, 269-271
정당한 전쟁론(just-war theory) 219-220, 226-228

정신 질환(mental illness) 201
정의(justice) 52, 84, 148, 188-198, 238, 275-285
　사법 제도(criminal) 208, 210-211, 215
　와 전쟁(and war) 219-220, 223
　하나님의(God's) 276
정책(policy) 144, 257
　경제(economic) 100, 127
　공공(public) 89
　군대와 법 집행(military and law enforcement) 202, 223
　세금(tax) 135, 291
　외교(foreign) 287
　이민(immigration) 188, 190-193, 291
정치(politics) 24, 42, 50, 80, 134, 226, 266, 276
제자도(discipleship) 53, 138, 222, 271, 306, 308
조세(taxation) 50, 127, 135, 291
종교(religion) 24, 33, 279, 289
　의 자유(freedom of) 242-247
죄(sin) 25, 96, 107, 156, 198, 209, 232, 325
주권(sovereignty) 49, 52
죽음(death) 154, 167-168, 173-184, 259
지혜(Wisdom) 83-84

창세기(Genesis) 61, 73, 95, 133
창조 세계(creation)
　를 돌봄(care for) 77-79
　새(new) 28
　의 목표(goal of) 25, 35
　의 선함(goodness of) 60-63, 65, 71-74, 95-96, 107, 218
　인간과(humans and) 133-134, 186

창조성(creativity) 61, 96
축제(feasting) 61, 98-99
출산 전후 돌봄(perinatal care) 144. 또한 '태아기 돌봄'을 보라.

카이사레아의 바실리우스(Basil of Caesarea) 110
칸트, 이마누엘(Immanuel Kant) 36, 236
크리소스토무스, 요하네스(John Chrysostom) 110, 115
클린턴, 힐러리(Hillary Clinton) 287, 289, 340
킹, 마틴 루터(Martin Luther King Jr.) 51-52, 196

태아기 돌봄(prenatal care) 144. 또한 '출산 전후 돌봄'을 보라.
테니슨, 앨프리드 로드(Alfred Lord Tennyson) 255
테러와의 전쟁(war on terror) 223, 231
테르툴리아누스(Tertullian) 244
테오도시우스 1세(Theodosius I) 234
토마스 아퀴나스(Thomas Aquinas) 219-220, 260, 262, 285, 325, 336
투투, 데즈먼드(Desmond Tutu) 293
트리클 다운 경제 이론(trickle-down economics) 114, 116

파머, 폴(Paul Farmer) 158
평화(peace) 37-40, 73, 199, 218-219, 221-223, 275-276. 또한 '비폭력'을 보라.
평화주의(pacifism) 204, 227-228, 231. 또한 '비폭력'을 보라.
폭력(violence)

가난과(poverty and) 254
과 이주(and migration) 185, 188, 190
과 존중하지 않음(and disrespect) 292
국가적(national) 270-271
그리스도인과(Christians and) 224
의 만연함(pervasiveness of) 218
의 위험(risk of) 259
평화와(peace and) 196-198
피노체트, 아우구스토(Augusto Pinochet) 231

하나님 나라(kingdom of God)
와 가난한 이들(and the poor) 47, 302

와 그리스도(and Christ) 23-25, 33, 36-41, 61, 132, 154, 276, 280-281
의 도래(coming of) 28-29, 50, 72-73, 186, 243, 268-269
형벌(punishment) 205-215, 276, 279
호스피스(hospice) 176
환경(environment) 65, 71-81, 105, 221, 258
환경(pollution) 144-145
휴식(rest) 65, 72-74, 77-78, 95-105, 165. 또한 '안식일'을 보라.

해설

김회권
(숭실대학교 기독교학과 교수)

타계주의적 개인 구원으로부터 한국 교회를 구출할 책

성경의 중심은 예수 그리스도와 그분이 전한 하나님 나라 복음이다. 하나님 나라는 개인을 구원하는 나라이기도 하지만, 무엇보다 구원받은 개인들의 가장 이상적인 사회생활을 틀 지우는 통치 질서다. 기독교 신앙은 세상의 한 외진 구석에서 일어난 구원이 아니라, 세계의 통치자들과 권세자들에게 선포되고 증언되는 공공연한 사회적 메시지다. 사도 바울은 최고의 패권자인 로마 황제 앞에서 주 예수 그리스도의 하나님 나라 복음을 증거하려는 열의와 기백으로 가득 찼다(행 26:26).

기독교 신앙은 사회적 관계 안에서 말과 글, 그리고 행동과 문화로 표현된다. 따라서 그리스도인이라면 자신이 살고 있는 사회의 공적 쟁점에 대해 신앙을 바탕으로 입장을 정립하고 실천하는 것이 당연하다. 그런데 한국의 주류 교회는 공적 영역에 적용될 수 있는 기독교 신앙의 부요함에 대해 여전히 무관심하거나 무지하다. 단지 가시적 제도 교회와 목회자에 대한 충성심, 교회의 각종 행사 참여, 여러 종류의 재정 헌신 등 서너 가지 지표로 신앙 성숙 여부를 판단할 뿐, 신자들이 속한 회사나 조직에서 얼마나 기독교적 미덕과 신념대로 사는지, 그들의 직업 활동과 기독교 신앙을 어떻게 연동시키는지, 그리고 하나님 나라와 그분의 의라는 대의명분이 걸린 공적 사회 운동에 어떤 방식으로 참여하는지에 대해서는 무관심하다. 이런 교회에 속한 그리스도인들에게 구원이란 그들의 교회 중심의 신앙 표현에 대해 받을 하나님의 상급이다. 즉, 그들은 최후 심판 시 하나님이 교회 중심의 신앙 활동을 이유로 그들에게 영생을 주시리라고 굳게 믿는다. 이러한 믿음은 하나님 나라의 파죽지세 같은 문화 변혁, 정의와 평화를 부르짖는 사회 갱신과는 관계가 없다. 이웃과 행복하게 사는 이상적 사회생활을 통해 표현되는 하나님의 구원을 알지 못하며, 기독교 신앙의 사회 변혁적 위력과 기상을 전혀 실감하지 못하는 좁은 시야일 뿐이다.

미로슬라브 볼프와 라이언 매커널리린츠의 『행동하는 기독교』는 타계주의적 개인 구원과 교회중심의 신앙 활동에 매몰된 복음주의 그리스도인들의 시야를 넓혀 주는 감동적인 책이다. 이 책은 볼프의 『광장에 선 기독교』의 속편인데, 여기서 저자는 그리스도인들이 사회적 쟁점들을 이해하고 해결하기 위해 공적 토론에 참여할 때 다원주의적이고 토론에 기반한 참여 전략을 취해야 한다고 주장한다. 기독교와 다른 입장들의 존재를 인정하고 함께 대화함으로써 사회적 공공선을 추구해야 한다는 것이다. 『행동하는 기독교』는 이 지점에서 출발하여, 사회적 공공선 추구를 위한 그리스도인의 활동에 요청되는 투신적 확신, 실제적 정책 판단을 도와주는 신념들, 그리고 이를 체현하는 데 필요한 품성들을 제시한다. 이 글에서는 먼저 각 부분의 중심 논지를 요약한 후, 책의 특장과 기여를 언급하려 한다.

책의 구성과 각 장의 중심 논지

이 책의 중심 주장은, 기독교 신앙이 개인 구원에 그치지 않고 온 세상 사람들의 삶과 역사 발전에 공공연히 영향을 끼치는 공적 세계관이라는 것이다. 원서의 부제는 '어떻게 사려 깊게 생각하고, 지혜롭게 참여하고, 총체적으로 투표할 것인가?'(How to Think Carefully, Engage Wisely, and Vote with Integrity)이다. 이 책은 삶의 질을 결정하는 공적 의사 결정과 정책 집행을 위해 그리스도인들은 기독교 신앙에 맞게 의사 표시를 하고 특히 어떤 정책에 지지하고 반대할 것인가를 분석적으로 배워야 한다고 주장한다. 1부에서는 그리스도인들의 사회적 쟁점 토론과 해결을 위한 활동의 성경적 토대를 다룬다. 2부에서는 열일곱 개의 공적 어젠다를 설정하고, 각 영역의 담론 형성과 실천을 위해 활동하는 그리스도인들이 견지해야 할 신념을 예시한다. 3부에서는 그리스도인들이 공적 삶에서 체현해야 할 다섯 가지 품성(용기, 겸손, 정의, 존중, 긍휼)을 숙고한다.

1부 확신

그리스도인들이 공적 영역에 참여할 때, 그 중심이자 기준은 그리스도여야 한다. 예수 그리스도의 하나님 나라와 요한계시록이 말하는 완성된 하나님 나라 둘 다 정치적이며 공적인 사회이기 때문이다(마 4:17; 막 1:15; 계 21:1). 하나님 우편 보좌에 앉아 성령을 통해 세계를 통치하시는 주 예수 그리스도가 그리스도인들의 공적 참여의 기준이 되신다. 따라서 그리스도인들은 그리스도의 성육신으로 시작되어 성령을 통해 지속되고 있는 하나님 나라를 하나님이 완성하시리라는 기대를 품고, 이 사회 속에서 그 나라의 실재를 앞당겨 맛보아야 한다.

1부의 마지막 장은 그리스도인들이 공적 영역에 어떻게 참여해야 하는지 분별하기 위해 정경적 맥락과 현대적 맥락을 모두 고려해야 한다고 말한다. 즉, 예수 그리스도에 관한 신약의 증언에 비추어 성경 전체를 읽는 동시에, 성경 전체에 비추어 예수 그리스도에 관한 신약의 증언을 읽어야 한다. 또한 성경을 기초로 하되, 예수님 당시와 크게 달라진 현재 맥락을 고려해 공적 참여의 근거와 기준을 모색해야 한다.

2부 신념

2부는 사회 참여적 제자도가 실천되어야 할 열일곱 가지 영역을 다룬다. 일부 장들에는 공공 정책에 대한 구체적 제안이 담겨 있지만, 그 모든 논의는 다가올 하나님 나라의 모습이라는 테두리 안에서 이루어진다.

'4. **부**'는 그리스도인은 어떻게 올바른 종류의 부를 창출할까를 고민해야 하며, 부를 궁극적 가치처럼 숭배하는 현대 배금주의 체제에 저항해야 한다고 주장한다. 사회 체제를 기독교적 이상에 근접하도록 변화시키려면 부의 정의로운 취득과 사용을 일상화하는 데 적극 참여해야 한다. '5. **환경**'의 논지는 그리스도인이 창조 질서의 보전을 돕는 공적 결정에 참여해, 상호 의존적 생태계인 창조 세계의 온전성을 지키려 애써야 한다는 것이다. 환경에 영향을 미치는 정부와 국가 차원의 결정도 이러한 관점에서 이루어져야 한다. '6. **교육**'은 모든 사람들이 세상을 이해하는 교양 교육과 직업 교육을 공평히 부여받을 권리를 옹호한다. 경제 성장이나 사회적 명성만을 위한 교육, 혜택을 나누기보다는 비축하려는 교육의 왜곡을 경계하고, 이를 극복하기 위해 개인의 태도, 공공 정책, 사회적 관행을 바꾸어야 한다고 주장한다.

'7. **일과 안식**'은 모든 노동에는 안식이 필요하며, 생산적 일과 하나님을 예배하고 창조된 물질을 즐기는 비생산적 일 둘 다 인간 삶의 번영에 중요한 요소라는 사실을 강조한다. 사회적 필요는 물론 도덕적 의미가 있는 일, 가짜 여가(향락과 오락)를 퍼뜨리는 문화적 추세에 저항하는 진정한 안식이라는 개념은 그리스도인이 누리고 지켜야 할 성경적 가치다. '8. **가난**'은 그리스도인의 공적 참여의 가장 큰 목적이 누구도 극빈 상태에서 살지 않도록 보장하는 것이어야 함을 강조한다. 가난은 물질적 재화, 정신적 역량, 기본 기술, 그리고 번영에 필수적인 사회적 지위를 누리지 못하는 상태이므로, 가난 문제를 해결하려 할 때 빈곤의 근저에 자산(상속 재산, 재능과 지능, 건강, 교육 등 인적 자본) 빈곤이 있음을 우선적으로 고려해야 한다. '9. **대출과 대부**'는 성경에 근거해 대부와 대출의 왜곡현상을 먼저 비판적으로 성찰한다. 돈이나 물건을 빌리는 사람이 피해를 입을 가능성이 있는 식으로 빌려주어서는 안 된다. 동시에 생산적 투자나 기본적 필요의 충족이 아닌 불필요한 소비를 위해 이뤄지는 대출도 비판한다. 대부와 대출에 대한 이런 기독교적 비전은 고금리 대출, 저소득 국가와 개인들을 위한 채무 탕감, 국가 부채 등에 관한 몇 가지 정치적·법적 함의도 내포한다.

'10. **결혼과 가정**'은 결혼과 가정은 자녀를 키우는 데 꼭 필요한 기관으로 사회 공익에 중요한 기여를 한다는 전제에 근거해, 국가는 자녀를 키우는 결혼 관계를 지원해야 하고, 이성 간 결혼과 동성 간 결혼에 법적으로 동등한 대우를 해야 한다고 주장한다. 저자들은 동성애에 대한 그리스도인의 법적 지지는 다원적 사회에서의 공익을 추구하는 차원에서의 결정일 뿐, 그리스도를 따르는 이들이 공유하는 도덕의 천명은 아님을 분명히 한다. 다만 동성애에 대한 지지 또는 반대 문제로 그리스도의 몸을 찢지는 말기를 교회에 호소한다. 한국 교회 상황에서는 다소 논란이 있을 수 있는 지점이다. '11. **새 생명**'은 아직 태어나지 않은 인간 생명도 다 자란 인간 생명처럼 존중과 보호와 양육을 받아 마땅하다는 전제에 기반해, 새 생명과 임신부 모두를 돌보기 위한 여러 방책을 제시한다. 저자들은 불가피한 낙태의 가능성을 인정하지만, 그리스도인은 낙태 횟수를 효과적으로 줄이는 조치들을 지지해야 한다고 본다. '12. **건강과 질병**'은 모든 사람의 건강권과 질병 치료권을 옹호하며, 건강 관리의 왜곡된 모습을 지적하고 이를 개선할 수 있는 방안을 제도와 정책 측면에서 논의한다. '13. **노후의 삶**'은 고령으로 인해 노쇠한 이들은 특별한 보살핌을 받아 마땅하다고 주장하며, 특히 노인들이 생물학적 죽음 전에 '사회적 죽음'을 맞지 않도록 해 주어야 한다는 점을 강조한다. '14. **생의 종말**'은 자살과 안락사라는 첨예한 문제를 다루며, 인간의 생물학적 생명이 최고의 선은 아닐지라도 고귀하고 신성한 선임을 강조한다.

'15. **이주**'는 이주 난민 혹은 고용 이주민의 인권을 다룬다. 저자들은 이주자 그리스도께 신실한 삶은, 국가가 이주자들을 기꺼이 받아주고 공평하게 보살펴 주도록 공적 결정에 참여하는 것이라고 본다. 서로 다른 인종과 문화가 무조건적으로 뒤섞이는 것을 지지하지는 않으나, 현재 이주자들의 필요를 무시하지 않으면서 이주 위기의 뿌리를 다루는 것이 중요하다고 여긴다. '16. **치안**'은 국민들을 위험으로부터 보호하고 모두가 번영하는 환경을 조성하는 데 없어서는 안 되는 치안의 사명과 그 경계를 논한다. 경찰은 군인이 아니라 시민의 삶을 수호하는 공복이 되어야 함을 시종일관 역설한다. '17. **형벌**'은 징벌보다는 교정 행정을 옹호하고, 범죄자와 피해자 간의 화해 가능성을 모색하며, 마지막으로 사형 제도를 반대하는 입장을 개진한다. 기독교적 교정 정책의 목표는 과거의 범법 행위로 망가진 사람을 더 좋은 사람으로 변화시키고, 더 나은 세상을 만드는 것이다. '18. **전쟁**'은 기독교적 신념에서 볼 때 전쟁은 절대, 혹은 거의 절대 정당화할 수 없다고 주장한다. 왜냐하면 삼위일체 하나님은 "평강의 하나님"이시며 하나님 나라는 의와 평강과 희락의 나라이기 때문이다. '19. **고문**'은 피해자의 존엄성을 훼손하고, 고문자의 고결한 인격을 망가뜨리고, 또 이를 허용하는 사회의 도덕성을 약화시키는 고문을 그리스도인은 절대로 용납해서는 안 된다고 말한다.

'20. **종교와 무종교의 자유**'는 모든 사람은 자기 삶의 기본 방향을 스스로 정해야 하고, 자신의 깊은 신념에 따라 삶을 자유롭게 꾸려 갈 권리를 누려야 한다고 주장한다. 그리스도인은 어떤 경우에도 박해를 지지하면 안 되고, 종교적 관용과 다양한 종교적 표현을 모두 옹호해야 한다.

3부 성품

3부는 2부에서 다룬 열일곱 가지 영역에서 기독교적 입장을 개진하고 실천하기 위해 요청되는 다섯 가지 품성인 용기, 겸손, 정의, 존중, 긍휼을 다룬다. 3부는 이런 품성과 덕목을 실연함으로써 그리스도인의 공적 참여의 모습을 예시한 감동적 사례들로 가득 차 있다. 그러나 각 덕목에 관해 흔히 떠올릴 수 있는 의미 외에 더 깊고 다층적인 의미를 함께 다루며 개념의 전환을 꾀한다.

'21. **용기**'는 과테말라에서 순교적 용기를 구현한 스탄 신부의 이야기로 시작하여, 용기가 단순히 한 개인의 영웅적 행동이라기보다는 사랑과 연결된 덕목이라는 점을 강조한다. 이는 공적 무대에서도 발휘될 수 있으나, 무엇보다 일상적 상황에서 발휘되어야 할 미덕이다. '22. **겸손**'은 그리스도의 겸손을 근거로, 신실한 공적 제자도에 필수불가결한 미덕인 겸손을 다룬다. 겸손은 자신에 대한 낮은 평가가 아니라 자신이나 자신의 유익을 지나치게 많이 생각하지 않는 것이며, 자신의 한계를 냉철하게 의식하는 것이다. '23. **정의**'는 그리스도인의 공적 참여에 정의가 요구된다는 점을 강조한다. 하나님의 정의는 보복하고 징벌하는 것이 아니라 회복하고 치유하며 평화를 창조한다. 하나님의 정의를 추구하는 그리스도인은 국가가 반포하는 불의한 법령을 감시할 책임이 있으며, 단순한 법률상의 요구를 넘어서는 기준에 호소해야 한다. '24. **존중**'은 타자를 존중하는 품성이 그리스도인의 공적 참여를 견고하게 한다고 주장한다. 저자들은 존중을 평가 존중과 인정 존중으로 구분하고, 공익을 위한 건전한 공적 참여는 사람들에 대한 무조건적 존중 없이는 불가능함을 보여 준다. '25. **긍휼**'은 긍휼이 단지 그리스도인의 내면적 미덕일 뿐 정치적 덕목이 아니라고 생각하는 선입견을 깨면서부터 시작된다. 인간은 생각과 감정, 욕망 등이 섞인 통합적 인격체이므로, 올바른 행동을 위해서는 올바른 감정 곧 긍휼의 도움이 필요하다.

책의 특장과 한국 사회에의 적용 가능성

하나님 나라 복음은 이상적 사회 질서에 대한 청사진이다. 예수님은 하나님 나라가 이 땅에 도래하도록, 그리고 아버지 하나님의 뜻이 하늘에서처럼 이 땅에서도 이루어지도록 간구할 것을 분부하셨다. 이 땅은 하나님을 아는 지식으로, 그리고 하나님의 영광을 인정하는 경건으로 가득 차게 될 것이다. 물론 이 땅이 그리스도인들의 노력으로 완전히 성화되는 것은 아니다. 새 하늘과 새 땅은 하늘로부터 내려오는 선물이다. 그럼에도 불구하고, 이 세상은 하나님 나라를 맞이할 터전이다. 이 세상에서의 사회생활은 하나님 나라에서 이루어질 이상적 사회생활을 앞당겨 실천하는 실험실이다. 인간의 죄와 어리석음으로 얼룩진 이 땅 위에 하나님 나라에 근접한 사회가 실현되도록 애쓰는 것이 바로 전도와 선교의 궁극적 목표 중 하나다.

　이 책의 으뜸가는 장점은 개인 구원과 교회 중심의 신앙생활에 매몰된 그리스도인들에게 사회라는 또 다른 사명의 땅을 보여 준다는 점이다. 저자들은 성경 말씀, 교회사적 전통, 그리고 이성적 논증에 호소해 가며, 그리스도인이 신앙을 바탕으로 공적 정책 결정 과정에 참여할 때 고려해야 할 원리들을 명료하게 제시한다. 이 책은 기독교적 사회 참여의 근거와 방법, 전략, 기독교적 제자도의 품성 자질을 간결하고 명료하게 제시함으로, 교세 확장적 기독교에 익숙한 한국 그리스도인들에게 어떻게 사회적 영향을 확장할 수 있는지를 잘 가르쳐 준다.

또 다른 특장은 저자들이 자신들의 입장이 논쟁을 불러일으킬 가능성을 염두에 두고 심화 학습용 목록을 제공하는 데 있다. 인상적이게도, 저자들은 결혼과 가정 문제에 대해서는 명확한 지침을 제공하지 않고 매우 신중한 입장을 내놓는다. 동성애에 대한 기독교 윤리적 판단은 유보한 채, 동성 간 결혼을 국가가 허용하는 것에는 찬성한다. 저자들의 견해를 받아들이기 어려운 독자들은 제시된 목록과 함께 충분히 논쟁을 펼칠 수 있을 것이다.

마지막으로, 이 책은 기독교 신앙이 현대인의 삶의 모든 영역에 얼마나 적실한지, 공적 담론 형성과 정책 집행에 얼마나 유용하게 쓰일 수 있는지를 잘 보여 준다. 저자들은 그리스도인이 다원주의적 세상에서도 얼마든지 신앙 정체성을 견지하며 공적 결정에 영향력을 발휘할 수 있음을 자신감 있게 그려 낸다. 특정 쟁점에 대한 그리스도인들의 지지 혹은 반대는 기독교 신념과 미덕을 드러내는 복음 전도의 기회가 될 수 있다.

이 책은 광장으로부터 도피해 개인 구원과 개인 윤리의 밀실로 잠적해 버린 그리스도인들의 게토가 된 한국 교회를, 공적 토론과 정책 결정이 이루어지는 아레오바고 언덕으로 이끌어 낼 자극제가 될 것이다.

옮긴이 김명희는 연세대학교 영어영문학과를 졸업하고, IVP 편집부에서 일했다. 옮긴 책으로는 『솔로몬: 어떻게 유혹을 이길 것인가』 『리더가 리더에게』 『성경은 드라마다』 『영혼을 세우는 관계의 공동체』 『제자도』 『너의 죄를 고백하라』 『영성에의 길』 『리더는 무엇으로 사는가』 『이는 내 사랑하는 자요』 『아담』(이상 IVP), 『예수에서 예수까지』(숨숨), 『역설에서 배우는 삶의 지혜』(아바서원), 『상처 입은 예언자, 헨리 나우웬』(포이에마) 등 다수가 있다.

행동하는 기독교

초판 발행_ 2017년 4월 24일
초판 4쇄_ 2023년 6월 15일

지은이_ 미로슬라브 볼프·라이언 매커널리린츠
옮긴이_ 김명희
펴낸이_ 정모세

펴낸곳_ 한국기독학생회출판부
등록번호_ 제2001-000198호(1978.6.1)
주소_ 04031 서울시 마포구 동교로 156-10
대표 전화_ (02)337-2257 팩스_ (02)337-2258
영업 전화_ (02)338-2282 팩스_ 080-915-1515
홈페이지_ http://www.ivp.co.kr 이메일_ ivp@ivp.co.kr
ISBN 978-89-328-1479-7

ⓒ 한국기독학생회출판부 2017

책값은 뒤표지에 있습니다.
무단 전재와 복제를 금합니다.